M. LECHALIER

Les Annales Municipales

de la Ville d'Avignon

(de 1790 à nos jours)

MARIUS LECHALIER

Les Annales Municipales

DE LA

Ville d'Avignon

(de 1790 à nos jours)

Ouvrage honoré des Souscriptions de la Ville d'Avignon
du Département et de la Chambre de Commerce de Vaucluse

2me VOLUME
1848-1928

AVIGNON
IMPRIMERIE ADMINISTRATIVE
du Bulletin Mensuel de l'Administration Municipale
1, rue Collège-du-Roure, 1

V

La République de 1848

et le Second Empire

La République de 1848 et le Second Empire

Municipalité Gent - Granier

Cousin-Droz, adjoint, faisant fonction de maire le 27 février 1848.

Maire : Gent Alphonse (1), avocat, nommé maire provisoire par arrêté du 11 mars 1848.

Adjoints : Cousin-Droz, Petibon, Duchesne Denis nommés à la même date adjoints provisoires.

Commissaire extraordinaire (chargé provisoirement de l'administration de la ville d'Avignon en remplacement de Gent désigné pour remplir les fonctions de Commissaire provisoire du Département de Vaucluse) : Granier Frédéric (2), négociant, chevalier de la Légion d'honneur, nommé et installé le 30 avril 1848.

Adjoints : Bouis Joseph, négociant ; Buffardin ; Amic, nommés et installés en qualité d'adjoints provisoires le 3 mai 1848.

Secrétaire en chef : Gilly Henri.

Dès que la Proclamation de la République, à Paris, fut connue à Avignon, le 25 février 1848, un comité républicain composé de Eugène Raspail, Duchesne, capitaine des pompiers, Granier, Denis Petibon et Alphonse Gent s'était immédiatement constitué. Il offrit son concours au Préfet d'Imbert, qui l'accepta, pour assurer au nouveau gouvernement le concours des populations et maintenir la tranquillité publique. Le peuple aussitôt réuni à l'Hôtel de ville adjoignit à ce comité quatre citoyens pour représenter la ville d'Avignon : Dominique Laurent, Michel Dumas, Joseph Cartoux et Xavier Dumas. (Note n° 1).

Dans la soirée, la municipalité, toujours en fonction, suivie d'un immense cortège parcourut les principales artères de la cité, aux acclamations de la foule et au son du beffroi,

---

(1) Alphonse Gent, avocat, né en 1813, fut député de 1870 à 1881, puis sénateur de 1883 à 1894.

(2) *Granier Frédéric* naquit à La Palud en 1806. Négociant en soie et garance, fut aussi Président du Tribunal de commerce, député en 1848 et sénateur de 1876 à 1881.

pour annoncer la proclamation de la République. Elle fit afficher, le lendemain, avec l'adhésion du Comité central :

« La République est proclamée !

C'est un grand jour pour le pays ; il est appelé à se gouverner lui-même. Montrons-nous dignes de cette Révolution en portant aux lois et aux personnes le respect qui leur est dû.

Soyons calmes, comme il convient à un grand Peuple de l'être, au milieu de tels événements.

La cité Avignonnaise aura alors un jour de gloire pure et sans tache.

Avignonnais, nous comptons sur vous pour le maintien de l'ordre et des libertés publiques.

Signé : Chauffard, maire, Cousin-Droz et Générat, adjoints.

Vu et approuvé : le Comité Républicain, suivent les signatures. »

Le Comité central invitait, le 27 février, les « Patriotes de toutes les communes à organiser des commission républicaines et à se mettre en relation avec lui pour toutes affaires » ; et il révoquait le maire Chauffard et l'adjoint Générat. Ayant pris le nom de « Comité central républicain », il s'était attribué le pouvoir exécutif dans Vaucluse et siégeait en permanence. Le 28 février, il invitait tous les citoyens à « acquitter régulièrement les impositions pour que les fonds rentrent sans retard dans les caisses du gouvernement ». Avec l'adjoint Cousin-Droz, faisant fonction de maire, ce même jour, il adressait un pressant appel en faveur d'une souscription publique destinée à venir en aide aux malheureux et un deuxième appel pour l'organisation de la garde nationale. (Note n° 2).

La République avait été proclamée solennellement le dimanche 27 février : Tandis que la garde nationale, encore dépourvue d'uniforme, la troupe de ligne et la gendarmerie s'assemblaient sur la Place du Palais, le Comité central, les autorités et la municipalité escortés par les pompiers sortirent de l'Hôtel de ville au son des musiques et gagnèrent la plateforme de la Croix. De cette tribune improvisée, Alphonse Gent prononça un discours salué de cris de : Vive la République, vivent les Parisiens, vivent les Patriotes Avignonnais. Le cortège officiel parcourut ensuite les divers quartiers de la ville et le soir la fête se termina par des illuminations. Au théâtre, pendant la représentation de « La Muette », on acclama le « Chant du Départ » et la « Marseillaise ».

Par décision du Comité les échéances des effets de commerce sont retardées (7 mars) et le 11 mars, la commission municipale est enfin constituée. Gent devient maire provisoire. Sans délai, elle crée les bureaux de renseignements pour la confection des listes électorales, c'est là une conséquence du suffrage universel institué par décret du gouvernement provisoire du 25 février. Ces bureaux au nombre de 11 pour le canton nord et de 13 pour le canton sud fonctionnèrent du 13 au 19 mars. (Note n° 3).

L'adjoint Petibon assume les fonctions municipales en avril 1848 tandis que Gent est désigné en qualité de commissaire provisoire du Département. Avignon républicain fête le 28 avril le résultat du scrutin pour la désignation des représentants du Peuple dans Vaucluse. Les élections avaient eu lieu le 13 avril. Furent élus pour le département : La Boissière, Eugène Raspail, Elzéard Pin, Reynaud Lagardette, Agricol Perdiguier et Bourbousson. Alphonse Gent battu remplaça Agricol Perdiguier élu en même temps dans la Seine et qui opta pour ce dernier département (Note n° 4), et, le 30, Frédéric Granier nommé commissaire extraordinaire chargé provisoirement de l'administration de la ville d'Avignon, est installé à l'Hôtel de ville.

Le maire Gent avait organisé les ateliers de secours dont les ouvriers furent successivement employés aux travaux d'exhaussement du cimetière St-Véran et aux terrassements de la promenade du Rocher (1). Ces travailleurs, peu payés, ne manifestaient pas, paraît-il, beaucoup d'ardeur à l'ouvrage (2), et la commission municipale enregistrait le 13 mai 1848, de nombreuses plaintes quant au rendement des ateliers de secours. Elle n'en persista pas moins dans leur maintien, malgré l'invitation faite au Préfet par le Gouvernement de supprimer les ateliers de charité de son département (22 juillet) et maintint sa décision, le 2 août, malgré une nouvelle injonction gouvernementale ; elle put ainsi éviter, à Avignon, les désordres que Paris eut à déplorer, connus sous le nom de journées de Juin, dont l'assemblée municipale avait eu connaissance le 24 juin 1848. Un service funèbre pour honorer la mémoire des victimes des Journées de Juin fut célébré le 6 juillet sur la plateforme

---

(1) Délib. des 25 mars et 4 avril 1848.

(2) Le tarif du prix de journée des ouvriers employés dans les ateliers de secours étaient ainsi établis :

Brigadiers, 1 fr. 50 ; ouvriers père de famille, 1 fr. 25 ; ouvriers célibataires, 0 fr. 75 ; enfants de 12 à 15 ans, 0 fr. 50 ; ouvriers maçons, 2 fr. ; ouvriers mineurs, 1 fr. 75.

du Rocher où un autel et un catafalque avaient été dressés. Les autorités, la garde nationale et les troupes assistaient, avec la population, à cette cérémonie.

La commission municipale dut organiser la garde nationale qui comprenait à son origine quatre bataillons d'infanterie, une compagnie d'artillerie et un escadron de cavalerie, le tout sous les ordres du colonel Ritter (1) et par arrêté du 29 août, elle ordonna à tous ceux qui détenaient des armes indûment à les déposer au bureau de l'Etat-major de la garde nationale.

En conformité de l'arrêté du commissaire du gouvernement, en date du 30 avril 1848, le commissaire extraordinaire Garnier établit un rapport sur la situation financière de la commune. Ce rapport, lu aux séances de la commission des 13 et 26 mai, concluait d'après les comptes de Ferriaud, receveur municipal, à un déficit de 520.169 fr. 66, déficit que des éventualités possibles pouvaient porter à 1.162.725 francs 50 (Note n° 5). Pour donner à la caisse municipale les moyens de faire face aux dépenses indispensables, la commission décida d'émettre des obligations de la ville d'Avignon pour une somme de 350.000 francs. Ces obligations étaient remboursables en treize ans de 1849 à 1861 par voie de tirage annuel, avec une prime de 5 %, sur les revenus ordinaires de la ville, et productives d'un intérêt de 5 %. Elles furent remises en paiement aux créanciers de la ville après que cet emprunt eût été approuvé par l'arrêté du Préfet de Vaucluse du 3 juillet 1848 et confirmé par la loi du 4 novembre de la même année (2).

Conformément à la loi du 30 mai 1848, un comptoir national d'escompte avait été créé à Avignon, la ville s'engagea pour le tiers du capital effectif (3). Au budget de 1849, une allocation de 15.000 francs fut inscrite au profit du Bureau de Bienfaisance appelé à distribuer de nombreux secours étant donné les temps difficiles. La subvention théâtrale fut maintenue à 10.000 francs pour la saison 1848-49 avec suppression du cautionnement pour le directeur (4). Granier institua le 18 juin 1848 les sonneries spéciales du beffroi pour signaler les incendies (5). La Durance subit une

----

(1) Délib. des 12 avril et 29 juin 1848.

(2) Délib. des 18 juin, 8 et 14 août 1848.

(3) Délib. du 30 mai 1848. Cet établissement devait venir en aide au commerce en se contentant, pour l'escompte de deux signatures au lieu de trois exigées par la banque.

(4) Délib. du 19 août 1848.

(5) Ces sonneries sont encore utilisées aujourd'hui : Paroisse St-Agricol

crue assez importante au printemps de 1848 et le **Rhône** atteignit l'étiage de 5 m. 25, ce qui vint encore ajouter aux préoccupations de la commission.

Son activité ne se démentit pas non plus quant aux travaux publics. Elle s'employa avec succès tant auprès de la Compagnie que du ministre des Travaux publics pour obtenir la reprise des travaux du chemin de fer entre Avignon et la Durance (1) ; décida la couverture du canal de la Durançole, par une voûte, sur une longueur de cent mètres, vis-à-vis la porte St-Lazare pour livrer le terrain à la voie publique entre les deux routes (2) ; approuva un projet d'élargissement et d'approfondissement du canal de Champfleury à exécuter avec le concours du syndicat et de la compagnie du chemin de fer de Marseille à Avignon et l'élargissement des ponts de la traverse de Monclar, du chemin du bac de Barbentane et du chemin de Saint-Roch sur ce canal (3).

La commission inscrivit au budget de 1849 un crédit de 10.000 francs représentant la participation de la ville dans les travaux d'exhaussement de la route départementale entre la Porte de l'Oulle et la Porte Saint-Roch, et un crédit de 40.000 francs pour faire l'avance à l'Etat, en vue d'obtenir l'exécution des travaux d'exhaussement de la route nationale n° 100 entre la rampe du Pont suspendu et la porte St-Lazare ; elle donna son approbation à un devis de 25.000 francs pour des travaux de terrassement à exécuter au cimetière et à un plan d'ensemble d'aménagement de cette nécropole (4). Au Rocher, elle prescrivit l'achèvement des rampes et des banquettes, la pose d'une rampe en fer, sur le bord du chemin de ronde en dehors de la rotonde, et des travaux de terrassement et de nivellement des divers chemins, et adhéra au procès-verbal de réception des pompes et de la machine élévatoire des eaux du puits Ste-Anne (5). Elle avait enfin prévu au budget de 1849 une dépense de 85.000 francs pour la couverture de l'Hôtel de ville, en

---

1 coup et le tocsin ; paroisse St-Pierre 2 coups et le tocsin ; paroisse St-Didier 3 coups et le tocsin ; paroisse St-Symphorien 4 coups et le tocsin; hors la ville 5 coups et le tocsin ; hors la ville 6 coups et le tocsin. A l'origine la cloche de la paroisse où s'était manifesté le sinistre l'annonçait aussi par la même sonnerie.

(1) Délib. des 22 et 28 juillet 1848.
(2) Délib. du 5 juillet 1848.
(3) Délib. des 11 juillet et 15 septembre 1848.
(4) Délib. des 11 juillet et 8 août 1848.
(5) Délib. des 8 et 14 août, des 15 et 23 septembre 1848.

coustruction, ces travaux devenant une nécessité dans l'intérêt de la conservation de l'immeuble.

Les élections municipales eurent lieu le 20 août 1848. Elles avaient été renvoyées pour permettre un nouveau recensement des électeurs, à la demande de la commission municipale. Frédéric Granier fit un pressant appel à ses concitoyens en faveur des Républicains partisans de l'ordre. (Note n° 6).

Comité républicain d'Avignon
constitué par arrêté du 25 février 1848, augmenté le 11 mars 1848 puis le 20 avril
et chargé provisoirement des fonctions municipales

Gent Alphonse, Raspail Eugène, Duchesne, Cousin-Droz, Granier Frédéric, Petibon D., Caritoux, Dumas M., Bernard, Laurent Dominique.

Entrent le 11 mars :

Vinay, Bouis Joseph, Vitalis, Crémieu Edouard, Maumet jeune, Sellier, Clément Saint-Just, Buffardin Théophile, Couteron, Lacroix, Brager, Aniel, Clausel Napoléon, Reynaud Hippolyte, Barrillon.

Ne font plus partie de la commission municipale le 11 mars :

Raspail Eugène, Cousin-Droz, Dumas.

Le 20 avril 1848 la commission municipale est complétée par :

Drevet, Ferrier F., Isnard père, Ferry, Monier Charles, Bonavion, Bressy, Chapuy, Conte, Donis, Ritter, Periol, Bigot Alphonse, Titon, Dono, Lerager, André Eugène, François, Ravel B., Crémieu Jules, Pons A., Croze Ed.

Conseillers municipaux élus au suffrage universel

Élections du 20 août 1848

installation du 25 septembre 1848

Vinay Gabriel, Granier Frédéric, Colonel Ritter, démissionnaire en 1850, Bounaud jeune décédé en 1850, du Laurens Hector, de Raousset-Boulbon Gaston, Goudareau Louis, Ayme Jacques François, Seguin François Joseph, d'Olivier Augustin, Athénosy Isidore, Chaudon Jacques, Benoit, Bosse Martial, Bedarrides Avidam, d'Anselme Hubert, Bernardi Denis Jean Antoine, Capeau Saint-Marc Eugène, du Plessis aîné, Roman démissionnaire en 1850, Félix Faustin, Alliaud Sébastien, Monier Etienne, Reboul Paul Emile, Sardon Joseph, Remacle, Thomas aîné Charles, Montagnat décédé en 1849, Busquet Bruno, Poisson Jean François André, Cornet Pierre, Locamus Marie Joseph Léonce, Demorthe Pierre, Gérard, Ferrier Jacques, Chaffin père Marc Antoine, Barbe Paul Anicet, Goutarel Jean (37 conseillers).

Ce conseil a été dissous par arrêté du 22 février 1852.

Notes de la Municipalité Gent-Granier

NOTE N° 1

Préfecture de Vaucluse

Constitution du Comité Républicain

Au milieu des circonstances graves où se trouve le pays, un Comité Républicain s'est constitué pour assurer au nouveau gouvernement le concours des populations et la tranquillité publique, il se compose de :

MM. Eugène Raspail.

Duchesne, capitaine des pompiers.

Granier, chevalier de la Légion d'honneur.

Denis Petibon.

Alphonsa Gent, avocat.

Ce Comité s'est présenté à Monsieur le Préfet et lui a demandé d'accepter son concours et son aide pour les affaires politiques jusqu'à l'organisation définitive de l'Administration Départementale.

M. le Préfet a cru qu'il était dans le véritable intérêt de la chose publique d'accepter la coopération du Comité.

Le Comité est entré en fonctions aujourd'hui.

Avignon, le 25 février 1848.

Le Préfet de Vaucluse,
D'IMBERT.

PROCLAMATION DU COMITÉ

Citoyens,

En apprenant l'admirable triomphe que Paris vient d'accomplir pour la seconde fois, quelques républicains se sont réunis. Ils ont pensé qu'il ne fallait pas s'endormir au milieu de l'assentiment unanime qui semblait accueillir la proclamation de la République, qu'il fallait organiser, surveiller, agir au besoin ; ils se sont constitués en comité républicain.

Citoyens, vous aurez confiance en eux, vous les aiderez dans l'accomplissement des devoirs qu'ils se sont imposés. Vous voudrez que notre République soit grande, digne, honorée de tous, vous serez calmes dans la victoire, comme vous seriez forts et courageux dans le danger.

Vive la République.

Le peuple réuni à la Mairie a voulu que quatre autres Citoyens pour la Ville d'Avignon fussent adjoints au Comité Républicain. Il a approuvé le Comité primitif et a désigné les citoyens Dominique Laurent, Michel Dumas, Joseph Caritoux et Xavier Bernard pour remplir ces fonctions.

Serment a été prêté par tous les Membres du Comité d'accomplir avec dévouement et fidélité les fonctions qui leur sont conférées.

Serment a été prêté par tous les citoyens d'exécuter immédiatement tous les ordres que le Comité donnera.

Eug. RASPAIL, DUCHESNE, GRANIER, D. PETIBON,
Alph. GENT, Dominique LAURENT, J. CARITOUX,
X. BERNARD, M. DUMAS.

NOTE N° 2

République Française. — Liberté, Egalité, Fraternité

Comité Central Républicain de Vaucluse

Le Comité Central Républicain siégeant à Avignon,

Ayant eu connaissance de l'intention de beaucoup de citoyens aisés de faire une souscription en faveur de leurs concitoyens moins heureux ;

Applaudissant à cette manifestation de sentiments généreux ;

Attendu que la seule manière de secourir les hommes libres consiste à procurer du travail à la classe laborieuse ;

Arrête :

1° Des listes de souscriptions seront déposées dans tous les cafés et cercles, et tous les bons citoyens seront invités à s'y inscrire.

Indépendamment de ces listes, d'autres seront présentées à domicile par des membres du Comité Central ou par des Commissaires spéciaux autorisés par lui ;

2° Aussitôt que ces listes seront closes, elles seront remises au Receveur municipal qui en assurera le recouvrement immédiat ;

3° Le citoyen Stobiecki est chargé de s'entendre avec le Comité pour la formation des ateliers de travail ;

4° Le nom des souscripteurs et le montant des souscriptions seront insérés dans le plus prochain numéro du Journal de la localité et dans les archives de la municipalité d'Avignon ;

5° Toute autre demande de secours faite au nom du Comité Central, par tout autre que par ses membres ou par ses délégués, sera punie s'il y a lieu, comme tentative d'escroquerie.

Avignon, le 28 février 1848.

Salut et fraternité.

Le Comité Central Républicain, et l'Adjoint
faisant fonction de Maire,

E. RASPAIL, DUCHESNE, GRANIER, COUSIN-DROZ,
D. PETIBON, A. GENT, CARITOUX, M. DUMAS,
BERNARD, et Dominique LAURENT.

République Française. — Liberté, Egalité, Fraternité

Comité Central Républicain de Vaucluse

Le Comité Central Républicain siégeant à Avignon,

Arrête :

Tous les Citoyens voulant faire partie de la Garde Nationale, qu'ils aient ou qu'ils n'aient pas de fusils, sont invités à se faire inscrire.

Savoir :

Ceux qui habitent dans le quartier St-Pierre, chez le citoyen Alphonse Gent, rue de la Croix, n° 9.

Ceux du quartier des Carmes, chez le citoyen Isnard, rue Pommier.

Ceux du quartier St-Didier, dans l'église du Collège.

Ceux du quartier de St-Agricol, dans le magasin des Hôpitaux Militaires, rue Calade, près l'Oratoire.

Ces bureaux seront ouverts tous les jours, à partir du mercredi 12 mars, de 10 heures à 3 heures de l'après-midi.

Après la clôture des registres, qui sera annoncée à l'avance, il sera procédé immédiatement à l'organisation de la Garde Nationale.

Avignon, le 28 février 1848.

Salut et fraternité.

Le Comité Central Républicain, et l'Adjoint faisant fonction de Maire,

E. RASPAIL, DUCHESNE, GRANIER, COUSIN-DROZ, D. PETIBON, A. GENT, CARITOUX, M. DUMAS, BERNARD, et Dominique LAURENT.

NOTE N° 3

République Française. — Liberté, Egalité, Fraternité

Mairie d'Avignon

Avis relatif aux Elections

Le Maire provisoire d'Avignon à ses Concitoyens,

Le Gouvernement provisoire a décrété le vote universel ;
Tout citoyen né ou naturalisé français, âgé de 21 ans, ayant une résidence de six mois dans la commune, et n'ayant

La Métropole et le Palais des Papes au début du XIX° siècle
(Musée du Vieil Avignon. Palais des Papes)

perdu ses droits de citoyens ni par des condamnations à des peines afflictives et infamantes, sans réhabilitation, ni par des condamnations à des peines correctionnelles, portant en même temps interdiction du droit de vote, ou surveillance de la haute police, ni par déclaration de faillite non suivie de concordat, doit être admis, doit être appelé à voter.

C'est sur ces larges bases que les élections à l'Assemblée constituante auront lieu le 9 avril prochain.

C'est d'après elles qu'il faut préparer les listes électorales qui doivent servir à cette grande manifestation démocratique.

Aucune des listes précédentes, soit électorales, soit municipales ne peut servir à un travail pareil, et les registres du recensement, du recrutement, de l'état-civil ne donneraient que des renseignements incomplets.

Treize jours cependant nous sont donnés pour l'accomplir.

Il faut que tous les citoyens nous viennent en aide ; il faut pour que la liste générale donne toute garantie d'exactitude, pour qu'elle soit aussi complète qu'il est possible, que ceux à qui l'on avait refusé tout droit de vote nous apportent eux-mêmes les renseignements nécessaires.

A cet effet vingt-quatre bureaux ont été créés dans la Ville et la banlieue, divisés en quartiers aussi resserrés que possible.

Là, pendant six jours, les citoyens qui remplissent les qualités requises et indiquées plus haut pour être électeurs, viendront dans le bureau de la circonscription où ils habitent indiquer leurs noms, prénoms, âge, profession et demeure, et ces renseignements contrôlés dans des bureaux créés à cet effet, amèneront la confection des listes électorales complètes, et ne présentant que les erreurs ou les oublis dont les citoyens négligents ou indifférents ne nous auront pas rendu la réparation possible.

Ces bureaux seront ouverts à partir de demain 14 mars, neuf heures du matin jusqu'à midi, et de deux à cinq heures de l'après-midi.

Ils seront irrévocablement fermés le dimanche 19 mars, à cinq heures du soir.

Dès le dimanche 26, les listes seront closes et déposées pendant cinq jours, à la commune. Une seconde affiche fera connaître le mode de communication qui en sera pris, et de réclamations qui pourraient être faites.

Nous avons la conviction que nos concitoyens, appréciant dignement l'importance et la grandeur des élections qui vont asseoir, consolider la République en France sur des bases éternelles, entendront l'appel que nous leur adressons ici.

Dans telles circonstances, le vote n'est pas un droit c'est un devoir.

Fait à Avignon, le 13 mars 1848.

Le Maire provisoire,
Alphonse GENT.

BUREAUX DE RENSEIGNEMENTS

*créés pour la confection des Listes Electorales
du 13 au 19 mars*

CANTON NORD

N° 1. — Tout l'espace compris en partant de la Porte du Rhône, entre la Balance, la place de l'Horloge, rue Fromagerie, rue Arc de l'Agneau, place St-Pierre, la rue Peyrollerie, le tout à gauche jusqu'au Rocher.

Place de l'Horloge au-dessus du Bureau de la Place.

N° 2. — Tout l'espace compris à gauche entre la rue et la place du Change, rue Bonneterie, la rue des Coffres, la rue Pelisserie, la rue Corderie, la place St-Pierre, la rue Arc de l'Agneau, la rue Fromagerie et le coin de la place de l'Horloge.

A la Bourse, appartements du concierge, petite porte.

N° 3. — Tout l'espace compris en partant de la rue Bonneterie, rue Philonarde, place Pignotte, toute la place Pie et rue Vieux-Sextier des deux côtés jusqu'à la rencontre de la rue Pelisserie.

Le Corps de Garde sous la Halle.

N° 4. — Tout l'espace compris entre la droite de la rue Philonarde, Portail Matheron, rue des Allemands jusqu'au rempart d'un côté, et de l'autre jusqu'à la porte Limbert par la rue des Teinturiers.

Chez le citoyen Amic, rue des Clés, n° 1, près la Porte Limbert.

N° 5. — Le triangle compris entre les remparts de la Ligne à St-Lazare, l'Hôpital et la rue des Allemands à droite, et les rues Barralerie, Méjane et du Diable.

Chez le citoyen François Ferrier, rue Carreterie.

N° 6. — Tout l'espace compris entre les trois rues Barralerie, Méjane et du Diable, la rue des Allemands, le Portail Matheron, les rues Campane, Trois-Colombes et Palapharnerie, le tout à droite jusqu'à la Porte de la Ligne.

Chez le citoyen Pascal, place des Carmes.

N° 7. — Tout l'espace compris entre l'autre côté des rues Palapharnerie, Trois-Colombes et Campane, la rue de la Croix, la rue du Gal, la rue des Ciseaux d'or, Peyrollerie et le Rocher.

Chez le citoyen Alphonse Gent, rue de la Croix.

N° 8. — Tout l'espace compris entre la rue St-Jean-le-Vieux, des deux côtés, la place de Jérusalem, la rue Abraham, la rue Corderie, la place St-Pierre, la rue des Ciseaux d'or, la rue du Gal, la rue de la Croix, le Portail Matheron, la rue Philonarde, la place Pignotte, le tout à droite.

Au Tribunal et à la maison Isnard, rue Banasterie.

N° 9. — Pour l'extérieur des remparts depuis la Porte du Rhône jusqu'à la Porte Limbert, et les maisons de campagne, fermes et auberges les plus rapprochées d'Avignon.

Au bureau du Capitaine du Port.

N° 10. — Pour le Pontet et toute la banlieue y attenante.

Chez le citoyen Barillon, membre de la Commission municipale.

N° 11. — Pour Morières, Montfavet et toutes les campagnes environnantes.

Chez le citoyen Reynaud Hippolyte, membre de la Commission municipale d'Avignon, à Morières.

Canton Sud

N° 1. — Place Crillon, Limas et Calade jusqu'à la rue St-Agricol, le dehors depuis Limbert jusqu'à la Porte du Rhône, et toute la banlieue (Canton Sud).

Chez le citoyen Crémieu, hôtel du Palais National.

N° 2. — Calade, des deux côtés jusqu'à la rue St-Charles et tout le quartier St-Roch et de la Porte Neuve.

Hôtel Taillades, rue Calade.

N° 3. — Calade de la rue St-Charles jusqu'au Corps-Saint et St-Michel et toutes rues à droite jusqu'au rempart.

Rue Calade, à St-Martial, Ecole communale.

N° 4. — Tout le carré compris entre la rue St-Michel, la rue des Tanneurs, le Portail Magnanen et le Rempart.

Chez le citoyen Cousin-Droz, adjoint, rue Grande-Monnaie.

N° 5. — Tout l'angle compris entre le côté gauche de la

rue Portail-Magnanen, la rue des Lices, le rempart et le côté droit de la rue des Teinturiers jusqu'à la Porte Limbert.

. Chez le citoyen Isidore Gent, 31, rue des Lices.

N° 6. — L'angle compris entre la rue des Lices, les rues Pétramale, Collège de la Croix et le côté Sud de la Bonneterie.

Chez le citoyen Vincent Denis Aymard, 66, rue Bonneterie.

N° 7. — Tout le carré compris entre le couchant des rues Collège de la Croix et Pétramale, la rue des Tanneurs, la rue des Trois-Faucons, place St-Didier, rue des Fourbisseurs et rue Bonneterie.

Chez les citoyens Thomas frères, rue de la Masse.

N° 8. — Tout le carré compris entre le couchant de la rue des Fourbisseurs, la place et le plan St-Didier, la rue Bancasse, la droite du Change, la rue des Orfèvres et de la Bonneterie.

Rue Galante, maison Pigeon, n° 27.

N° 9. — Tout le carré compris entre le côté Ouest de la Bancasse, la rue de l'Anguille, la rue Dorée, le place et la rue de la Préfecture, la rue St-Agricol et la place de l'Horloge.

Chez le citoyen André Pons, ancienne maison du Payeur, rue Bancasse.

N° 10. — Tout l'espace compris entre la rue St-Agricol, la rue Calade jusqu'à la rue St-Marc, la rue St-Marc, la rue l'Anguille, la rue Dorée, la place et la rue de la Préfecture.

Aux Ecoles communales rue Dorée.

N° 11. — Tout le carré compris entre le plan et la place St-Didier, le couchant de la rue des Trois-Faucons, la droite de la Calade, et la rue St-Marc.

Dans l'église du Collège.

N° 12. — Tout l'espace compris entre la rue Grande-Fusterie des deux côtés, la Balance au couchant jusqu'à la rue Ste-Madeleine et St-Etienne.

Chez le citoyen Thomas, vétérinaire, rue Fusterie.

N° 13. — Tout l'espace compris entre la rue Petite-Fusterie des deux côtés, la gauche de la rue St-Agricol, la place de l'Horloge à gauche, et la Balance idem jusqu'à la rue Ste-Madeleine.

A la Gendarmerie (ou rue St-Agricol).

NOTE N° 4

République Française. — Liberté, Egalité, **Fraternité**

Mairie d'Avignon

Proclamation en séance publique des noms
des Représentants
nommés par le Département de Vaucluse

Le département de Vaucluse vient de sortir des langes du passé, le peuple vient de donner une haute et digne sanction à la République. Les noms des représentants qu'il a nommés seront proclamés ce soir en séance publique.

La Ville d'Avignon témoignera au département qu'elle apprend avec le plus vif enthousiasme le résultat du scrutin.

Le soir, les musiques de la Garde Nationale stationneront sur la place de l'Hôtel de Ville.

Les principaux édifices publics seront illuminés.

Les citoyens sont invités à illuminer également la façade de leurs maisons.

Avignon, le 28 avril 1848.

> *Le Maire provisoire de la commune d'Avignon,*
> D. Petibon, Adjoint.

NOTE N° 5

Rapport financier (séance du 13 mai 1848)

Citoyens Membres de la Commission administrative,

Conformément à ce qui m'était prescrit par l'arrêté du Commissaire du Gouvernement, qui m'a nommé Commissaire provisoire pour administrer la Commune, je me suis occupé, dès mon entrée en fonctions, de déléguer un Commissaire des finances pour faire le bilan de la situation financière de la ville d'Avignon. Mon choix est tombé sur M. Monnier, caissier de la recette générale, dont les connaissances spéciales en matières de finances, sont une garantie pour vous et pour moi.

Les comptes ont donc été arrêtés par le Receveur municipal, au dimanche 30 avril, jour de mon installation ; ils ont été examinés par M. Monnier, et c'est après avoir été présentés par M. Fériaud et vérifiés par M. Monnier que je vais avoir l'honneur de vous faire connaître notre situation financière, qui a fait l'objet de mes préoccupations depuis que j'ai été placé à la tête de l'Administration municipale de la ville d'Avignon. (*Rapport de M. Monnier, pièce justificative N° 1.*)

Il résulte de ce Rapport et en supposant toutes les dépenses prévues au budget de 1848 effectuées, et toutes les recettes réalisées, qu'il existe, par suite des dépenses votées, sauf à les payer sur les crédits libres, (qui peuvent ne pas l'être) un déficit de fr. 520.169,66.

Ce point de fait bien constaté, ma tâche et la vôtre est-elle remplie ? je ne le pense pas, Citoyens, et malgré l'aridité des chiffres et la fatigue qu'il y a à les suivre, je réclame votre bienveillante attention pour continuer avec vous l'examen des ressources et charges de la ville d'Avignon.

Avant de commencer cet examen, j'éprouve le besoin de dire qu'il n'implique dans ma pensée aucun blâme pour nos prédécesseurs, en remontant jusqu'en 1842, époque du premier emprunt, comme vous le verrez tout à l'heure. Tous ont été animés, c'est ma conviction, des meilleures intentions, et si des circonstances extraordinaires, plus fortes que les hommes et qui déjouent leurs prévisions, nous rendent le présent lourd et difficile, la responsabilité n'en peut pas entièrement remonter à eux. Ils comptaient pour les affaires de la ville, comme nous tous pour nos affaires particulières, sur une prospérité croissante qui nous reviendra, n'en doutez pas, avec l'alliance de la liberté et de l'ordre. J'ajouterai deux observations à ce qui précède, la première c'est que toute dépense qui se convertit pour une ville en améliorations ou en satisfactions données à ses habitants, est jusqu'à un certain point justifiée, lorsqu'elle ne dépasse pas les bornes de la prudence ; et la seconde que vous trouverez juste aussi, je l'espère, c'est que quand on administre une ville importante, qui a son orgueil de cité et ses exigences de chef-lieu de département, on est autorisé à léguer à l'avenir, pour lequel on travaille, une portion des charges dont nos concitoyens recueilleront plus tard les avantages. Cette part que je crois équitable étant faite à tout et à tous, je me sens plus à l'aise pour entrer dans l'examen de la situation des affaires de la Commune, au moment où j'ai été chargé provisoirement de les administrer, dans les circonstances vraiment exceptionnelles que vous connaissez tous.

Déjà au 28 janvier 1842, les recettes ordinaires étant insuffisantes, on a dû recourir à l'emprunt. Un premier de fr. 100.000 a été contracté le 8 novembre 1842, avec affectation spéciale aux réparations pour mettre la Ville à l'abri des inondations. Les résultats de cette dépense la justifient complètement ; c'était toujours une cause d'appréhension que le débordement du fleuve, et les conséquences en étaient désastreuses tant pour la Ville que pour les particuliers. En reportant nos souvenirs aux déplorables inondations de 1840, nous ne pouvons qu'être reconnaissans envers ceux qui ont conçu, voté et exécuté cette utile dépense. Il reste à payer, sur la somme empruntée, fr. 68.382,50, de 1849 à 1855 suivant. (*Pièce justificative* N° 2.)

Ultérieurement et à l'occasion de la reconstruction de l'Hôtel de Ville, c'est-à-dire le 8 mars 1845, on dut recourir à un nouvel emprunt fixé à fr. 200.000 dont fr. 150.000 seulement ont été réalisés, et dont il reste encore à payer de 1849 à 1861 inclusivement une somme de fr. 199.635. (*Voir la pièce justificative* N° 3.)

Les fr. 50.000 qu'il était facultatif à la caisse des dépôts et consignations de payer, n'ont pu être encaissés, le Directeur, en raison des circonstances, en ayant refusé le paiement ; nous verrons plus tard si nous ne pourrions pas obtenir comme faveur qu'on nous comptât cette somme.

Les annuités à payer figurent chaque année dans les budgets de la Ville, et au moyen de ces paiemens annuels, elle se libérera, dans la période indiquée ci-dessus, des fr. 150.000 versés dans la caisse de la Commune.

Un événement malheureux pour les finances de la Ville est survenu après que la reconstruction de l'Hôtel de Ville fut décidé, vous préjugez, Citoyens, que je veux faire allusion à l'incendie de notre Salle des Spectacles.

La Ville a retiré, à cette occasion, une somme de fr. 175.000 des divers compagnies d'assurance, mais cette somme a été bien insuffisante, eu égard à la dépense effectuée. En additionnant les sommes des divers devis dressés à l'effet de la reconstruction et appropriation de la Salle des Spectacles, on trouve un chiffre de fr. 458.610,60 dont il faut déduire fr. 28.894,38, rabais du soumissionnaire Demeure. Il y a à espérer de plus que la Ville aura à retenir sur les paiements à faire à l'entrepreneur Demeure une somme de fr. 30.000 environ à raison de fr. 150 par jour de retard, pour un dédit stipulé dans le cahier des charges, l'entrepreneur n'ayant pas livré la Salle au temps convenu.

Mais par contre, il faut que la Commission administrative sache que soit, par suite des changemens opérés et notamment de la façade, soit à cause de diverses dépenses non prévues, ce qui peut s'expliquer dans un monument où il existe des détails si nombreux, il y aura un surcroît de dépenses qu'on ne peut évaluer au-dessous de fr. 45.000, plus fr. 21.485,81 pour honoraires des Architectes ce qui portera la dépense totale pour le Théâtre à fr. 496.202,03.

Je prie la Commission administrative de bien remarquer que je n'indique ce chiffre de fr. 45.000 comme surplus de dépenses qu'à titre de renseignement sans prendre aucune responsabilité pour le plus ou le moins de cette dépense qui est cependant effectuée mais non encore réglée.

Les sommes payées ou portées au budget pour paiement ultérieur s'élevant à fr. 302.113,41, il y aurait encore à pourvoir au paiement de fr. 104.089,62, moins toutefois les fr. 30.000 de retenue à exercer à l'entrepreneur Demeure. (*Voir les Pièces justificatives* Nᵒˢ 4 et 5.)

Ainsi que j'avais l'honneur de vous le faire remarquer plus haut, avant l'incendie du Théâtre, le Conseil de la Cité avait décidé la reconstruction de l'ancien Hôtel de Ville qui semblait, par sa vétusté et sa forme, devoir être remplacé par un monument plus en harmonie avec les goûts actuels de la population et la susceptibilité que tout Avignonais éprouvait à l'encontre des nombreux étrangers qui nous font l'honneur de s'arrêter dans notre ville pour la visiter.

En outre de l'emprunt des fr. 200.000 affectés à cette reconstruction (dont fr. 150.000 seulement ont été payés), la Ville portait annuellement à son budget une somme qui pour 1848 s'élève à fr. 169.250,03, à valoir sur cette somme de fr. 169.250,03, il a été déjà dépensé fr. 40.514,22, ce crédit donc, soit pour les dépenses faites, ou la commande de 12 colonnes en marbre de Crussol à payer, ou en déduisant fr. 15.000 que la Commission administrative actuelle a votés, pour ateliers de charité, à prendre spécialement sur ledit crédit, est actuellement réduit à fr. 128.735,81 (*suivant les pièces justificatives* Nᵒˢ 6 et 7.)

Il restera à voir par la suite de cet exposé, si en raison de plus pressants besoins, il n'y aura pas à emprunter encore à ce crédit. Antérieurement, je crois, à l'ordre des faits que je viens de développer devant vous, la ville d'Avignon avait fait diverses acquisitions s'élevant à la somme de fr. 285.774,05, suivant le détail par ordre de date, (*Pièce justificative N° 8.*) et dont une portion n'est pas payable immédiatement, quoiqu'échue, soit parce que les formalités ne sont pas remplies, soit parce que les vendeurs sont satisfaits de toucher régulièrement les intérêts du capital, mais il existe néanmoins entre les sommes votées et le montant des acquisitions une différence de fr. 47.810,19 à laquelle il faudra pourvoir.

Ayant passé en revue nos charges les plus lourdes, je pourrais peut-être me dispenser de vous parler de l'insuffisance probable du crédit affecté aux réparations et appropriations à la Caserne communale, dont la création est un bienfait, puisqu'il soustrait la population, (sauf les cas extraordinaires comme celui dans lequel nous nous trouvons), à l'impôt si fâcheux des logemens militaires. C'est là une utile création bien entendue dans l'intérêt de la classe indigente, car elle lui profite bien directement.

De vous entretenir également de l'insuffisance du crédit pour la reconstruction du Temple des Israëlites qu'un incendie avait détruit (désastre à ajouter à celui du Théâtre) et des réparations à faire à la Caserne St-Roch, mais je désire, autant que possible, vous donner une idée exacte de nos charges communales et si je fais quelque omission, si je hasarde quelque appréciation susceptible d'erreur, vous voudrez bien, Citoyens, prendre en considération le peu de temps qui m'a été donné et mon ignorance des affaires de la Ville auxquelles je n'avais jamais été jusqu'à présent appelé à prendre part et retenir ma déclaration de l'empressement que je mettrai à les réparer loyalement s'il y avait lieu. Vous trouverez ces diverses appréciations s'élevant à fr. 27.000, indiquées à la *Pièce justificative N° 9.*

Vous vous rappelez tous, avec reconnaissance, le don généreux fait à la ville d'Avignon par notre concitoyen et ami, Sixte Isnard, mais vous savez que ce don a été fait avec destination en faveur d'un établissement de bienfaisance à créer. Des circonstances qu'il est inutile de rappeler ont jusqu'à présent ajournée l'exécution de ses intentions.

Cependant la liquidation de son commerce a fait rentrer succesivement des sommes considérables dans la caisse de la Commune ; au fur et à mesure elles ont été déposées au Trésor en compte courant. Ces sommes étant à la disposition de la Ville, on y a puisé quand on a été à court d'argent. Or, dans ce moment la Ville doit à elle-même, par suite de ces

emprunts successifs aux legs Isnard, (*Pièce justificative* N°
10), une somme de fr. 340.996,10, plus les intérêts courus
et à courir. Cependant il faut remarquer que sur les crédits ouverts pour cet objet figure, à valoir, une somme de
fr. 50.118,70, ce qui réduit la dette à fr. 290.923,70.

C'est ici l'occasion de dire qu'aucun emprunteur ne présente de meilleures garanties que la ville d'Avignon et d'a-
jouter que, le moment venu, elle se fera un point d'honneur
d'exécuter les intentions de l'homme qui est un de ses bien-
faiteurs. Cette remarque n'est pas sans importance car elle
explique comment, dans des momens difficiles, on a été
amené à puiser à cette source et comment les circonstances
pourront commander encore d'y puiser, mais avec la plus
grande réserve cependant, afin de ne pas trop surcharger
l'avenir à qui est réservé la tâche de créer un établissement
que le Testateur a recommandé d'ouvrir aussitôt que possible. Citoyens ! voilà déjà longtemps que j'occupe votre
attention, et cependant j'ai besoin que vous me la prêtiez
encore un moment, car nous ne sommes pas au bout de notre tâche.

Avant la révolution de février, c'est-à-dire du 4 novembre
1847 au 24 février 1848, il a été voté pour fr. 1.067.930,79
de dépenses sur les fonds libres (espoir souvent bien chimé-
rique). Depuis le 24 février jusqu'au 30 avril, il a été voté
sur ces mêmes fonds libres pour fr. 42.541,32, affectés à des
dépenses urgentes, ainsi que c'est indiqué dans les *Pièces
justificatives* N°s 11 et 12 ; de plus il a été mandaté sur les
crédits indiqués dans la *Pièce justificative* N° 13 pour fr.
707.013,97, mais il faut remarquer que dans ce chiffre figurent fr. 449.997,90 pour achats de rente pour compte du
legs Isnard ;

fr. 149.883,40 pour paiement des droits de succession;

ensemble 599.881,30 qui sont hors ligne et de simples chiffres de comptabilité, en sorte que les sommes mandatées
dans la période ci-dessus se réduisent à fr. 117.132,67.

Au moment où la République a été proclamée, il a fallu
fournir du travail, c'était là une nécessité que nous devons
tous reconnaître, car le premier devoir de nos prédécesseurs
immédiats était d'assurer du travail, parce qu'il y a mora-
lité à le faire quand un mouvement politique paralyse pour
le moment la volonté ou les facultés des particuliers, et nécessité, afin de prouver à la population que le Gouvernement de février voulait sincèrement ce qu'il a proclamé
c'est-à-dire fournir du travail aux ouvriers. Aussi, **nous les**

approuvons hautement d'avoir promptement ouvert des ateliers de charité : c'est à cet acte intelligent de leur Administration, à leur énergie et au bon esprit de la population que nous devons la conservation de la tranquillité publique à Avignon dans les momens les plus difficiles. Grâces leur en soit rendues ! la reconnaissance publique les suivra partout et dans quelle position qu'elle les retrouve.

Nos prédécesseurs ont eu de plus à leur disposition la somme de fr. 39.617,20 montant réalisé de la souscription faite en faveur de la classe laborieuse ; sur ces fonds fr. 37.807,84 ont été dépensés dans les ateliers de charité ; cette destination leur était indiquée. Le reliquat en caisse de fr. 1.809,36 sera également employé aux ateliers de charité.

Quelle opinion que l'on ait de l'utilité des dépenses des diverses administrations qui nous ont précédés, et dont je viens de vous faire l'exposé avec sincérité et impartialité, tout le monde conviendra que les ressources financières de la ville d'Avignon se trouvent affaiblies de toutes celles dont on a disposé avant nous ; mais cette cause de notre insuffisance, en regard de la situation financière qui nous était léguée, n'est pas la seule que nous redoutions : pendant que des devoirs impérieux obligeaient et obligent encore la commune à des dépenses extraordinaires, n'êtes-vous pas, Citoyens, saisis comme moi de la crainte qu'au moment où nos dépenses augmentent nos recettes ne diminuent ? Les états, les Villes comme les particuliers, éprouvent le contre-coup des révolutions ; jusqu'au moment donc, si ardemment désiré, où la confiance reparaîtra, il nous est permis de redouter une diminution dans nos recettes. À cet égard, nous avons malheureusement plus que des probabilités. L'octroi qui est le revenu principal de la commune, porté au budget de 1848 pour une somme de fr. 460.000, en vue d'une augmentation de tarif qui n'a pas été autorisée, présente, sur le chiffre des perceptions de fr. 370.000 réalisés en 1847, un déficit de 90.000. (*Pièce justificative* N° 14.)

En dehors de cette somme déjà si considérable, chacun de vous pourra supputer ce que les circonstances enlèveront encore à nos recettes. Je suis heureux de dire cependant que pour les quatre premiers mois de 1848, nous avons, sur les recettes de l'octroi, une augmentation de fr. 2.331,29, comparativement à celles des mois correspondans de 1847.

Je vais reprendre maintenant tous les chiffres mentionnés dans mon exposé, et je crois utile, pour qu'ils soient bien compris, de les diviser en quatre catégories.

La première comprend :

1° Le déficit au 30 avril 1848 constaté par le rapport de M. Monnier, soit ....F. 520.169,66

2° La différence existant entre la
somme de fr. 460.000 portée en
recette au budget de 1848 pour
l'octroi et celle de fr. 370.000
réalisée en 1847, le tarif étant
resté le même............F. 90.000,00

3° La différence des dépenses effectuées au théâtre avec les som-
mes payées et celles votées.F. 104.089,62

4° Prêt patriotique du Citoyen
Bouyer Joseph-Hylarion....F. 4.000,00

5° Le montant des emprunts à partir de 1849, ci.............. 268.017,00

986.276,28

La seconde comprend :

La différence entre les sommes dues
par la ville pour acquisitions
diverses, et celles portées au
budget ....F. 47.810,10
(Pièce justificative N° 15.)

La troisième comprend :

Une appréciation des recettes qui
pourront être affaiblies par suite des circonstances........F. 20.000,00
(Pièce justificative N° 16.)

La quatrième comprend :

Les dépenses qui donneront lieu à
des augmentations très proba-
bles. ....F. 27.250,00
(Pièce justificative N° 18.)

95.060,19

1.081.336,47

A déduire....... 67.000,00

(Montant des lots invendus de l'ancienne boucherie, que la commune peut réaliser d'un moment à
l'autre.)

Reste ....F. 1.014.336,47

Je ne croirais pas ce travail complet, si je n'indiquais, au moyen des documens qui existent à la Mairie, les charges que peut imposer à la ville l'achèvement de l'Hôtel de Ville.

L'architecte a été invité par moi à faire un travail que vous trouverez dans la *Pièce justificative* N° 18.

Il en résulte que la ville aura encore à dépenser, défalcation faite des sommes déjà payées ou portées au budget de 1848, celle de fr. 360.892,01, en ne perdant pas de vue en outre que les circonstances obligeront, comme déjà on l'a fait, à réduire le crédit ouvert au budget de 1848 pour l'employer à des dépenses considérées comme plus urgentes.

Vous remarquerez que dans les chiffres ci-dessus n'est pas comprise la somme qu'on vous demande pour la Garde nationale ; le Conseil d'Administration a déjà présenté à cet effet un budget s'élevant à l'ordinaire à......fr. 26.628 »

Et à l'extraordinaire à...................fr. 8.072 »
Ce qui est indépendant de ce qu'il faudra débourser pour l'habillement des Gardes nationaux qui ne pourront pas faire la dépense ; ce que chacun de vous dans sa pensée peut évaluer en raison de l'effectif de la légion et des pénibles circonstances que nous traversons.

Vous aurez aussi à ne pas perdre de vue les ateliers de charité qui peuvent occasionner de nouvelles dépenses, si la reprise des travaux ne vient pas bientôt donner de l'emploi aux 350 Citoyens environ que la commune occupe en ce moment.

La ville a eu des charges tout à fait inattendues. Ainsi les frais des élections, la création d'un bureau et le traitement des employés à cet effet, l'hospitalité donnée aux Patriotes Italiens, cela réuni ne laisse pas que de former un chiffre assez lourd quand déjà on ne peut suffire à ses dépenses ordinaires. Vous avez renvoyé l'examen des comptes à une Commission, car l'Administration actuelle n'y ayant pas présidée, a dû les soumettre à votre approbation avant d'en ordonnancer le paiement.

A titre de renseignement, je me suis fait représenter et je vous communique, le chiffre des mandats en circulation non acquittés au 30 avril, s'élevant à fr. 19.265,08, et l'encaisse audit jour s'élevant à fr. 3.907,10. (*Pièces justificatives* N°ˢ 20 et 21.)

Ceci ne change pas la situation financière, mais c'est un grave embarras pour l'Administration actuelle, car elle est assaillie journellement de demandes de paiement auxquelles elle ne peut pas satisfaire quelques légitimes qu'elles soient.

J'ai hésité si dans une si longue nomenclature de chiffres qui doit fatiguer votre attention, je vous parlerais d'une charge éventuelle, il est vrai, imposée à la ville par décret du Gouvernement provisoire du 7 mars 1848, qui a rapport à la création du Comptoir d'Escompte. Vous savez qu'aux termes de ce décret, il doit être créé dans toutes les villes industrielles et commerciales un Comptoir d'Escompte, dont le capital est uniformément formé :

1° Un tiers, en argent par les associés souscripteurs ;

2° Un tiers, en obligations par les villes ;

3° Un tiers, en bons du Trésor par l'Etat.

Le Ministre des finances, après avoir vérifié les versemens faits par l'industrie privée, assurera la part de contributions des Villes et de l'Etat.

Les termes du décret sont précis et ne permettent pas à la Ville d'Avignon de s'exonérer de la charge de contribuer à la formation du capital du Comptoir d'Escompte d'Avignon. Cependant pour satisfaire aux formes administratives, je dois soumettre cette affaire à la Commission administrative ; je compte le faire au premier jour.

Le capital du Comptoir d'Escompte d'Avignon ayant été porté d'abord à fr. 900.000, et une demande ayant été faite ultérieurement par le Conseil d'administration de le porter à fr. 1.500.000, la part de la Ville d'Avignon sera de 3 à 500 mille francs, suivant la décision du Ministre des finances.

Il faut sans doute tenir compte de cette éventualité nouvelle, je dis éventualité, car, Citoyens, il faudrait pour que les intérêts de la commune fussent compromis, que le Comptoir d'Escompte fît des pertes dont la Ville aurait à supporter le tiers ; mais l'administration de cet établissement est confiée à des hommes expérimentés qui sauront résoudre le problème difficile de rendre tous les services qu'on doit attendre de cette institution, sans compromettre les intérêts des parties intéressées.

Il était de mon devoir d'établir devant vous franchement la position telle qu'elle m'apparaît, sans exagération, ni sans tenter de vous rien dissimuler. L'époque est unique pour que toute notre population soit initiée à la connaissance de la situation financière de la commune.

Je désire avoir satisfait à l'attente du Commissaire du Gouvernement, à la vôtre, Citoyens, et à celle de la population. Nous aurons ultérieurement à rechercher ensemble les moyens de pourvoir aux différens services d'urgence, en laissant à ceux qui viendront régulièrement et bientôt après nous, le soin de rétablir l'équilibre entre les dépenses et les recettes de la Ville.

Pour moi, si j'ai accepté temporairement la charge d'administrer la Ville d'Avignon, c'est à l'expresse condition que ma liberté me serait promptement rendue. J'ai déjà rappelé par écrit au Citoyen La Boissière sa promesse à cet égard, et je compte sur la générosité de la population avignonaise pour ne pas en entraver l'exécution. J'ai dû céder et faire violence à mes goûts qui sont pour la retraite, aux engagemens pris envers le Tribunal de commerce et à mes intérêts qui réclament tout mon temps ; mais plus le fardeau est lourd, plus je suis en droit de réclamer qu'on m'en décharge le plus tôt possible, lorsque surtout c'est un engagement solennellement pris à mon égard.

Avignon, le 13 mai 1848.

Le Commissaire extraordinaire chargé provisoirement
de l'Administration de la Ville d'Avignon,
Fréd. Granier.

Rapport financier (séance du 26 mai 1848)

Citoyens Membres de la Commission administrative,

Mon premier rapport qui vous a été lu dans la séance de samedi 13 de ce mois, fut envoyé le lundi 15 à l'impression, ainsi que vous l'aviez décidé ; les pièces justificatives paraissent avoir exigé beaucoup de temps, car c'est avant-hier soir seulement que le premier exemplaire m'en a été remis.

Au moment où je le recevais, M. Demeure, entrepreneur du théâtre, était admis auprès de moi pour, m'a-t-il dit, présenter à l'administration le mémoire de ses travaux relativement à la reconstruction de la salle des spectacles.

Vous vous souvenez, Citoyens, que j'ai indiqué dans mon premier rapport, mais en employant la formule la plus dubitative, un chiffre de fr. 45.000 comme surcroît de dépenses, ce qui devait faire monter la dépense totale de la salle des spectacles à fr. 496.202,03. J'ai été, je l'avoue, on ne peut plus surpris, en recevant des mains de M. Demeure son mémoire, de voir combien les prévisions différaient des prétentions de M. Demeure, et combien j'avais eu raison de n'accepter le chiffre de fr. 45.000 que sous bénéfice de plus ample informé.

Il résulte de ce mémoire et d'autres surplus de dépenses indiqués dès-lors que la dépense totale, sauf toutes vérifications des prix, mensurations et régularité des travaux exécutés, s'élèverait à fr. 644.591,06 (*Pièce justificative* N° 22) au lieu de fr. 496.202,03 indiqués dans notre premier aperçu, et que la Ville aurait encore à pourvoir pour ce moment au payement d'une somme de fr. 252.478,65 au lieu de celle de fr. 104.089,62 indiquée dans le premier rapport. Je répète ici au sujet de ces dépenses imprévues, ce que je disais relativement aux fr. 45.000, c'est que je n'accepte aucune responsabilité pour le plus ou moins d'exactitude des sommes réclamées, mais ce que je dis fermement, c'est qu'elles ne seront admises définitivement par la Ville qu'après un débat contradictoire entre le citoyen Demeure et les Architectes de la Ville Feuchère et Charpentier, qui ont cette tâche à remplir, car l'Architecte ordinaire de la Ville est resté tout à fait étranger à cette construction. Je me propose de solliciter la nomination d'une Commission pour assister dans cette tâche MM. Charpentier et Feuchère.

Je vais écrire à ces Messieurs pour les inviter à se rendre au plus tôt possible à Avignon, afin de procéder, en la forme indiquée ci-dessus, au règlement de cette importante affaire.

Sans préjuger en aucune façon l'exactitude des sommes réclamées par l'Entrepreneur du théâtre, vous voyez que les déboursés de la Ville pour la salle des spectacles seront beaucoup plus considérables que les prévisions, et qu'en résultat final, la reconstruction de ce monument, indispensable cependant dans une Ville où le spectacle est un délassement aimé du public, pèse plus lourdement encore que nous ne l'avions pensé sur les finances de la Ville.

Si le compte de M. Demeure était admis tel qu'il le présente, il en résulterait que le chiffre à la première catégorie s'élèverait à fr. 1.134.665,31, et le déficit total à fr. 1.162.725,50.

Il était de mon devoir de vous faire part de ces incidens.

Je désire qu'il clôture la liste des charges imprévues de la Ville d'Avignon.

Le Commissaire extraordinaire chargé provisoirement
de l'Administration de la Ville d'Avignon,

Fréd. Granier.

Le Palais des Papes (Lithographie de l'époque romantique)
(Archives Iconographiques du Palais du Roure, Avignon)

NOTE N° 6

Proclamation relative aux Elections municipales

Concitoyens,

Le jour où vous allez par vos votes renouveler le Conseil de la Cité approche ; vous avez tous paru le voir arriver avec impatience. Chacun de vous a-t-il déjà fait choix de ceux de nos Concitoyens qui lui paraissent les plus dignes d'occuper une place dans l'Assemblée où se discuteront les intérêts de la Cité ?

Que ceux qui ne sont pas prêts, se hâtent, car toujours, mais plus particulièrement dans les circonstances difficiles, c'est une chose grave que de recomposer, en entier, le Conseil municipal d'une ville importante.

Les principes de l'autorité municipale vous sont connus, je vous les ai bien indiqués dans une précédente proclamation, je n'ai rien à ajouter, si ce n'est que je suis de plus en plus convaincu de l'immense bien qu'il y aurait pour la Cité à ne faire aucune acception d'esprit de parti dans les élections municipales, et, en supposant qu'il soit impossible de se concilier sur ce point, au moins à convenir des concessions mutuelles qu'on se fera, car nous ne devons pas oublier que, comme Avignonais et comme Citoyens, nous sommes tous frères, qu'elqu'appellation politique qu'on attache à notre nom.

Vous n'attendez pas de moi que je vous désigne nominativement les candidats. Sans doute l'appel à l'union et à la concorde que je vous ai fait dans ma proclamation avant le renvoi des élections n'est pas sorti de votre mémoire. J'avais indiqué les qualités que vous devez rechercher dans les élus de la Cité. Le temps de la réflexion ne vous a pas manqué, j'ose espérer que vous l'aurez mis à profit. L'autorité municipale vous doit un dévoûment complet, une abnégation entière ; mais lorsque le suffrage universel est la loi du pays, elle ne peut avoir d'action sur les élections que par ses conseils et ses exhortations ; sa mission n'est pas de favoriser tels ou tels candidats : car eux-mêmes qui sollicitent cette intervention la trouveraient déplacée, si leur nom ne figurait pas sur la liste officielle.

Il sortira de l'Urne les noms que les Citoyens y auront déposés ; c'est donc aux Citoyens qu'il appartient de préparer les listes et de discuter les candidatures.

Le devoir de l'Autorité municipale est d'assurer la liberté

de l'élection ; avec le concours de bons citoyens, elle n'y faillira pas ; que ceux qui ont désiré la République, que ceux qui l'ont acceptée loyalement, telle que la veulent les Cavaignac, les Senard, les Marie, les Arago, l'immense majorité de l'Assemblée nationale, prêtent leur appui à l'autorité, afin que chacun s'approche librement de l'urne électorale et y dépose son vote suivant sa conscience et les nécessités de la situation, et qu'ils se lèvent comme un seul homme pour se grouper autour de l'autorité si, par la violence, on tentait de détruire le résultat du vote.

Que ceux que de mauvaises passions ou des espérances coupables pourraient égarer se souviennent que l'état révolutionnaire a cessé pour faire place à un gouvernement régulier, qui a remis en honneur le règne des lois.

Je les adjure, comme chef de la famille Avignonaise, de jouir de leurs droits sans attenter à ceux de leurs concitoyens ; car, quoiqu'il en coûtât à mon cœur, et si on m'y forçait, je saurais me souvenir que je suis magistrat et remplir mon devoir.

Fait à Avignon, le 15 août 1848.

Le Commissaire extraordinaire chargé provisoirement de l'Administration de la Ville d'Avignon,

Fréd. GRANIER.

Avis relatif à l'ajournement des Elections municipales d'Avignon

Citoyens,

Des réclamations nombreuses s'étant élevées contre la manière évidemment incomplète dont le dernier recensement a été fait, et les listes électorales dressées, l'Autorité municipale a dû prendre en considération ces réclamations, quoique plusieurs aient été tardivement présentées.

Malgré donc l'inconvénient que présente le renvoi des Elections à trois semaines, elle n'a pas hésité à conseiller ce renvoi à M. le Préfet, plutôt que de s'exposer à priver, même involontairement, un seul Citoyen de l'avantage d'exercer ses droits électoraux.

En conséquence, sur l'avis unanime du Conseil municipal, M. le Préfet a renvoyé les Elections au dimanche 20 août prochain.

A partir de lundi, 31 du courant, il sera procédé à un nouveau recensement. Les Citoyens sont invités à fournir aux Agents de l'autorité tous les renseignements nécessaires ; ils doivent se souvenir que, pour s'assurer s'ils sont régulièrement portés sur les listes, la loi a fixé des délais qu'il faut observer, à peine de déchéance.

Fait à Avignon, en l'Hôtel-de-Ville, le 29 juillet 1848.

Le Commissaire extraordinaire chargé provisoirement de l'Administration de la Ville d'Avignon,

Fréd. GRANIER.

Municipalité Vinay

Vinay Gabriel, premier conseiller municipal, remplit les fonctions de Maire provisoire le 25 septembre 1848, installé le même jour.

Adjoints provisoires : Du Laurens Hector, Goudareau Louis.

Maire : Vinay Gabriel, nommé par arrêté du 3 octobre 1848 installé le 26.

Adjoints : Bedarrides Avidan.

Saint-Marc Eugène.

Goudareau Louis, nommés et installés aux mêmes dates, le premier démissionnaire le 1er février 1849.

Aillaud Sébastien, nommé adjoint pour la section de Morières, démissionnaire le 21 février 1849.

Bosse Martial.

Du Laurens Hector, nommés le 5 juillet 1849 et installés le 16.

Secrétaire en chef : Gilly Henri.

Le Préfet de Vaucluse Poupart installe le nouveau conseil municipal le 25 septembre 1848. Le « parti de l'ordre » l'avait emporté aux élections sur celui des « montagnards », ce qui n'empêcha pas le représentant du gouvernement républicain de reconnaître l'utilité de la lutte des partis, de nier les possibilités de restauration et de terminer sa harangue en poussant le cri de « Vive la République » (1). (Note n° 1).

(1) Le « Parti de l'ordre », était dirigé par le comité de la rue de Poitiers (de la rue où il s'était installé) présidé par l'avocat Baze et constitué par une réunion de députés formée des anciens représentants du régime parlementaire parmi lesquels Thiers, Odilon Barrat, de Falloux.

La nouvelle assemblée communale porta tous ses efforts, dès son arrivée à l'Hôtel de ville, sur le règlement des travaux du théâtre qui fut des plus laborieux. Elle avait désigné dès le 27, une commission spéciale chargée de leur vérification et de leur réception (1).

Louis Napoléon Bonaparte fut élu Président de la République le 8 décembre 1848. Il obtint à Avignon 5632 suffrages contre 1257 à Cavaignac et 1073 à Ledru-Rollin (2).

Comme la révolution de 1830, celle de 1848 avait eu sa répercussion en Europe. Un peu partout les peuples opprimés étaient en révolte. Les Etats de l'Eglise n'avaient pas échappé à la contagion, et le Pape Pie IX abandonnait Rome pour se soustraire au mouvement populaire qui venait de proclamer la République. Le 2 décembre 1848, le conseil municipal d'Avignon faisait tenir au Souverain Pontife une adresse de respectueuse sympathie et l'invitait à se réfugier dans l'ancienne ville des Papes. Pie IX déclina l'invitation, tout en exprimant au Conseil municipal ses remercîments pour ce témoignage de fidélité et de dévouement. (Note n° 2).

Le 29 janvier 1849, par ordre du Président de la République, un grand déploiement de forces s'étendait sur Paris et l'Assemblée Constituante était investie par des troupes considérables. Qu'était-il arrivé ? Le gouvernement invoquait une conspiration contre l'ordre public ! Ses adversaires virent dans cette manifestation intempestive un essai de coup d'Etat. La nouvelle très vite répandue, dans Avignon, y surexcita les esprits parmi les militants des deux partis extrêmes : les adhérents au parti de l'ordre, dont les représentants siégeaient à l'Hôtel de ville, se réunissaient au café Barretta, place St-Didier ; les Républicains se rendirent dans cet établissement le 30 janvier. Le contact des adversaires amena des altercations bientôt suivies de voies de fait qui dégénérèrent en une bagarre générale. L'intervention de la troupe de ligne et des commissaires fut nécessaire pour rétablir l'ordre. Il y eut plusieurs blessés et l'établissement saccagé dut être indemnisé aux frais de la commune. A la

____

(1) Délib. des 6 et 8 novembre 1848 ; 10 janvier, 1ᵉʳ et 23 février, 10 et 24 mars, 3 avril, 2 mai, 1ᵉʳ et 11 juin, 29 septembre, 26 octobre 1849 ; 10 avril, 13 juillet, 16 octobre 1850.

(2) Les Bureaux électoraux furent ainsi établis : Canton Nord 1ʳᵉ section Tribunal civil, 2ᵉ section Jeu de paume, 3ᵉ section Bourse ; canton Sud 1ʳᵉ section Eglise du Lycée, 2ᵉ section St-Martial. La garnison et les Invalides donnaient déjà 3.000 voix à Louis Napoléon Bonaparte. Il y eut de nombreuses abstentions.

suite de ces événements, le conseil municipal demanda la dissolution et la réorganisation de la garde nationale (1).

Tout dévoué à la politique du gouvernement, le conseil municipal exprimait au Président de la République, dans une adresse, votée à l'unanimité, son adhésion aux mesures prises par ses ministres pour réprimer le complot du 29 janvier, qui n'avait germé que dans l'imagination féconde de la police de Louis Bonaparte (2) (Note n° 3). L'assemblée communale favorisait les candidatures réactionnaires à l'assemblée législative en mai 1849 et elle témoignait encore sa sympathie au Prince Louis Napoléon, dans une nouvelle adresse qu'elle lui fit tenir à l'occasion de la répression de la manifestation du 13 juin, à Paris, provoquée par l'intervention française contre la République Romaine (3) (Note n° 4).

Elle manifestait ses sentiments peu bienveillants envers la commission des hospices en maintes circonstances, réclamant le retour des sœurs de St-Joseph, et finissait par déclarer que cette commission n'avait pas sa confiance (4).

En août 1849, une légère épidémie de choléra fit son apparition à Avignon.

Il faut reconnaître que, malgré l'agitation politique, l'administration Vinay sut donner un certain essor aux travaux publics et s'employer utilement dans l'intérêt de la cité. Elle fit approuver par son conseil les plans et devis de l'architecte Duchesne pour la construction de l'Hospice Sixte-Isnard (coût 134.000 fr.) (5) ; décider l'appropriation et l'agrandissement de la caserne St-Roch (dépense 82.000 fr.) (6) ; adopter un projet pour l'écoulement des eaux pluviales du rocher des Doms (7) et un devis pour l'établissement de trottoirs et de banquettes le long des rampes de cette promenade (8). On mit à l'étude un projet d'élévation des eaux du Rhône sur le rocher au moyen d'un moteur hydraulique (9).

Le conseil municipal fit poursuivre les travaux d'aména-

---

(1) Délib. des 1, 3 et 6 février 1849 ; délib. du 9 novembre 1849.

(2) Délib. du 8 février 1849.

(3) Délib. du 20 juin 1849. Le gouvernement s'était efforcé de transformer en insurrection, sans y parvenir, une inoffensive manifestation.

(4) Délib. des 20 juin ; 1, 6 et 10 août ; 5, 15 et 22 septembre 1849.

(5) Délib. du 27 novembre 1849.

(6) Délib. des 1er décembre 1849 ; 13 juillet et 22 août 1850.

(7) Délib. du 24 août 1849.

(8) Délib. du 26 juin 1850.

(9) Délib. du 13 juillet 1850. Ce projet n'aboutit pas.

gement du cimetière St-Véran, remblais et plantations (1) ;
consentit la participation de la ville dans la dépense pour
l'exhaussement de la route départementale n° 21 entre la
porte de l'Oulle et la porte St-Roch (10.000 francs pour la
ville, 8.000 pour le département) (2) ; décida la suppression du barrage du moulin Biançon sur le canal de Vaucluse (3), et l'extension de l'éclairage au gaz (4) ; donna
son approbation à la création de la digue qui devait relier
la chaussée du chemin de fer aux remparts par la petite hôtesse (5). La compagnie du chemin de fer avait pris à sa
charge l'exhaussement de la digue de Durance entre la route
départementale n° 21 et la chaussée du chemin de fer (lettre de M. Talabot du 6 novembre 1848). A la même époque,
l'Etat faisait procéder à l'achèvement de la chaussée du
Pontet jusqu'à son point de jonction aux remparts d'Avignon (6). Tous ces travaux étaient de la plus grande utilité
pour la préservation du territoire de la commune contre
les inondations.

La compagnie du chemin de fer offrait 30.000 francs pour
l'acquisition du terrain communal de la petite hôtesse, la
ville exigeait le prix de 120.000 francs, le jury ne lui accorda que 30.200 francs et le conseil municipal dut se pourvoir de cette décision, en cassation (7).

L'assemblée communale approuva des modifications aux
statuts du Comptoir d'Escompte (8) ; protesta contre l'établissement du canal de l'association de Carpentras alimenté
par la Durance (9) ; réclama impérieusement l'établissement d'un barrage en tête de l'île de la Barthelasse pour
renvoyer les eaux du Rhône dans le branche gauche de ce
fleuve (10). D'accord avec la Chambre de Commerce, elle
sollicita la création d'une succursale de la Banque de France
à Avignon (11) et décida d'établir l'entrepôt des douanes dans

---

(1) Délib. des 10 novembre 1848 ; 27 janvier, 2 et 16 mars 1849 ;
13 février 1850.

(2) Délib. du 23 novembre 1848.

(3) Délib. des 2 mars, 6 et 25 avril 1849.

(4) Délib. du 16 juillet 1849.

(5) Délib. des 25 avril et 1er juin 1849.

(6) Délib. du 16 mars 1849.

(7) Délib. des 20 janvier et 3 avril 1849. Ce terrain richement boisé et
ombragé était un lieu de promenade très fréquenté des Avignonais.

(8) Délib. du 21 février 1849.

(9) Délib. du 22 mai 1849.

(10) Délib. du 29 mai 1849.

(11) Délib. du 12 octobre 1849. Autorisée seulement par décret du 31
décembre 1856 (municipalité Paniard) cet établissement fut installé 2,
rue du Bon Parti, aujourd'hui rue des Frères Briant.

l'ancienne fabrique Isnard, aujourd'hui annexe de la caserne d'infanterie (1).

Le transport des viandes provenant de l'abattoir s'effectuait alors dans des voitures ouvertes ; répondant à la protestation d'un conseiller, le maire Vinay s'engageait à prendre des mesures sévères pour que ce transport fut fait, à l'avenir, dans de meilleures conditions de propreté et d'hygiène (2).

Le conseil municipal, poursuivant encore l'œuvre du dégagement des remparts se préoccupa de nombre d'affaires se rattachant à notre mur d'enceinte (3).

Les habitants du quartier de la place Pie protestèrent contre un projet d'établissement de marchés supplémentaires sur d'autres points de la ville, en invoquant l'engagement du conseil municipal de 1803 de ne pas transporter ailleurs, le marché aux herbes et aux fruits, en échange de la contribution consentie alors par les réclamants ou leurs auteurs d'une somme de dix mille francs destinée à élargir et dégager la place Pie. « Le conseil considérant que la création de marchés supplémentaires ne peut porter aucun préjudice aux réclamants, que les nouveaux marchés ne seront créés que tout autant que l'ancien deviendrait insuffisant, passe à l'ordre du jour », telle fut la décision de l'assemblée (4).

C'est en 1849 que fut fondé, à Avignon, le collège catholique St-Joseph, tenu par les R. R. P. P. Jésuites, et l'année suivante l'ancienne église du lycée fut rendue au culte par l'administration de cet établissement (5). On peut faire un rapprochement entre ces deux faits et la promulgation de la loi Falloux sur l'enseignement (31 mai 1850).

Le 30 octobre 1849, Requien avait été nommé conservateur du Musée, en remplacement de Chabaud décédé.

Dès les premiers jours de l'année 1850, le bruit se répandit, à Avignon, du transfert à Paris de la succursale des Invalides. Dans le but d'obtenir le maintien de cette institution militaire dans notre ville, le conseil municipal fit tenir une adresse au Président de la République (6). A la séance

---

(1) Délib. des 26 octobre et 5 décembre 1849. L'entrepôt des douanes avait été créé par ordonnance du 16 septembre 1840.

(2) La municipalité de M. Bec devait réaliser, en 1924 seulement, le transport des viandes dans des voitures fermées ; cette mesure était pourtant réclamée depuis longtemps par l'opinion publique et les hygiénistes.

(3) Délib. des 1ᵉʳ décembre 1849 et **13 février 1850**.

(4) Délib. du 8 décembre 1849.

(5) Délib. du 5 septembre 1850.

(6) Délib. des 7 février et 10 avril **1850**.

du 25 avril 1850, un conseiller émit l'avis que l'abandon des bâtiments et terrains occupés par la succursale, à la ville d'Avignon, ne pouvait être considéré, par celle-ci, comme une indemnité de la perte de cet établissement important, pas plus que comme une libéralité qu'on devait se hâter d'accepter ; mais au contraire cet abandon ne pouvait constituer qu'un acte de loyale exécution du décret du 28 avril 1818, par lequel la nue-propriété de ces vastes locaux était concédée à la ville, nue-propriété dont elle devait avoir la jouissance à l'instant où le ministre de la guerre cesserait d'en disposer. A la même époque, l'administration des hospices se mit en instance auprès de la municipalité pour obtenir de la ville le moyen de transférer, dans un local plus vaste et plus convenable, l'hospice des indigents qui avait été annexé à l'hôpital général, après l'acquisition par la ville de l'ancienne aumône, devenue caserne des passagers (1).

Le décompte des travaux du nouvel Hôtel de ville avait été adopté par l'assemblée communale et approuvé par l'autorité supérieure. Elle avait institué dans le sein du conseil municipal six grandes commissions permanentes, par délibération du 21 février 1849. Celle-ci fut annulée par arrêté du Préfet du 1er février 1850. Le conseil en appela au Président de la République qui rejeta son pourvoi (2). Le maire Vinay démissionnaire fut remplacé par l'adjoint Bosse le 8 août 1850.

Budget de l'exercice 1850 :

804.776 francs en recettes et en dépenses

Conseillers municipaux élus en vertu de la loi du 18 juillet 1837

Elections des 23 août 1848
Installation du 25 septembre

Vinay Gabriel, Granier Frédéric, Colonel Ritter (démissionnaire en 1850), Bounaud jeune (décédé en 1850), Du Laurens Hector, de Raousset-Boulbon Gaston (démission-

---

(1) Délib. du 13 février 1850.
(2) Délib. des 8 février et 13 juillet 1850.

naire en 1851), Goudareau Louis, Ayme Jacques François, Seguin François Joseph, d'Olivier Augustin, Athénosy Isidore, Chaudon Jacques Benoit, Bosse Martial, Bédarrides Avidan (démissionnaire en 1851), Auselme Hubert, Bernardi Denis Jean Antoine, Capeau Saint-Marc Eugène, du Plessis aîné, Roman (démissionnaire en 1850), Félix Faustin, Alliaud Sébastien, Monier Etienne, Reboul Paul Emile, Sardon Joseph, Remacle, Thomas aîné Charles, Montagnat (décédé en 1849), Busquet Bruno, Ponson Jean François André, Cornet Pierre, Locarnus Marie Joseph Léonce, Demorthe Pierre, Gérard, Ferrier Jacques, Chaffin père Marc Antoine, Barbe Paul Anicet, Goutarel Jean.

Ce conseil municipal fut dissous par arrêté du 22 février 1852.

Notes - Pièces justificatives

NOTE N° 1

Séance du 25 septembre 1848. Discours du Préfet
Poupart

Citoyens,

Vous êtes installés au nom de la loi qui consacre le suffrage universel, ce suffrage devant lequel nous devons nous incliner tous, car il est le seul véritablement Républicain. C'est-à-dire le seul démocratique.

Dans tous les Etats libres et principalement dans les Républiques il y a toujours eu, il y aura toujours des partis. Il ne faut pas s'en alarmer ; ils sont comme le sang et les humeurs du corps social qui, par leur diversité, par leur opposition même, y entretiennent la vie, en maintiennent l'équilibre et y établissent l'harmonie.

Or, l'harmonie, Citoyens, qu'est-ce autre chose que le concours et l'arrangement des dissemblances pour former un tout régulier ? La nature, ouvrage de Dieu, nous en offre un modèle permanent que nous devons nous efforcer d'imiter selon nos moyens.

Devant la lutte électorale, quand les partis sont en présence, chacun cherche à remporter la victoire. La liberté autorise cette lutte. C'est le choc des éléments, c'est le chaos avant que la lumière se fasse. Mais aussitôt qu'elle a jailli, aussitôt que la pensée universelle s'est manifestée par son œuvre, l'accord doit se produire.

Le suffrage de tous s'est condensé dans le choix de quelques-uns. Les opinions et dissidentes convergent désormais vers un même but, le bien de l'Etat ou de la cité.

Vous sentirez, je n'en doute pas, Citoyens, le besoin de l'union pour accomplir notre noble tâche. Vous ne pouvez vouloir que la prospérité de la Ville, le bien-être de tous ses enfants. Vous mettrez en commun vos lumières, votre prudence pour prévenir le mal, votre courage pour le combattre si, malgré votre vigilante sollicitude, il venait à se produire.

Citoyens, l'hiver s'avance, l'hiver ce cruel ennemi du pauvre si souvent désarmé contre ses seigneurs. C'est à vous de fournir, selon vos ressources, à vos frères indigents, l'arme défensive contre ce fléau annuel, c'est-à-dire le travail qui procure le pain et le feu. Si, pour cet objet, la commune avait à s'imposer de nouvelles charges vous sauriez stimuler le zèle de vos Concitoyens en faisant appel à leurs sentiments fraternels, à leur dévouement à la République.

Je dis leur dévouement à la République, car je ne pense pas qu'après 1400 ans d'épreuves du Gouvernement monarchique sous toutes ses formes il puisse rester à qui que ce soit le moindre doute sur l'impuissance de ce Gouvernement à faire le bien parmi nous, sur ses tendances égoïstes, sur son incurable décrépitude ; et je ne concevrais point que des hommes qui ont vécu de la vie du XIXe siècle conservassent le moindre espoir, le plus léger désir d'une restauration qui, si elle était possible, amènerait à sa suite un déluge de maux.

Marchons donc, Citoyens, marchons ensemble dans les voies républicaines, car la liberté, l'égalité, ces biens inappréciables, ne peuvent croître et se développer que sur un sol républicain. Je compte sur votre concours sincère et fraternel ; vous pouvez compter sur le mien.

« Vive la République » !

NOTE N° 2

Adresse du Conseil municipal au Pape
(2 décembre 1848)

« Très Saint-Père,

« Au moment où toute la Chrétienté se sent frappée du même coup qui force le Père Commun des Fidèles à abandonner sa capitale, la ville d'Avignon ose rappeler à Votre Sainteté que, dans d'autres circonstances, vos prédécesseurs ont trouvé dans son sein un séjour digne du Pontificat Suprême.

« Daignez vous souvenir, Très Saint-Père, au milieu des mystérieuses tribulations accumulées sur votre tête sacrée, par celui qui dispose des Empires, que vous avez, à Avignon, des enfants dont rien ne saurait vous enlever l'amour.

« Venez donc parmi nous, nos cœurs et nos bras vous sont ouverts. Par notre respect, par notre admiration, par notre dévouement sans bornes, nous nous efforcerons d'adoucir vos douleurs.

« Venez faire briller à nos regards le pur Flambeau de la liberté chrétienne qui éclaire le Monde sans l'égarer ni l'embraser.

« La France, cette Fille aînée de l'Eglise, digne de comprendre vos généreuses pensées revendique le bonheur de vous posséder sur sa terre hospitalière. La Cité Avignonaise le revendique plus spécialement encore au souvenir des liens qui l'ont unie aux Souverains Pontifes, souvenirs dont votre Sainteté trouvera des traces dans tous les cœurs.

« Pénétrée de ces sentiments, la Population Avignonaise dont le Conseil municipal s'applaudit d'être l'organe, vous adresse, Très Saint-Père, la pressante et respectueuse prière de daigner venir passer au milieu d'elle tout le temps qu'il plaira à la divine Providence de tenir éloigné de Rome, le Vicaire de Jésus-Christ. »

Cette adresse est adoptée à l'unanimité.

Lettre de l'Evêque de Chalons

« Messieurs,

« La lettre que vous écrivez à Sa Sainteté Pape **Pie IX,** est un monument qui vous honore autant que **votre Cité** et qui passera à vos descendants ; elle sera partout **admirée;** c'est une des plus belles pages de votre histoire. Les sentiments que vous y exprimez, si dignes de vous, sont partagés par tout ce qui a un cœur honnête et chrétien, je dirai même un cœur français. Car c'est le privilège de la France d'être entièrement dévouée au Saint Siège, au Chef de l'Eglise ; de la défendre à tous prix, « *à bec et à griffes* » s'il le fallait, comme porte votre noble devise, d'être l'aînée de ses enfants. Que ces sentiments sont beaux dans la bouche des Avignonais qui lui appartiennent à tant de titres ! Notre Saint et admirable Saint-Père en sera vivement touché, et il y répondra en versant sur eux et sur leurs familles toutes ses bénédictions.

« Quant à moi, Messieurs, qui ai l'honneur de vous appartenir en qualité de Concitoyen, je ne dirai qu'un mot : C'est qu'après avoir lu votre lettre et celle du Conseil Général, je suis fier plus que jamais d'être Avignonais et que c'est de tout mon cœur que je m'associe à vos sentiments.

« Recevez, je vous prie, l'assurance de la considération distinguée avec laquelle j'ai l'honneur d'être, Messieurs, votre très humble et très obéissant serviteur.

Signé : X.-M. J., Evêque de Châlons.

Châlons, le 12 décembre 1848.

Séance du 27 janvier 1849

*Réponse du Pape à l'adresse du Conseil municipal
d'Avignon*

TRADUCTION

Pius P. P. IX

Bien aimés Fils, Salut et Bénédiction Apostolique.

Nous avons reçu avec une sincère bienveillance la lettre que vous nous avez adressée le 2 décembre dernier. Elle nous fait clairement connaître que vous, nos fils bien aimés et votre Cité toute entière.

Vous trouvez tant de bonheur dans vos sentiments d'amour, de fidélité et de dévouement envers notre personne que vous avez formé le vœu ardent de nous voir arriver dans votre Ville qui déjà à d'autres époques, a joui de la présence des Pontifes Romains. Un hommage si éclatant de votre amour et de votre respect n'a pu que nous être agréable, car votre Ville nous est chère à plus d'un titre et nous lui portons une affection toute spéciale. Si donc il nous est donné quelque jour de nous rendre en France, nous trouverons une grande consolation dans votre dévouement filial envers nous. Pour aujourd'hui nous vous adressons de tout notre cœur à vous et à tous vos honorables Concitoyens tous les remerciements dont nous sommes capables.

Au reste ce que nous attendons surtout de votre Religion et de votre piété ce sont des prières continuelles au Seigneur très-clément pour qu'il abrège ces jours de tribulations et qu'au plus tôt nous éprouvions la joie de voir rendue à nos États la tranquillité, objet de nos vœux.

En attendant, nous supplions de toutes nos humbles prières le Dieu très Bon et très Grand de couvrir cette Cité de sa main et de la défendre de son bras.

Et en signe de cette divine protection en témoignage de notre paternelle tendresse.

Nous accordons dans toute l'effusion de notre cœur à tous vos Concitoyens et particulièrement à vous tous, nos fils bien aimés, notre Bénédiction Apostolique.

Donné à Gaëde, le deux janvier de l'an 1849, de notre Pontificat le troisième.

Pius IX.

NOTE N° 3

Séance du 8 février 1849

Adresse au Président de la République

Monsieur le Président,

' « Les Membres du Conseil Municipal d'Avignon saisissent avec empressement l'époque où ils sont réunis, en session ordinaire pour vous exprimer leur pleine adhésion aux mesures de vigueur que le Gouvernement a prises, dans une circonstance récente, contre les ennemis du repos public et de la Patrie.

Ils sont heureux de pouvoir ajouter que, si l'avenir réservait à la France de nouvelles épreuves, l'unanime concours de la Population dont ils sont les élus ne ferait jamais défaut à la Cause de l'Ordre et de la Liberté.

« Le Gouvernement la verra toujours répondre à l'appel qui lui serait fait au nom des impérissables droits de la société.

« Unis d'intention avec les hommes d'ordre de la Capitale, les Citoyens des départements sont résolus à combattre énergiquement et en toute rencontre les ennemis de la France et de la Civilisation.

« C'est pour eux un devoir sacré, et, quoi qu'il advienne, ils sauront toujours l'accomplir.

« Telle est la pensée qui a su réunir déjà les six millions d'Electeurs dont les suffrages vous ont appelé à la Présidence.

« Appuyé sur eux, secondé par les hommes éminens et vraiment dévoués à la liberté dont vous avez dû vous entourer, vous triompherez de tous les obstacles et, en rétablissant la société sur ses bases vous aurez accompli la noble tâche que, dans ces temps difficiles, la Providence semble vous avoir réservée.

« Ils sont avec respect, Monsieur le Président, vos très humbles et très obéissants Serviteurs. »

Cette adresse est adoptée à l'unanimité.

NOTE N° 4

Séance du 20 juin 1849

Adresse au Président de la République

Monsieur le Président,

« Le Conseil Municipal d'Avignon s'associe de toute l'énergie de son patriotisme aux mesures de vigueur prises par le Gouvernement dans la crise actuelle.

« Il ne saurait trop louer le courage et la fermeté déployés par le dépositaire du pouvoir, ni les sages prévisions du Ministère, ni la spontanéité du concours que lui a donné l'assemblée législative.

« Honneur aussi au Général qui, par un coup aussi prompt que décisif porté au cœur de l'insurrection armée, en a déjoué tous les plans et détruit toutes les ressources !

« Honneur à la Garde nationale et à l'armée qui l'ont si bien secondé dans ce moment solennel où, sur leur fidélité au drapeau de l'ordre, reposait le salut de la civilisation en France et en Europe !

« Continuez votre ouvrage, Monsieur le Président, et en vous appuyant sur tous les sentiments généreux, sur tous les hommes d'ordre, achevez de remplir la tâche immense que vous ont imposée la Providence et le suffrage d'un grand peuple. »

Cette adresse est adoptée à l'unanimité.

Municipalité BOSSE

Maire : Bosse Matial, avocat, nommé maire provisoire le 8 août 1850, nommé maire par décret du 20 septembre 1850, installé le 28.

Adjoint : Du Laurens,

Sardou Joseph, avocat,

Athénosy Isidore, docteur en médecine, nommés adjoints provisoires, puis adjoints et installés aux mêmes dates.

Recensement de la population d'Avignon en 1851 :
35.890 habitants.

Poursuivant son œuvre avec la nouvelle municipalité, le conseil municipal approuva un règlement du canal de Vaucluse qui prévoyait l'introduction d'une partie des eaux de ce canal dans les Sorguettes (1) ; et délibéra, sans pouvoir aboutir, sur un projet de distribution d'eau potable dans la ville (2) et l'établissement de bains et de lavoirs publics (3).

L'agglomération du Pontet, dont l'importance allait croissant chaque jour, fit l'objet de la sollicitude de l'administration municipale. On envisagea la création d'un cimetière spécial (4) et la construction de l'église fut décidée. Un tiers de la dépense devait être supporté par la ville, le reste, à

(1) Délib. du 6 novembre 1850.

(2) Délib. des 8 mars, 6 mai, 22 juillet et 8 août 1851. — La délibération du 22 juillet 1851 fut imprimée à 400 exemplaires. Il y était constaté qu'on buvait, à Avignon, de l'eau assez mauvaise, alors qu'on pouvait avoir facilement des eaux potables : celles du Rhône, de la Sorgue et de la Durance.

(3) Délib. des 8 et 28 mai 1851.

(4) Délib. du 4 novembre 1850.

parts égales, par l'Etat et la population du Pontet (1). M. Thomas, un riche industriel de ce hameau, donnait à la commune (par actes notariés des 21 novembre 1851 et 12 janvier 1852) une portion de terre destinée à l'établissement d'un presbytère, et, si la ville le jugeait convenable, de diverses écoles, salle d'asile, etc. (2).

Le Maire fut autorisé à faire planter des oseraies sur toute la longueur de la promenade de l'Oulle (3) ; ces oseraies subsistaient encore, il y a une trentaine d'années. L'inégalité du niveau des trottoirs et les abus des propriétaires riverains, qui y entreposaient des marchandises et rendaient ainsi la circulation impossible, amenèrent des protestations au sein de l'assemblée communale, contre cet état de chose (4) et, pour la première fois, elle sanctionna la pose de bordures de trottoirs en pierres froides, aux frais de la ville (5).

Le conseil municipal décida la fermeture de l'escalier, qui conduit du Rocher au Rhône, par une grille en fer, une deuxième grille devant fermer l'escalier Sainte-Anne (6), tandis qu'il projetait, sans pouvoir aboutir, un conflit s'étant élevé entre la ville et l'archevêché à ce sujet, de clôturer cette promenade par deux nouvelles grilles du côté de la place du Palais (7).

On envisageait alors le transfert de l'hospice des indigents dans le local des Célestins, dont la ville demandait la cession au gouvernement (8). Et le 17 février 1852 le Conseil municipal faisait un pressant appel au Prince Président pour obtenir l'usage des bâtiments des Invalides. (Note n° 1).

Il approuva le devis (168.060 fr. 75) et le cahier des charges pour la construction de l'hospice Sixte-Isnard (9) ; protesta contre l'établissement projeté d'un pénitencier militaire dans le local des Invalides (10) et discuta, une fois encore, la question de propriété de l'hospice des Insensés (11).

---

(1) Délib. des 18 décembre 1850 et 22 juillet 1851 (15.000 francs à la charge de la ville sur une dépense totale de 50.000 francs).

(2) Délib. du 16 décembre 1851.

(3) Délib. du 8 novembre 1850.

(4) Délib. du 11 novembre 1850.

(5) Délib. du 18 juin 1851.

(6) Délib. du 16 novembre 1850 (coût des deux grilles 3.000 francs).

(7) Délib. du 13 juillet 1851. Plus heureuse, la municipalité Valayer fit établir ces deux grilles en 1919.

(8) Délib. des 12 et 14 novembre 1850 et du 8 janvier 1851.

(9) Délib. du 10 février 1851.

(10) Délib. des 8 août et 28 novembre 1851.

(11) Délib. du 5 août 1851.

A nouveau, le conseil eut à s'occuper du transport des viandes (1). Il donna son approbation à la reconstitution du Comptoir d'Escompte auquel il accorda la garantie de la ville pour une somme de 250.000 francs (2) ; sollicita l'établissement d'une ligne de télégraphie électrique entre les villes de Marseille, Avignon, Nimes, Montpellier et Cette déjà reliées par une ligne de chemin de fer (3).

En vue de l'amélioration de la navigation du Rhône, la municipalité fit émettre un vœu au conseil. Celui-ci demanda que l'introduction d'un volume d'eau plus considérable dans le bras du Rhône passant devant Avignon soit réalisée au plus vite, et approuva le projet de barrage dressé par l'ingénieur Surel (4).

Le conseil municipal accepta l'aménagement du local dit « Le Parc » destiné à recevoir un escadron de cavalerie (coût 6.000 francs) (5) ; se préoccupa de l'importation des garances (6) ; protesta contre la construction du canal de l'association de Cadenet (7) ; revint encore sur le raccordement du chemin de fer par les bords du Rhône (8) et accepta l'acquisition d'une tour des remparts appartenant à l'Etat au prix de 2.500 francs (9).

Il consentit, le 23 mai 1851, une subvention de 500 francs à la confrérie des Pénitents Gris à l'occasion de leur procession jubilaire, laquelle avait lieu tous les vingt-cinq ans et fit donner un éclat tout particulier à la célébration de la fête patronale de la ville, le jour de Saint Agricol.

Deux conseillers, de Raousset-Boulbon et Bédarrides Avidan, restèrent plus d'un an sans se rendre aux convocations de l'assemblée municipale, le conseil demanda au Préfet de les déclarer démissionnaires et obtint satisfaction (10).

Il décida la suppression de l'artillerie de la garde nationale prescrite par l'arrêté du maire du 22 août 1851 (11) et la réorganisation de la compagnie des sapeurs-pompiers (12).

---

(1) Délib. du 14 novembre 1850.

(2) Délib. des 20 décembre 1850 et 20 mai 1851.

(3) Délib. du 1er février 1851.

(4) Délib. des 10 et 12 février, 15 mars, 1er avril, 18 juin et 15 juillet 1851.

(5) Délib. du 16 novembre 1850.

(6) Délib. du 11 avril 1851.

(7) Délib. du 3 octobre 1851.

(8) Délib. du 13 novembre 1851.

(9) Délib. des 22 juillet et 21 novembre 1851.

(10) Délib. des 6 juin et 31 octobre 1851.

(11) Délib. du 29 août 1851.

(12) Délib. du 4 novembre 1851.

Du moins si en droit l'Empire n'avait pas encore été proclamé, le 2 décembre 1851, le Coup d'Etat de Louis Napoléon Bonaparte avait, en fait, supprimé la République. Dès le lendemain, le Préfet de Vaucluse Malher avait porté à la connaissance des habitants du département, par voie d'affiche la dissolution de l'assemblée nationale par le Président de la République et fait un appel en faveur de l'ordre et de la tranquillité. Le maire Bosse, de son côté, invitait ses concitoyens au calme et priait les « honnêtes gens » de se joindre à la milice civique appelée, disait-il, à rendre les mêmes services qu'en 1848 !

Soit lassitude, soit crainte des représailles, il y eut peu d'agitation en Avignon. L'état de siège n'en fut pas moins proclamé, le 16 décembre, et les commissions mixtes, tribunaux d'exception de triste mémoire, entrèrent en fonction. On procéda, en ville, à cinquante arrestations.

L'assemblée municipale félicitait le Président de la République, le 19 décembre, dans une adresse qui décelait, avant tout, ses sentiments catholiques et sa crainte de l'anarchie (Note n° 2).

Le scrutin pour l'acceptation ou la non-acceptation du plébiscite du Prince Louis Napoléon ouvert le 20 décembre continua le 21 et donna les résultats suivants à Avignon. Sur 10.610 électeurs inscrits 5.515 s'abstinrent. On recueillit seulement 2.727 oui pour 2.368 non. C'est dire l'indifférence qui présida à cette consultation électorale (1). La même indifférence devait accueillir, à Avignon, et la constitution du 14 janvier 1852 et les élections générales du 29 février, malgré les efforts de la commission municipale qui avait été instituée le 22 février 1852, après la dissolution du conseil municipal.

Sur la proposition du Maire, le 23 décembre 1851, le conseil municipal avait témoigné sa gratitude à la garnison qui avait « puissamment contribué par son attitude énergique et dévouée au maintien de l'ordre et de la sécurité dans la ville » (2) ; et, à cette occasion il décidait d'offrir une épée d'honneur, « témoignage de la reconnaissance des Avignonais » au général Duffaure d'Antict, commandant la subdivision et l'état de siège (3). Le 10 février 1852 le

---

(1) Le vote eut lieu dans les trois sections du canton nord : tribunal civil, tribunal de commerce et maison du portail Matheron ; et dans les deux sections du canton sud : salle de la Bourse et local de St-Martial.

(2) La garnison d'Avignon comprenait alors le 54e de ligne et le 4e hussards.

(3) Délib. des 3 janvier et 7 février 1852.

conseil remerciait également le préfet Malher, nommé **Préfet** de la Moselle.

Un décret du 30 septembre 1851, pris à la demande de la ville d'Avignon, avait décidé : 1° qu'une inscription portant « Museum Requien » serait gravée sur la porte du jardin des plantes et du musée d'Histoire naturelle. (Cette inscription subsiste encore au-dessus de l'entrée du Temple St-Martial) ; 2° que le portrait de Requien serait placé au-dessus de la porte de la minéralogie.

Le conseil municipal fut dissous le 22 février 1852 et remplacé, le jour même, par une commission municipale, par arrêté du préfet Costa di Bastelica.

Commission municipale instituée par arrêté du 22 février 1852

Poncet Eugène, Perrot Edouard, Palun Adrien, Chastenet, Clauseau Auguste, Thomas aîné, Du Laurens Hector, Pamard Paul, Verdet Joseph, Geoffroy, Chauffard père, Bon aîné, Berton Henri, colonel Ritter, de Verclos, Vinay, Chaudon, Barbe Paul, Crivel François, Martin Jean Baptiste, Valabrègue fils, Pons Louis, Maumet cadet, Couren Isidore, Bonavion Pierre, Deville Laurent, Fabre Jean, Madon de Morières, Brun André, Dau.

Notes - Pièces justificatives

NOTE N° 1

Séance du 17 février 1850

Adresse au Prince-Président

Prince !

La ville d'Avignon sollicite au nom de l'humanité **et de** la Religion, un bienfait qu'il est de votre pouvoir de lui accorder :

L'abandon des Bâtiments qui ont cessé d'être occupés par la Succursale des Invalides.

La nue-propriété de ces bâtiments lui appartiennent suivant un décret du 23 avril 1810 confirmé par une ordonnance Royale du 5 août 1818.

Mais le département de la Guerre en a la jouissance, et c'est lorsqu'il y renoncera que la Ville pourra en prendre possession.

Depuis plus d'un an ces bâtiments sont déserts et rien n'a compensé les dépenses de leur entretien.

Le moment est donc venu de recourir à la munificence gouvernementale et de compléter un bienfait qui fut une des pensées de l'Empereur.

Une immense popularité est attachée à l'acte que nous sollicitons.

Vous en serez convaincu, Prince, lorsque vous connaîtrez les besoins de notre population.

Le fardeau des logements militaires étant devenu excessif, une précédente administration déplaça les vieillards indigents et transforma leur hospice en caserne municipale.

Les Orphelins et les Vieillards des deux sexes furent entassés dans un couvent contigu à l'hôpital et qui, jusque-là, avait été habité par les Hospitalières de St-Joseph.

Ces saintes Filles, vouées depuis des siècles, au service des malades, furent alors chassées et remplacées à l'hôpital par un personnel laïque.

Elles avaient été rappelées en l'an XI par votre Oncle de glorieuse mémoire. Elles furent réintégrées dans leurs fonctions, dès la première année de votre avènement à la Présidence.

Ce retour vers le passé s'est accompli au milieu des acclamations universelles de cette Ville. Leur dévouement au service des malades leur a fait accepter pour logement, les combles de l'Hôpital, des galetas dans lesquels on n'oserait pas placer un lit de domestique.

Entendez, Prince ! les vœux d'une grande Cité, abandonnez-lui la possession du bâtiment des Célestins ou de celui de St-Louis que l'immense caserne du Palais des Papes rend inutile aux besoins du service de la Guerre et, à l'instant même, se réaliseront une succession de bienfaits dont nous serons fiers de garder le souvenir.

. L'Hospice et l'Hôpital, n'étant plus contigus, cesseront d'être menacés l'un par l'autre du danger permanent des épidémies. Les vieillards, les orphelins y trouveront de l'air, du soleil, de l'espace qui leur manquent et une séparation pour les sexes et les âges aujourd'hui confondus.

La religion reconnaîtra dans la main qui rouvrira aux Hospitalières de St-Joseph les portes de leur couvent, celle du Neveu de l'Empereur qui les y avait appelées, et un sentiment unanime de gratitude se mêlera à nos vœux pour la prolongation de vos jours et la gloire de votre présidence.

NOTE N° 2

Séance du 19 décembre 1851

Adresse au Président de la République

Le Conseil adopte l'adresse suivante :

Monsieur le Président,

« La formidable échéance de 1852 approchait, la démagogie, organisée et en armes, comptait sur un prochain triomphe. Mais Dieu vous avait investi du pouvoir pour conjurer l'orage. Fidèle à votre mission vous prévenez et terrassez le génie du mal. La France est sauvée et avec elle la Civilisation.

« Quoique éloignés de la capitale, nous avons éprouvé les heureux effets de votre prévoyance. Secondant vos intentions, l'autorité militaire, sûre du concours des bons Citoyens, du zèle et du courage de nos braves Soldats, a, en même temps, garanti notre Ville d'un coup de main et lancé sur notre territoire, ainsi que sur tous les points du département des colones mobiles qui, devant elles, ont balayé l'insurrection.

« En restituant au Culte du Très Haut un Temple célèbre, vous avez fait hommage de vos succès à Celui de qui tout bien émane (1).

« Vous voyant ainsi rendre à Dieu ce qui est à Dieu, n'est-il pas juste de vous rendre ce qui vous est dû ?

« Le Conseil municipal d'Avignon, au nom de la Cité

---

(1) Un décret de l'Assemblée Constituante d'avril 1791 avait érigé en Panthéon des grands hommes l'église Sainte-Geneviève. Napoléon Ier avait rendu cet édifice au culte. Le gouvernement de Louis-Philippe Ier l'avait de nouveau érigé en Panthéon. Louis Bonaparte le rendit au clergé dont il attendait certainement l'appui après le Coup d'Etat de décembre.

toute entière vous prie, Monsieur le Président, d'agréer l'hommage de sa vive reconnaissance et de ses vœux pour le vainqueur de l'anarchie. »

Municipalité Eugène Poncet

Maire : Poncet Eugène, négociant, nommé maire provisoire par arrêté du 4 mars 1852, nommé maire le 24 juillet 1852, installé le 15 août.

Adjoints : Perrot Edouard,
Chastenet Jules Auguste,
Martin P. B. Gaspard, médecin,
Madon G. B. Agricol François pour le bourg de Morières, nommés et installés aux mêmes dates.

Secrétaire en chef : Gilly Henri.

La commission municipale avait été installée le 22 février par le préfet Costa, les élections municipales eurent lieu les 21, 22, 28 et 29 août 1852. La première circonscription de Vaucluse comprenant les arrondissements d'Avignon et de Carpentras envoya siéger au corps législatif, le Marquis de Verclos (5 mars 1852).

Les travaux du nouvel Hôtel de ville étaient interrompus, la commission municipale, dès le 5 mars, exprimait à l'unanimité, le désir de les voir se poursuivre avec activité et chargeait l'architecte Jofroy, auteur du projet, de les diriger. Elle décidait, le 5 juillet 1852, un emprunt de 184.000 francs au 5 %, remboursable en huit ans pour la continuation de ces travaux. Cet emprunt fut autorisé par décret du 13 septembre 1852. Elle autorisa le Maire à traiter avec M. Perre, fondeur, pour la refonte de la cloche du beffroi, cassée le 13 juin 1852. Refondue le 23 décembre 1852, la nouvelle cloche pesait 4.320 kilogr. et le décompte des frais de l'opération s'éleva à 5.275 fr. 66 (1). La commission adopta un projet pour l'approfondissement des Sorguettes (2).

De cette époque date la construction de la grille en fer de la caserne St-Roch.

---

(1) Délib. des 19 juillet, 11 et 14 août 1852, 7 janvier 1853.
(2) Délib. du 12 mars 1852.

La commission municipale délibéra de confier la Direction des écoles communales de la ville à des membres des corporations religieuses à l'exclusion des instituteurs laïcs (1).

Tour à tour la municipalité Poncet réclame l'abandon par l'Etat à la ville des anciens bâtiments de la succursale des Invalides, fait opposition à la vente des arbres provenant du parc de cet établissement, et finalement obtient du gouvernement la cession des bâtiments de St-Louis. Le conseil municipal remercie Son « Altesse impériale le Prince-Président » et accepte les conditions imposées par le ministre de la Guerre pour la remise du Couvent de St-Louis et de l'avenue Jemmapes. Il décida ensuite d'approprier ce local pour le service de « l'aumône » (2) et « considérant

___

(1) Délib. du 21 mai 1852.

(2) Délib. des 12 mars, 28 juillet, 2 et 13 octobre, 5 et 12 novembre 1852.

Une lettre du ministre de la guerre au Préfet de Vaucluse en date du 5 octobre 1852 énumère les conditions de la cession du couvent de St-Louis à la ville :

1° La dite remise comprenant la portion du dit immeuble naturellement limitée à l'est par la rue Vieux Etude et l'avenue Jemmapes située dans son prolongement, sera constatée par un procès-verbal régulier dressé par les agents civils et militaires compétents, après concert entre MM. le Préfet de Vaucluse et le Colonel Directeur des fortifications à Toulon. Ce procès-verbal ne deviendra exécutoire qu'après avoir été approuvé par le ministre de la guerre.

2° Il sera expressément stipulé d'une part que l'abandon de jouissance de la portion de l'immeuble dont il s'agit est ici consenti purement à titre gracieux par le Département de la guerre et non comme le fait d'une restitution obligatoire ; d'autre part qu'en acceptant le bénéfice de cette restitution bénévole la ville d'Avignon déclarera se désister des prétentions par lesquelles elle entendait contester au Département de la guerre usufruitier à titre indéfini le droit inattaquable d'approprier comme il l'entend et pour les besoins du service militaire le reste de l'ex succursale des invalides.

3° Par suite des dispositions qui précèdent il sera passé outre immédiatement à l'exécution des travaux ordonnés par décision du 14 juin 1852 pour la création d'un pénitencier militaire dans la portion de la même succursale dite Couvent des Célestins.

Dans la même lettre le ministre faisait remarquer « que sous le régime créé par les dispositions combinées des décrets des 23 avril 1810 et 16 septembre 1811, de la loi du 15 mai 1818 et de l'ordonnance du 5 août même année, le département de la guerre, mis en jouissance des immeubles dont les villes ont conservé la nue-propriété, demeure seul responsable de la chose dont il use, seul chargé de toutes les dépenses qu'elle exige, au point de vue de l'intérêt militaire, et même de celles incombant d'ordinaire aux nu-propriétaires, lorsqu'ils sont soumis à la loi commune, que conséquemment ce Département doit rester entièrement libre de ses actes, tant que dure son usufruit d'un caractère excep-

qu'il est permis d'espérer que l'ancien couvent de St-Louis, dont M. le Ministre de la Guerre vient d'abandonner la jouissance à la ville qui en avait déjà la nue-propriété, pourra suffire, au moyen de certains aménagements, à l'établissement de l'hospice des indigents et d'un dépôt de mendicité », il émet le vœu que l'autorité supérieure donne suite le plus tôt possible au projet de création d'un dépôt de mendicité, et délibère d'affecter à ce dépôt la partie de l'ancien couvent de St-Louis qui ne sera pas reconnue indispensable pour l'hospice des indigents (1). Le dépôt de mendicité fut établi en août 1853 comme annexe de l'hospice et la dépense mise à la charge des hospices réunis. La ville assura les bâtiments de St-Louis en qualité de propriétaire de cet immeuble, l'assurance du mobilier restant à la charge des hospices (2).

Tandis que le 15 août 1852, on célébrait à Avignon la nouvelle fête nationale (Note n° 1), le 19 juillet la commission municipale avait prié le Prince Louis Napoléon, Président de la République, de venir visiter notre cité, dépêchant auprès de « Son Altesse impériale » une députation pour lui confirmer cette invitation. On adjoignit à la municipalité, une commission pour la préparation des réceptions et réjouissances, lui donnant pleins pouvoirs quant à la dépense (3).

----

tionnel, auquel il a seul droit de mettre un terme, lorsqu'il lui plaît et sans consulter le nu-propriétaire ».

La décision du Ministre de la guerre du 4 novembre 1852 comprenait l'avenue Jemmapes dans l'abandon fait à la ville des bâtiments de St-Louis aux conditions suivantes :

1° L'avenue Jemmapes n'est abandonnée que pour former rue séparatrice et commune entre les deux occupants des propriétés qui la bordent, d'une part la commune d'Avignon, d'autre part le Département de la guerre.

2° Le Département de la guerre se réserve sur l'alignement ouest de cette rue, comme la commune d'Avignon sur l'alignement est tous droits d'ouverture de portes et fenêtres.

3° La ville d'Avignon fera provisoirement clôturer en palissades jointives la ligne de séparation entre la dite rue et le parc des Célestins et contractera l'engagement formel de voir subsister ultérieurement à cette clôture, à ses frais et dès qu'elle en sera requise par le Département de la guerre un mur maçonné de 0 m. 50 à 0 m. 60 d'épaisseur et de 3 m. 50 à 4 mm. de hauteur, muni à son milieu d'une large porte charretière fermée par une grille. L'exécution de cette clôture sera confiée au service du génie et devra faire l'objet de la part de ce service d'un projet de détail à présenter par lui pour 1854, après concert avec l'administration municipale.

(1) Délib. du 8 décembre 1852. A cette époque les mendiants affluaient en grand nombre à Avignon.

(2) Délib. des 20 novembre et 8 décembre 1852.

(3) Délib. des 28 juillet, 6 et 23 septembre 1852.

La visite présidentielle étant décidée, le Préfet Costa adressait un vibrant appel aux habitants de Vaucluse en faveur du « neveu et héritier du grand Empereur » (Note n° 2) et le 24 septembre, Louis Napoléon débarquait sur le port du Rhône, reçu par le maire Poncet qui lui remit les clefs de la ville et dans une courte harangue lui rappela qu'il avait servi. dans la garde impériale (Note n° 3). Le Président se rendit à la Préfecture et assista le soir, à 9 heures, au bal donné en son honneur à l'Hôtel de ville. Le lendemain il reçut les fonctionnaires, puis passa en revue entre les portes St-Roch et St-Michel les troupes de la garnison (54° de ligne, dépôt du 11ᵉ dragons, escadrons du 4ᵉ hussards) et les compagnies de sapeurs-pompiers de la ville et des environs. Il visita ensuite l'Hôpital général où il fut reçu par l'archevêque et la commission des hospices et quitta Avignon par la gare du chemin de fer. Deux jours durant la population put danser dans le parc des Invalides ; des joutes sur le Rhône furent organisées. Il en coûta à la ville une somme de 77.281 fr. 86 c. pour l'organisation de la réception du Prince Napoléon et des fêtes données à cette occasion (Note n° 4). Le conseil municipal, après cet événement, fit tenir au Président une adresse de remerciement. (Note n° 5).

Deux mois à peine s'étaient écoulés lorsque Louis Napoléon fut proclamé Empereur des Français par un sénatus-consulte. Le vote sur le plébiscite qui devait ratifier cet acte eut lieu, à Avignon, le dimanche 21 et le lundi 22 novembre 1852. Il donna 4216 oui pour l'empire, contre 621 non. La Proclamation de Napoléon III comme Empereur des Français se fit sur la place du Palais le dimanche 5 décembre à midi et le soir les édifices furent illuminés ! (Note n° 6).

Le conseil municipal vota une adresse de félicitations à l'Empereur, le 30 janvier 1853, à l'occasion de son mariage avec Eugénie de Montijo, et le 2 mars de la même année la municipalité et les conseillers prêtaient le serment prescrit par le sénatus-consulte portant interprétation et modification de la constitution.

Quoique son passage à l'Hôtel de ville ait été de courte durée, Poncet l'utilisa à favoriser les foires et marchés d'Avignon qui ne connaissaient plus la faveur et la prospérité que Guillaume Puy avait su leur rendre (1). Un ar-

____

(1) Achard, dans un opuscule intitulé « Historique des Foires et Marchés d'Avignon et de l'industrie du commerce des cuirs dans cette Ville », Avignon, Bonnet fils, 1853, s'exprime ainsi : « Les foires d'Avignon se

rêté ministériel du 5 septembre 1840 fixait au samedi de chaque semaine le jour du marché de notre ville, mais il n'en était guère tenu compte ; la municipalité sollicita auprès du ministre le maintien de ce jour, l'obtint, installa ce jour-là un marché aux arbres et aux instruments agricoles sur la place des Carmes et décida de faire revivre les quatre foires d'Avignon (6 mai, 14 septembre, 30 novembre et 24 février). Elle arrêta le tarif des droits de place pour ces manifestations économiques et institua des primes destinées à récompenser les commerçants qui fréquentaient nos foires et marchés (1). Le 5 avril 1853, un arrêté rétablissant les foires fut affiché sur les murs de la ville ; et un succès complet, qui devait porter ombrage à nos voisins de Villeneuve (2) vint récompenser les efforts de l'administration municipale.

Poncet, d'accord avec son conseil, amorça le projet d'une grande avenue qui devait, partant de la place de l'Horloge, aboutir à la station du chemin de fer, par une nouvelle porte à percer dans les remparts, projet que devait réaliser le maire Pamard, son successeur (3).

Invité par le Préfet, à faire dresser le plan général d'alignement de la ville d'Avignon, conformément à la loi du 16 septembre 1807 le conseil·municipal confia ce travail à Pascal, agent-voyer communal. Après enquête (Vinay, avocat commissaire enquêteur), il fut homologué par arrêté préfectoral du 1er septembre 1854 (4).

Il approuva, après étude et discussion, le projet définitif du raccordement du chemin de fer ainsi que celui qui prévoyait l'établissement d'un canal de décharge pour l'écoulement des eaux et d'un canal d'assainissement que la compagnie était tenue de construire (5). Ce canal devait avoir son origine à l'extrémité des caisses d'emprunt du Pontet, longer le chemin de fer à l'est jusqu'à celles pratiquées pour le cimetière St-Véran, traverser ensuite le chemin de

---

maintinrent tant que dura l'administration habile et dévouée de M. Puy. Elles déclinèrent sous ses successeurs qui ne mirent sans doute pas, à les entretenir, tout le zèle nécessaire ».

(1) Délib. des 20 août 1852, 19 janvier, 11 et 25 février, 30 mars, 8, 13 et 29 avril 1853.

(2) Le 5 mars 1856, la commission des foires de Villeneuve, inquiète de l'extension des marchés d'Avignon, adressait aux marchands forains une circulaire. (Note n° 7).

(3) Délib. des 17 décembre 1852, 4 février et 2 mars 1853.

(4) Délib. des 4 et 25 février, 4 mars 1853 ; 17 juin et 9 août 1854.

(5) Délib. des 27 octobre 1852, 11 février, 16 et 25 mars, 6 août, 5 septembre et 2 novembre 1853.

fer pour joindre le boulevard extérieur de la ville après le chemin de la Folie et le suivre jusqu'au chemin de « Font Couverte » (route de Montfavet). Depuis ce dernier chemin, jusqu'à celui de St-Roch, il devait se confondre avec le canal de Champfleury et la compagnie reprenait le creusement à St-Roch pour le poursuivre jusqu'au viaduc (1).

Le conseil municipal envisagea le pavage des rues avec des blocs de grès des carrières de la Valette près Toulon, mais, vu le coût élevé de ces matériaux, il mit à l'étude le pavage utilisant des cailloux étêtés (« comme à Toulouse et à Strasbourg ») ou des grès de la montagne d'Orange semblables à ceux employés alors pour « la route impériale dans la traversée de cette ville » (2). Il demanda et obtint la démolition du poste télégraphique établi sur le rocher (3) ; approuva la construction d'un parapet au rond-point construit sur cet emplacement (4) ; renouvela le bail du local dit « le Parc » où était casernée une batterie d'artillerie (5); protesta de la manière la plus énergique contre la demande de la ville de Marseille tendant à obtenir une nouvelle concession de 4 mc. d'eau de la Durance, après un rapport de sa commission (historique complet des canaux de la Durance) (6).

----

(1) Description du Canal de Champfleury (17 décembre 1852) : « Le canal de Champ Fleury est le cours d'eau qui prend naissance au Pont de la Pyramide à l'entrée du Chemin de la Font Couverte. Il recevait autrefois sur ce point une partie des eaux du canal de Vaucluse qui ne s'y déversent plus depuis l'approfondissement de ce dernier canal, de sorte que l'origine de celui de Champ Fleury est actuellement formée par la roubine de St-Genieys qui reçoit l'écoulement de celles des Neuf-Peyres, de la Font Couverte et de la filiole de Montdevergues. Ce canal longe le boulevard au sud jusqu'à St-Roch, le traverse sur ce point pour suivre les remparts et s'écouler dans le Rhône tout près de la porte St-Dominique. Il reçoit dans ce parcours l'écoulement de tous les fossés qui bordent les nombreux chemins qui aboutissent aux boulevards. Il y a trois ans qu'un barrage permanent situé près de la porte St-Roch relevait considérablement les eaux pour faire mouvoir une roue hydraulique destinée à l'usage de l'abattoir. Trois barrages mobiles entre St-Michel et St-Roch servent en été à soulever le plan d'eau pour arroser une surface de terres ou prés d'environ 18 hectares ». La partie du canal comprise entre St-Roch et le Rhône en suivant les remparts fut supprimée après la construction du canal d'assainissement par la compagnie.

(2) Délib. des 23 avril et 2 novembre 1853.

(3) Délib. du 4 mai 1853.

(4) Délib. du 20 juillet 1853.

(5) Délib. du 9 décembre 1853. La garnison d'Avignon comprenait le 75e régiment de ligne, un escadron et le dépôt du 11e dragons et la 4e batterie du 2e régiment d'artillerie.

(6) Délib. du 16 décembre 1853. Ce rapport fut imprimé à 300 exemplaires.

En 1853, les eaux du Rhône atteignirent l'étiage de 5 m. 18.

La ville restait à devoir aux Hospices le troisième tiers du prix d'acquisition de l'ancienne aumône (caserne des passagers). La commission administrative demanda au Préfet de vouloir bien insérer d'office, en dépenses, au budget communal les intérêts de ce troisième tiers. La ville donna satisfaction aux hospices mais proclama ses droits sur les bâtiments de St-Louis, propriété communale (1) (Note n° 8).

Le maire Poncet fit procéder au transfert des bureaux de la mairie dans le *nouvel Hôtel de ville* (2).

Conseillers municipaux élus en vertu de la loi du 18 juillet 1837

Elections des 21, 22, 28 et 29 août 1852
Installation du 6 septembre 1852

Poncet Eugène, Perrot, Clauseau Auguste, Vinay Gabriel, Madon Jean Baptiste, Chastenet Jacques Auguste, Du Laurens Hector, Palun Adrien, Maumet cadet François, Martin Jean Baptiste, Jousseaume Eugène, Béchet Joseph, Verdet Joseph, Deville Laurent, Crivel François, Couren Isidore, Brien André, Dayma Charles, Busquet, Ourson Joseph, Valabrègue Jonathan, Barbe Paul, Thomas Charles, Lajard Auguste, Pamard Paul, Reboul fils, Ritter Jacques, Fabre Jean, de Verclos (député), Bouvier Charles, Cartoux Agricol, Bouysson Jean Pierre, Vitalis Charles, Teyssier Honoré, Geoffroy Casimir, Coussat Adolphe, Borel Gustave. (37 conseillers).

---

(1) Délib. des 7 juin et 6 août 1853.
(2) Délib. du 30 décembre 1853.

Notes - Pièces justificatives

NOTE N° 1

Programme de la fête du 15 août 1852

Mairie d'Avignon

Programme de la Fête Nationale du 15 Aout

Une salve de 21 coups de canon tirée au lever du soleil annoncera la Fête du 15 août.

A 11 heures du matin, une Revue des Troupes de la Garnison sera passée sur le Rocher des Doms.

A 1 heure après-midi, une distribution de pain sera faite aux Indigents par les soins du Bureau de Bienfaisance.

Suivant les dispositions arrêtées par Monseigneur l'Archevêque, il sera chanté un *Te Deum* dans l'église Métropolitaine après la rentrée de la Procession.

Une nouvelle salve de 21 coups de canon sera tirée au coucher du soleil.

Un feu d'artifice sera tiré à 8 heures et demie du soir sur la place du Palais.

A l'entrée de la nuit les principaux édifices publics seront illuminés.

Les Citoyens sont invités à illuminer la façade de leurs maisons.

Fait à Avignon, en l'Hôtel de ville, le 13 août 1852.

Le Maire,
Martin, Adjoint.

Vu : *Le Préfet de Vaucluse,*
Costa.

NOTE N° 2

Appel du Préfet Costa

Préfecture de Vaucluse

Habitants de Vaucluse,

Le Neveu et l'héritier du grand Empereur sera dans quelques jours au milieu de vous. Vous allez voir de près l'homme suscité par la Providence pour continuer l'œuvre du vainqueur d'Auterlitz et de la Révolution, l'homme à qui vous devez la sécurité de vos foyers, la prospérité de vos champs, la protection de votre culte. En le saluant de vos acclamations vous ne ferez qu'applaudir à votre propre choix et proclamer de nouveau dans sa personne, le principe de l'autorité nationale dont il est la glorieuse expression.

Le Prince Louis-Napoléon ne parcourt pas la France pour recevoir des hommages officiels et jouir des ovations dont il est l'objet. Il ne vient pas non plus recueillir une popularité que sept millions et demi de suffrages lui ont assurée. Son véritable but est d'entrer en contact avec les populations, d'étudier par lui-même leurs besoins, afin de les satisfaire dans la limite du possible et de laisser partout des traces fécondes de son passage. Aussi, sa présence est-elle déjà un bienfait qui a droit à notre reconnaissance ; voyez avec quel empressement les villes, les provinces entières se disputent le bonheur de le posséder pendant quelques heures. Eh bien, ce bonheur nous est accordé. Le 24 septembre sera pour le département de Vaucluse, pour la ville d'Avignon, une date mémorable qui nous apportera un progrès, et pour chacun de vous un jour de fête qui marquera dans vos souvenirs. Venez donc au-devant du Prince illustre qui nous gouverne avec une confiance égale à la sienne. Quant à moi, je croirais manquer à celle qu'il m'a accordée en me plaçant à votre tête, si je ne saisissais pas cette circonstance pour appeler sur vos intérêts son inépuisable sollicitude, et, je crois pouvoir vous le promettre, ma voix, en se mêlant à la vôtre, sera favorablement écoutée.

Il y a deux mois à peine, l'Elu de la Nation visitait les bords du Rhin, et vous savez quel a été, dans ces contrées, l'éclat de sa marche triomphale. C'est aujourd'hui le tour de l'antique Provence, et c'est à elle surtout, c'est à ce noble et généreux pays, qui fut le berceau de notre civilisation, qu'il appartient de recevoir dignement le Restaurateur de la Société. Oui, j'en ai la certitude, le Prince Louis-Napoléon trouvera sur les bords du Rhône le même écho enthousiaste et prolongé. Les populations du Midi tiendront à lui prouver qu'elles n'ont rien à envier à celles du Nord, sous le rapport des sentiments patriotiques, et qu'elles ont, de plus qu'elles, le soleil qui échauffe nos âmes et qui éclaire nos fêtes.

Le Préfet de Vaucluse,
Costa.

NOTE N° 3

Harangue du Maire

Monseigneur,

En offrant à V. A. I. les clefs de notre antique Cité, je devrais, au nom de mes Concitoyens, vous exprimer les sentiments de reconnaissance et de dévouement dont ils sont pénétrés pour l'Héritier de l'Empereur, mais l'enthousiasme qui éclate partout en est l'expression la plus éloquente.

Vieux soldat de la Garde Impériale, je suis heureux à 40 années de distance, d'unir ma voix à la grande voix du Peuple en m'écriant :

Vive le Sauveur de la France, vive Louis-Napoléon !

NOTE N° 4

Passage du Prince Président de la République

PROGRAMME DES JOURNÉES DES 24 ET 25 SEPTEMBRE 1852

Le 24 Septembre 1852, dans l'après-midi, S. A. I. le Prince Louis Napoléon doit arriver à Avignon par bateau à vapeur descendant le Rhône.

Son arrivée sera annoncée par des salves d'artillerie, toutes les cloches de la Ville sonneront.

Au débarquement, il sera reçu par les Autorités qui se réuniront d'avance sur le port, près de la Porte de la Ligne. Le Prince se rendra à la Préfecture, en suivant une partie des quais et boulevards, la Porte St-Lazare, les rues Carreterie, Portail-Matheron, Saunerie, des Marchands, la place de l'Hôtel-de-Ville, les rues Orangerie et de la Préfecture.

Monseigneur l'Archevêque entouré de son clergé attendra S. A. I. à l'entrée de la place des Carmes.

Les anciens militaires de l'Empire, les Députations ou Conseils municipaux des Communes, qui se rendront à Avignon pour le passage du Prince, seront placés sur la ligne des quais, boulevards et rues indiqués ci-dessus.

S. A. I. ayant été priée de se rendre dans la soirée aux bals qui lui seront offerts à l'Hôtel de ville et au Parc des

Invalides, le trajet aura lieu de la Préfecture à l'Hôtel de ville par les rues de la Préfecture et St-Agricol, et de l'Hôtel de ville aux Invalides, par les rues St-Agricol, Calade et des Vieilles-Etudes.

Le vendredi 24, dès 9 heures du matin, les rues que suivra le Cortège présidentiel devront être soigneusement balayées, nettoyées et débarrassées de tout objet qui pourrait gêner la circulation.

A partir de midi, la circulation des voitures sera interdite sur toute la ligne des quais et des rues indiquées, depuis le port du débarquement jusqu'à la Préfecture.

M. le Général commandant la Subdivision, prescrira par un ordre du jour, la position des troupes de la garnison.

Journée du Samedi 25 Septembre

Les propriétaires de maisons et tous les habitants des quais et boulevards de la Ligne et St-Lazare, des rues Carreterie, Portail-Matheron, des Marchands, St-Agricol, Calade et des Vieilles-Etudes sont invités à décorer et à pavoiser leurs habitations.

Dans la soirée du vendredi 24, les édifices publics seront illuminés. Tous les habitants sont invités à illuminer la façade de leurs maisons, et expressément dans les rues où passera le cortège présidentiel.

Après l'arrivée de S. A. I. au bal de l'Hôtel de ville, un signal sera donné, et immédiatement un feu d'artifice sera tiré sur la tour de Notre-Dame des Doms et sur une des tours du Palais des Papes.

(Les dispositions relatives aux bals et à la circulation des voitures, ont déjà été publiées par extrait).

Les heures pour réceptions, revue des troupes, joutes sur le Rhône, départ de S. A. I. ne pouvant être fixées d'avance, d'une manière précise, seront indiquées plus tard.

Au départ de S. A. I. pour Marseille, le cortège présidentiel suivra les rues de la Préfecture, St-Agricol, Calade, Crillon, la Porte de l'Oulle et le boulevard jusqu'à la station du chemin de fer.

Le Maire,

Compte sur la bienveillante hospitalité des habitants d'Avignon envers les nombreux étrangers qui se rendront dans notre Ville pour les Fêtes du passage du Prince.

Il ne doute pas que dans une occasion aussi solennelle, l'enthousiasme des Avignonais pour S. A. I. ne se manifeste

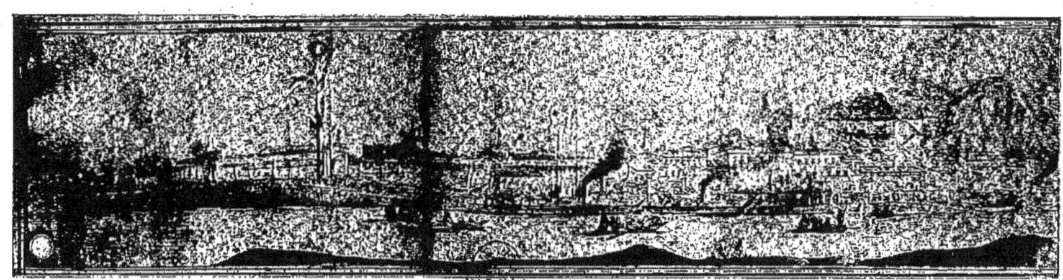

LE PASSAGE DU PRINCE NAPOLÉON, 1852

(Musée du Vieil Avignon. Palais des Papes)

avec autant de chaleur et d'entraînement que celui des nombreuses populations qui, dans toute la France, se pressent sur son passage pour saluer l'héritier du plus grand nom des temps modernes, dont la gloire rejaillit sur la Nation Française.

Fait à Avignon en l'Hôtel de ville, le 18 septembre 1852.

Le Maire,

Eug. PONCET.

Fête dans le Parc des Invalides

Le Maire d'Avignon porte à la connaissance de ses Concitoyens qu'au nombre des fêtes données par la Ville à l'occasion du passage du Prince-Président, sera donné un grand bal dans le Parc des Invalides les 24, 25 et 26 septembre.

Dans le but de régulariser les admissions au bal, et de faire jouir la population de ce divertissement, l'Administration municipale a pris les dispositions suivantes :

1° Tous les Avignonais inscrits sur les listes électorales sont invités.

2° Les cartes d'entrée leur seront remises les 21 et 22 courant, dans la Salle de la Bourse, de 8 heures du matin à midi et de 2 heures à 6 heures du soir.

3° Chaque porteur d'une carte recevra, en entrant au bal, quatre bons de consommation, dont deux blancs pour gâteaux, deux de couleurs pour rafraîchissement ; ces bons ne seront valables que pour la première soirée.

4° Les invités devront conserver leur carte, ils ne seront admis les jours suivants que sur sa présentation.

5° Les samedi et dimanche, des tambourins parcourront les allées du parc, invitant les danseurs à former des farandoles qui pourront se répandre dans tous les quartiers de la Ville.

6° Les Étrangers seront reçus pourvu qu'ils soient proprement et décemment vêtus, chacun selon son rang ; cette mesure est applicable à tous les invités.

7° Les Membres de la Compagnie des Travailleurs acceptée par l'Administration pour se joindre au Cortège du Prince, seront Commissaires du bal.

Le Maire prie ses Concitoyens d'accueillir les étrangers avec la plus grande bienveillance ; il espère que l'ordre, la décence et la plus grande cordialité contribueront à embellir ces trois jours de réjouissance publique.

Fait à Avignon, en l'Hôtel de ville, le 19 septembre 1852.

Le Maire,

MARTIN, Adjoint.

Extrait du Programme pour les Journées des 24 et 25 septembre 1852

DISPOSITIONS RELATIVES AU BAL DE L'HOTEL DE VILLE

Circulation des voitures

La circulation des voitures est réglée comme suit : toutes les voitures venant à l'Hôtel de ville pour amener ou emmener les invités au bal, devront arriver par les rues Calade, St-Agricol, Orangerie, tourner à gauche, passer devant le cercle de la Bourse et s'arrêter en face du péristyle de l'Hôtel de ville. Chaque voiture ne pourra stationner que le temps rigoureusement nécessaire pour descendre ou monter, et immédiatement elle quittera la place, passera devant le Théâtre, les cafés Bugand, Coste et des Mille Colonnes, jusqu'au carrefour entre les maisons Bouyssou et Duroni, où elle prendra la direction de la rue des Marchands ou celle de la place du Change.

Aucune voiture ne pourra sous aucun prétexte, stationner sur le pourtour de la place ou dans les rues adjacentes; sont exceptées les voitures qui amèneront le Prince et sa suite, lesquelles, après avoir passé devant le Théâtre, devront tourner à gauche dans la rue Molière et venir stationner en file dans la rue Corneille, entre le Théâtre et l'Hôtel de ville.

Entrée au Bal

Les invitations étant personnelles, l'on ne sera admis que sur la présentation de la lettre d'invitation.

Un contrôle sera établi à l'entrée du bal ; les lettres d'invitation qu'on devra présenter ouvertes seront retirées par les contrôleurs.

Les Dames ne seront admises qu'en robe et coiffure de bal, les Hommes en tenue rigoureusement de bal, cravate blanche ou noire, en uniforme militaire ou en costume d'administrations civiles.

Les salles seront ouvertes à 9 heures. Pour éviter une trop grande affluence, on n'admettra d'abord que les Commissaires du bal, les Dames accompagnées d'un cavalier, les Membres du Conseil municipal, les Officiers de l'Armée et des Sapeurs-Pompiers en uniformes et les Fonctionnaires de l'ordre civil en costumes.

Les autres invités ne seront admis qu'après l'arrivée du Prince et lorsque la consigne aura été levée à la porte d'entrée.

Bal au parc des Invalides

Aucune voiture ne pourra entrer dans le Parc des Invalides, ni stationner dans la rue des Vieilles-Etudes. Les voitures seules qui amèneront le Prince et sa suite pourront entrer dans le parc ; elles stationneront au fond, en face la porte d'entrée.

Pour extrait conforme :

Le Maire,

Eug. PONCET.

NOTE N° 5

Adresse à S. A. I. le Prince Président

M. le Maire propose au Conseil de rédiger une adresse à S. A. I. le Prince-Président pour le remercier de l'hommage qu'il a bien voulu faire à la ville d'Avignon en s'arrêtant dans ses murs.

Le Conseil adopte l'adresse suivante :

« Prince,

« La Ville d'Avignon gardera religieusement le souvenir de la visite dont vous l'avez honorée et qui l'a rendue si heureuse et si fière.

« Permettez au Conseil municipal de se faire l'interprète de ses sentimens de reconnaissance et de vous transmettre l'expression de son loyal dévouement.

« Votre présence parmi nous a été pour les habitants d'Avignon une occasion de manifester avec éclat leurs chaleureuses sympathies pour l'élu de la Nation, pour le restaurateur de la société.

« La France a été sauvée par l'acte énergique du 2 décembre : elle allait périr lorsque vous lui avez tendu votre main puissante.

« Il est dans les destinées de votre Famille de fermer en France l'ère des révolutions, tout en donnant satisfaction aux besoins nouveaux. Dans le même temps qu'il replaçait sur ses bases la société ébranlée l'homme immortel dont vous portez le nom consacrait à jamais les grands principes de 1789, et vous, Prince, au moment même où vous préserviez la France de dangereuses utopies, on vous a vu préoccupé surtout de l'amélioration du sort des masses, dont vous êtes l'élu, et dont la fibre répond à la vôtre comme elle répondait à celle du Grand Empereur.

« Prince, lorsque chez une Nation des révolutions successives et les luttes prolongées des partis, ont affaibli le lien social, il ne saurait se raffermir que par de fortes constitutions. Vous l'avez ainsi compris ; et cette œuvre de réparation, vous l'avez déjà commencée.

« Prince, achevez votre ouvrage ; que le pouvoir reste fort et stable entre vos mains. Confiant dans votre haute sagesse, le Conseil municipal d'Avignon sera heureux de s'associer à tous vos actes : car ils n'ont d'autre but que la grandeur et la prospérité de la France.

« En vous exprimant ses vœux et son dévouement, le Conseil municipal d'Avignon éprouve le besoin de joindre sa voix à celle de la France entière pour flétrir avec indignation l'horrible projet conçu contre votre auguste personne. »

NOTE N° 6

Proclamation de l'Empire

MAIRIE D'AVIGNON

La proclamation de Napoléon III, comme Empereur des Français, aura lieu dimanche 5 décembre, sur la place du Palais.

Le 4 décembre, au coucher du soleil, le son des cloches de toutes les paroisses annoncera la solennité du lendemain.

Le 5, au point du jour, les cloches sonneront de nouveau.

La Proclamation de l'Empire sera faite, à midi, par M. le Préfet accompagné de toutes les Autoritées et de MM. les fonctionnaires.

Une salve de 101 coups de canon annoncera l'accomplissement de cet acte solennel.

Immédiatement après, les troupes seront passées en revue et défileront devant les Autorités.

Le soir, les édifices publics seront illuminés.

Les habitants seront invités à illuminer la façade de leurs maisons.

Une somme a été mise à la disposition du Mont-de-Piété pour être employée à la délivrance de gages en faveur des personnes les plus nécessiteuses.

Fait à Avignon, en l'Hôtel de Ville, le 3 décembre 1852.

Le Maire,

Eug. Poncet.

<hr>

NOTE N° 7

Circulaire de la Commission de Villeneuve

M.

En présence des menées de la ville d'Avignon pour nous ravir nos foires, notre population ne pouvait rester indifférente.

Aussi les propriétaires de la rue de la foire, disposés à tous les sacrifices pour sauvegarder ces antiques institutions, ont-ils décidé, dans une réunion présidée par M. le Maire, d'accorder à MM. les marchands-forains des faveurs aussi grandes et plus réelles que celles offertes par Avignon.

En conséquence, ils viennent vous proposer, par notre organe, de vous céder, gratuitement pendant trois ans, à dater de ce jour, les magasins que vous avez l'habitude d'occuper. A l'expiration de ce terme, le loyer sera établi, pour l'avenir, par une commission composée de deux négociants étrangers et de deux propriétaires intéressés.

Nous espérons, M..., que vous tiendrez compte d'une bonne volonté qui se manifeste par de pareils sacrifices et que vous ne déserterez pas une Foire sérieuse, pour un marché nécessairement insuffisant pour l'importance des transactions qui s'effectuent à ces sortes de réunions et qui, n'étant pas soumis à un quantième fixe, ne pourrait pas être exempt de trouble et de confusion.

Nous avons l'honneur de vous présenter, M..., l'hommage de notre respect.

Les Membres de la Commission,

H. BLANCHET, A. GERMAN, D. MERCURIN,

E. GOUBERT, A. BORTY.

Vu pour la légalisation des signatures ci-dessus apposées, par nous Maire de Villeneuve-les-Avignon, le 5 mars 1856.

Le Maire de Villeneuve,

R. DE ROUBIN.

NOTES N° 8

Séance du 6 août 1853

Le Conseil municipal,

Vu sa délibération en date du 7 juin 1853 relative aux frs 39.000, formant le solde du prix de l'Aumône ;

Vu la délibération de la Commission administrative des Hospices du 24 juin 1853 ;

Considérant que le local de St-Louis dont la propriété appartenait déjà à la Ville et dont le Gouvernement de Sa Majesté l'Empereur a daigné lui concéder la jouissance, a remplacé d'une manière très avantageuse l'ancien Hospice des indigents et qu'il serait au moins équitable que la Ville grevée de lourdes charges et débitrice de sommes considérables envers les Hospices n'eut pas à acquitter le complément du prix de vente des bâtiments de l'Aumône puisque le nouvel édifice est d'une valeur incontestablement supérieure.

Considérant que la Ville s'est toujours montrée d'une excessive générosité envers les Hospices ; qu'elle leur alloue chaque année une large subvention, bien que les secours aux Hospices ne soient pas classés au rang des dépenses obligatoires par la loi du 18 juillet 1837 ;

Qu'en outre et à plusieurs reprises, au moment même où elle éprouvait de la gêne dans sa situation financière, elle s'est imposé de lourdes charges pour faire face aux besoins des Hospices, soit pour solder des comptes arriérés, soit pour appropriations de locaux et constructions ;

Considérant que toutes les ressources des établissements

hospitaliers doivent être, avant tout, employées aux besoins des malades et ne peuvent servir à des dépenses d'embellissement qu'autant que ces besoins sont entièrement satisfaits ; que le Conseil municipal après avoir fourni une subvention considérable, ne peut être encore obligé d'équilibrer des budgets qu'il n'est pas appelé à régler ;

Considérant que les comptes des Hospices présentent souvent des excédents de Recettes provenant évidemment des subventions municipales, mais dont il n'est pas tenu compte à la Ville dans les Budgets suivants ;

Considérant qu'en présence des largesses multipliées de la Ville, il y a lieu de s'étonner que les Hospices veuillent encore exiger d'elle de plus grands sacrifices quand il est certain, comme cela a été démontré dans la délibération du 7 juin dernier, qu'en mettant le Couvent St-Louis à la disposition des Hospices, la Ville leur a procuré une économie de frs 100.000 qu'ils étaient tout prêts à débourser pour obtenir un local qu'ils pussent affecter à la même destination ;

Considérant que le Conseil municipal responsable envers la population de la conservation de la fortune de la communauté ne saurait céder aux nouvelles exigences des Hospices ;

Considérant que rien n'autorise l'Administration des Hospices à supposer que la Ville voudrait donner une autre destination au Couvent de St-Louis ;

Municipalité Pamard Paul

Maire : Pamard Paul Antoine Marie, docteur en médecine (1), nommé par décret du 23 décembre 1853, installé le 27, renommé par décret du 14 juin 1855 installé le 1er août, renommé par décret du 14 juillet 1860, installé le 10 août.

Adjoints : Perrot Edouard,
Le Marquis de l'Espine Guillaume,

(1) Pamard Paul est né à Avignon en 1802, Officier de la Légion d'honneur, chirurgien en chef de l'Hôpital, député en 1861, réélu en 1863 et 1869.

Ourson Charles, nommés le 26 décembre 1853, installés le 27.

Madon Jean Baptiste pour le bourg de Morières, nommé le 24 juillet 1852.

De Chabert Paul, nommé le 6 février 1855, installé le 3 mars en remplacement du marquis de l'Espine.

Perrot Edouard,

De Chabert Paul,

Reynard-Lespinasse,

Madon Jean Baptiste pour le bourg de Morières, nommés

Lajard Auguste, nommé le 5 avril 1856, installé le 18 en remplacement de Reynard-Lespinasse.

Clerc Jean Baptiste, nommé le 16 juillet 1857, installé le 29 en remplacement de de Chabert décédé.

Bastide Joseph Eugène, nommé le 7 juillet 1858, installé le 19 en remplacement de Lajard.

Perrot Edouard,

Clerc Jean Baptiste,

Bastide Joseph Eugène,

Madon Jean Baptiste pour le bourg de Morières, nommés et installés le premier le 27 août, les autres le 10 août.

Courtet Jules,

Pavin Pierre,

Favre de Thierrens Charles, nommés le 17 juin 1863, installés le 24 et le 29 en remplacement de Perrot, Clerc et Bastide, démissionnaires.

Secrétaire en chef : Gilly Henri.

Recensement de la population d'Avignon en 1856 :
37.077 habitants

Recensement de la population d'Avignon en 1861 :
36.081 habitants

Paul Pamard, maire d'Avignon, c'est encore aujourd'hui, après plus d'un demi siècle, l'évocation d'une période d'activité, sans précédente, dans les annales municipales de la ville d'Avignon.

Installé le 27 décembre 1853 par le Préfet Durand de Saint-Amand (1), Pamard répondit à l'allocution de ce haut

---

(1) Le préfet Durand de St-Amand succéda au préfet Costa de Bastelica dans Vaucluse. Il fit une chute de cheval sur la route de Lyon (près la Croisière) en mai 1864 et se tua. Une pierre marque encore aujourd'hui l'emplacement de ce regrettable accident.

fonctionnaire en affirmant « sa certitude d'obtenir l'appui constant du gouvernement » (Note n° 1). Et, en effet, c'est grâce à un concours permanent, moral et financier du gouvernement impérial que son administration put entreprendre et réaliser avec le rajeunissement de la vieille cité avignonaise la conservation et l'amélioration de nos vieux monuments.

Avant d'aborder l'énumération des innovations et des transformations que nous devons à l'influence et à la persévérance du maire Pamard, nous devons mentionner les événements qui ont fait l'objet de graves préoccupations, pour nos édiles d'alors.

Tout d'abord la terrible épidémie de choléra de 1854 qui décima un tiers de la population (1), d'une telle intensité que toutes les réjouissances publiques furent suspendues (2) ; l'application de la loi de sûreté générale en 1858 qui provoqua l'arrestation et la détention de plusieurs Avignonais (3) ; les guerres de Crimée (1854-1856) et d'Italie (1859) qui eurent pour résultat de priver Avignon de garnison pendant une période de trois années (4).

Enfin les terribles inondations de mai-juin 1856. A cette époque, les eaux envahirent la ville et son territoire avec une rapidité et une violence inouies, faisant une brèche dans les remparts. En quelques heures, elles atteignirent une hauteur de plusieurs mètres dans les quartiers bas. Le conseil municipal dut siéger en permanence et se dépensa pour secourir les nombreux sinistrés et prendre les mesures capables de restreindre le plus possible les ravages et les dégâts de cette épouvantable catastrophe (5).

L'Empereur Napoléon III, « désireux de se rendre compte des besoins de nos malheureuses populations » arriva à Avignon, le 3 juin et s'en vint de la gare à l'Hôtel de ville en bateau, accompagné par le Préfet, l'Archevêque, le général Guillot, le maire Pamard et ses adjoints. Le conseil municipal, les chefs de service et les principaux fonctionnaires le reçurent dans la maison commune et le Maire lui remit une pétition, dressée le matin seulement, et déjà recouverte

---

(1) (Rapport du Maire, séance du 28 juin 1860).
(2) Délib. du 9 août 1854.
(3) Parmi les Avignonais arrêtés se trouvaient le capitaine Perrié, Couston portefaix, Barrère journalier, Barillon cafetier, tous déjà condamnés en 1852 par les commissions mixtes.
(4) (Rapport du Maire, séance du 28 juin 1860)
(5) Délib. des 30 mai et 6 juin 1856.

d'une multitude de signatures pour demander le transfert de la ligne de chemin de fer au nord de la ville.

L'Empereur passa ensuite devant le front des troupes réunies sur la place de l'Hôtel de ville, puis, en voiture, il se dirigea vers le Rocher où il put juger de l'étendue du désastre causé par les eaux. Il regagna la gare aussitôt après par le même chemin et remit, avant son départ, 50.000 francs pris sur sa cassette, au Maire d'Avignon pour secourir les inondés.

Très impressionné et prêt à quitter ces lieux de désolation, l'Empereur avait prononcé ces paroles que devait lui rappeler Paul Pamard, en temps opportun : « Monsieur le Maire, rassurez vos populations, et dites-leur bien qu'à l'avenir, elles seront mises à l'abri de pareils désastres. » (1).

Pour appuyer la pétition remise à Napoléon III, le conseil municipal fit une nouvelle tentative à l'effet d'obtenir que la ligne du chemin de fer soit reportée du midi au nord ouest de la ville, ce qui aurait constitué un ouvrage pour ainsi dire invulnérable contre les inondations. Il ne fut pas plus heureux que ses devanciers et la ville, comprimée dans l'étreinte des remblais du chemin de fer, devait trouver désormais un obstacle difficile à vaincre dans son expansion au midi (2). (Note n° 2).

Paul Pamard, sans perdre de temps, sut rappeler à l'Empereur, à ses ministres et aux services compétents la promesse solennelle de Napoléon III de « mettre Avignon pour toujours à l'abri des inondations » (3). La brèche des remparts fut réparée, tout en conservant à ce monument son caractère architectural (4), puis une série de travaux successifs, qui constituent encore aujourd'hui nos moyens de défense contre les inondations des eaux du Rhône furent entrepris par l'Etat, avec le concours de la ville et de la compagnie des chemins de fer : Doublement de la partie nord des remparts par un contrefort en maçonnerie (part de la ville un tiers de la dépense, soit 83.333 fr. 33).; exhaussement et consolidation des chaussées dites du Pontet et de la Petite Hôtesse (part de la ville 21.666 fr. 67) ; écoulement des eaux de la ville en période d'inondation par le canal de Champfleury, élargi et approfondi, détourné sur Courtine à partir de St-Roch (part de la ville 135.000 fr.) ; consolidation et doublement de la partie sud des remparts (part

(1) Délib. du 4 juillet 1857.
(2) Délib. des 4 et 6 juin 1856.
(3) Délib. des 7 juillet et 14 novembre 1856.
(4) Délib. du 14 novembre 1856.

de la ville 113.334 fr.). La ville participa, pour une somme de 33.333 fr. 33 dans le renouvellement du revêtement extérieur des remparts ; une somme de 13.333 fr. 33 dans les travaux d'exhaussement et de consolidation des remblais du chemin de fer depuis le passage à niveau du Pontet jusqu'à son point de jonction à la chaussée qui relie le chemin de fer aux remparts et une somme de 4.666 fr. 67 pour la réparation du parement extérieur des remparts dans leur partie sud. Soit au total 404.667 fr. 33 représentant la part contributive de la commune dans les dépenses occasionnées par les travaux effectués pour garantir Avignon des inondations. La ville s'acquitta de cette charge par un emprunt de 560.000 francs, comprenant également une somme de 155.332 fr. 67 destinée à la mise en état des ports du Rhône, emprunt autorisé par la loi du 14 juillet 1860. La répartition définitive de la dépense par le Ministre des Travaux publics s'établit ainsi : 606.098 fr. 65 pour l'Etat, 416.716 fr. 18 pour la ville, 19.671 fr. 28 pour la Compagnie du chemin de fer (1).

Dès le 25 juin 1860, lors de la discussion du compte administratif devant son conseil, le Maire pouvait s'exprimer ainsi : « Je suis heureux de vous dire, qu'après des discussions dont l'importance du sujet explique la durée, nous sommes arrivés à obtenir les travaux que nous désirions et qui nous mettront, non seulement à l'abri des irruptions du fleuve, mais assureront l'écoulement des eaux provenant des pluies et des infiltrations ». Un peu plus tard, le 13 juin 1861, il disait encore, à la même occasion : « Cet espoir s'est réalisé ; et MM. les ingénieurs des Ponts et Chaussées ont mis une activité telle dans cette entreprise que nous pouvons dire aujourd'hui hardiment, que les travaux seront terminés dans dix-huit mois. » Et il en fut ainsi.

La municipalité Pamard fit encore procéder à la réfection des vannes de la Pyramide (2).

En 1855 le Rhône avait côté 5 m. 80. La Durance inonda le quartier de la Coupe-d'Or en 1856, par suite de la rupture d'une digue, sur une centaine de mètres. En 1864, le Rhône atteignit encore l'étiage de 5 m. 70. Il avait fait écrouler (octobre 1855) deux travées du pont de bois sur la branche de Villeneuve ; on les rétablit et provisoirement le passage fut assuré par un bac (3).

---

(1) Délib. des 8 février, 16 mars, 23 décembre 1859 ; 10 janvier et 3 février 1860 ; 18 janvier 1861 ; 20 mai 1864.
(2) Délib. du 11 juillet 1862.
(3) Délib. du 6 septembre 1855.

Avec une subvention de la ville (17.400 fr.) et la participation de la compagnie du chemin de fer (19.000 fr.), l'Etat fit exhausser la route impériale n° 100 entre la porte de l'Oulle et la route impériale n° 7 (1), réalisant ainsi une amélioration, surtout appréciable lors des crues du fleuve. Et ces travaux furent étendus sur toute la longueur des boulevards extérieurs de la porte St-Roch à la porte St-Lazare (2). Le « tour de ville » offrit, dès lors, des trottoirs commodes à l'usage des piétons et une chaussée parfaitement empierrée. Aux ormeaux, plantés en bordure de cette promenade, on substitua des platanes entre les portes St-Roch et Limbert (3).

Enfin la construction du chemin de fer d'Avignon à Marseille nécessita l'exhaussement des chaussées de la Durance et la ville entra en part dans la dépense pour une somme de 20.784 francs (4).

Aux mesures prises pour lutter contre les ravages des inondations ne devait pas se borner l'activité déployée par l'administration Pamard et nous continuons l'examen de ses entreprises les plus importantes :

Elle poursuit le pavage des rues en galets étêtés d'après la méthode usitée alors en Alsace.

Le plan général d'alignement de la ville, à l'étude depuis près de cinquante ans, est enfin homologué par arrêté du Préfet du 1er septembre 1854 (5) ; et le 1er septembre 1855, un décret impérial déclarait applicable aux rues d'Avignon les dispositions du décret du 26 mars 1852 relatif aux rues de Paris.

L'Hôtel de ville est achevé ; une somme de 20.000 francs est affectée au dallage en marbre du péristyle (6) ; on y exécute successivement l'installation d'un calorifère, la consolidation de la flèche du beffroi, l'établissement des trottoirs autour du monument, la reconstruction de l'une des terrasses d'un pavillon sur la cour, le remaniement du vitrage, et des travaux divers de plâtrerie, de carrelage, etc. La porte principale et celle de la rue Racine sont mises en place (7). On dépense encore 10.000 francs pour acquisi-

---

(1) Délib. du 10 février 1855.

(2) Délib. des 8 août et 5 octobre 1857, du 22 janvier 1858 et du 15 mai 1863.

(3) Délib. des 9 juin 1860 et 28 février 1862.

(4) Délib. du 29 mars 1854.

(5) Délib. des 17 juin, 9 août et 8 novembre 1854 et 27 mars 1863.

(6) Délib. des 4 avril 1855, 12 décembre 1856, 13 mars 1857.

(7) Délib. des 13 septembre 1854, 11 juin 1858, 27 juin 1859, 16 mai 1860, 6 mars et 15 avril 1861, 18 janvier 1862, 18 février 1863, 10 février 1865.

tions et réparations de mobilier destiné à l'Hôtel de ville (1). La cloche de Jaquemart avait été cassée le 30 mars 1856. Elle est refondue et remise en place en mai 1856. La nouvelle cloche pèse 4.725 kilogr. (2).

D'un rapport de l'architecte, il résulte que les travaux de l'Hôtel de ville, travaux alors exécutés (1855), en cours d'exécution ou à exécuter, s'élevaient à la somme de 628.909 fr. 76 (3). La municipalité avait assuré ce bâtiment pour la somme de 500.000 francs en 1854, 560.000 en 1855, tandis qu'elle assurait le théâtre et le magasin des décors, respectivement pour 643.000 francs et 60.000 francs (4).

Les statues de Corneille et de Molière, œuvre des frères Brian, sont mises en place, sur la façade du théâtre ; et en vertu d'une décision du Conseil d'Etat on procède enfin au règlement des entrepreneurs de la construction de ce monument (5). Le conseil municipal décide l'installation d'une croix au centre du cimetière St-Véran (6) ; l'agrandissement du cimetière de Montfavet (7) ; l'acquisition d'une maison attenante à l'abattoir pour en faire une dépendance de cet établissement (8) ; l'élargissement de la rue Palapharnerie par un échange de terrain avec les Dames du Sacré-Cœur qui acquièrent ainsi la propriété de cinq ruelles sans issue (9). Il autorise les Sœurs du Saint-Sacrement à construire un tunnel sous la rue Pont-Trouca (10).

Successivement convertie en magasin et en réfectoire, l'église du Lycée qui était en ruines, est réparée, restaurée et rendue au culte

Et nous abordons enfin l'œuvre maîtresse de Paul Pamard :

Partout en France, comme à Paris, sous l'impulsion du célèbre préfet Haussman, les grandes villes se transformaient, tandis qu'Avignon gardait son aspect vieillot avec ses rues étroites et tortueuses ; la ligne du chemin de fer venait d'être établie. « la gare correspondait à un point de

---

(1) Délib. du 22 décembre 1854.
(2) Délib. du 21 avril 1856.
(3) Délib. des 10 mai et 24 novembre 1855.
(4) Délib. des 13 septembre 1854 et 13 octobre 1855.
(5) Délib. des 29 mars 1854 et 17 septembre 1858.
(6) Délib. du 24 novembre 1854 (coût 800 francs).
(7) Délib. du 30 décembre 1863.
(8) Délib. du 5 avril 1865.
(9) Délib. du 15 septembre 1863 (autorisé par arrêté du Préfet du 12 juin 1864).
(10) Délib. du 27 juin 1854.

nos remparts qui n'était pas ouvert » (1). Percer une porte
dans les vieilles murailles et créer une avenue pour mettre en
communication la station et le centre de la ville devenait
une nécessité (2).

Mais laissons la parole au maire Pamard (séance du 25
juin 1860) : « Ces questions qui paraissent faciles, aujour-
d'hui qu'elles ont été résolues, étaient entourées de difficultés, non seulement au point de vue financier, mais encore
au point de vue administratif.

« L'administration de la guerre, qui avait cédé à la ville
les bâtiments de St-Louis, s'était réservée la jouissance de
la totalité de l'ancien Parc des Invalides que la rue devait
traverser. Le jardin des plantes devait aussi livrer passage
à la nouvelle voie de communication. Enfin les bâtiments
du Musée d'histoire naturelle devaient être démolis.

« Pour la première question, celle relative au Parc des
Invalides, nous avons offert au ministère de la guerre de lui
céder la caserne de St-Roch (3), à condition qu'il nous don-
nerait le parc en échange. Ces propositions ont été acceptées moyennant une soulte de 30.000 francs et jamais la
ville n'a fait une affaire plus avantageuse pour ses finances, car la propriété de la caserne St-Roch lui coûtait, chaque année, deux ou trois mille francs d'entretien. On doit
ajouter à cette somme les dépenses occasionnées par les travaux extraordinaires. Il résulte du relevé des comptes que,
pendant les vingt-quatre années, de 1830 à 1854, que la
ville a possédé la caserne, elle a dépensé, pour cet établissement 210.612 francs, sans qu'il en résultât, pour la ville,
d'autres avantages que d'avoir un dépôt de cavalerie.

« Or, nous connaissons les immenses avantages qu'offre
une garnison de cavalerie (4), mais grâce à cet échange,
nous l'avons sans qu'il en coûte rien ; et nous avons en outre une plus grande certitude de la conserver, parce que
l'administration de la guerre préfère loger les troupes dans
des bâtiments lui appartenant que dans les édifices communaux.

« Il restait à pourvoir au remplacement du jardin des

(1) (Rapport du Maire à la séance du 25 juin 1860).

(2) Délib. du 24 novembre 1854 ; enquête ouverte le 22 décembre
1854 ; délib. des 10 mai 1855, 25 janvier et 8 février 1856, 18 décembre 1857 (plan annexé à cette délibération), 26 novembre 1858, 25 mars
1859 ; 11 avril, 9 juin et 10 août 1860.

(3) Délib. des 6 et 20 octobre 1854.

(4) En 1860 la garnison d'Avignon se composait du 4e bataillon et du
dépôt du 14e Régiment de ligne, de deux escadrons et du dépôt du 1er
Régiment de dragons.

Plantes. L'échange dont nous venons de parler nous a non seulement permis d'ouvrir la vaste avenue Bonaparte que vous connaissez, mais encore de créer un jardin trois fois plus étendu que n'était celui que nous étions obligé de détruire. Dans ce nouveau jardin, nous avons fait construire une serre dont était privé l'ancien (1) ; nous y avons établi des eaux jaillissantes qui sont le plus bel ornement de cette promenade et qui assurent en outre les irrigations.

« Le musée d'Histoire naturelle devait être respecté, non seulement comme objet de curiosité et d'étude, mais comme un monument élevé à la mémoire d'un de nos plus grands citoyens, grand par la science, car sa réputation était européenne, et grand par le dévouement, car il avait dévoré son patrimoine pour doter sa ville natale d'une collection dont les savants seuls peuvent apprécier l'importance.

« Nous avons dû élever des constructions destinées à loger le musée d'Histoire naturelle, et nous avons voulu leur conserver le caractère architectural qu'avait l'ancien monument, pour que rien ne vint effacer le souvenir de sa première création afin de perpétuer le nom de Requien.

« Il a fallu en outre acheter de nombreuses maisons ; faire les terrassements et l'établissement de la voie... » (2).

Cette nouvelle artère, dans sa partie comprise entre les remparts et St-Martial (ancienne rue Calade) avait 25 mètres de largeur (9 mètres de chaussée et 8 mètres de trottoir de chaque côté) (3).

La dépense devait s'élever à 248.000 francs et pouvait être couverte par une contribution de 60.000 francs promise par la Compagnie du chemin de fer pour l'ouverture de la porte dans les remparts, une somme de 45.000 francs à provenir de la vente des hors lignes du Parc des Invalides et du jardin St-Martial, une somme de 20.000 francs à inscrire au budget de 1855, le montant de la vente des restants et parcelles, 77.000 francs, celui de la vente des arbres des Invalides et des matériaux de démolition 5.000 francs, celui de la vente du restant de l'ancienne boucherie 48.000 francs, soit au total 255.000 francs (4). On prévoyait 58.000 francs pour le devis de la mise en viabilité du cours Bonaparte (5).

---

(1) Délib. des 9 septembre 1856 et 17 avril 1857.
(2) Délib. du 9 mai 1856.
(3) Délib. des 17 juin, 9 août et 8 novembre 1854.
(4) Délib. des 10 mai et 26 octobre 1855.
(5) Délib. du 20 mars 1856.

Sur l'invitation du conseil municipal, la Compagnie du chemin de fer faisait agrandir la gare et procéder à sa couverture (1).

Mais il fallait poursuivre le percement de cette grande voie de pénétration en ville. Dès le milieu de l'année 1859, l'administration municipale achetait un certain nombre d'immeubles en vue de son prolongement (2). La somme nécessaire au paiement de ces acquisitions avait été prévue dans un emprunt de 500.000 francs, autorisé par la loi du 28 mai 1858, emprunt qui comprenait également les sommes nécessaires à l'agrandissement du marché de la place Pie et à l'achèvement des travaux du théâtre et de l'Hôtel de ville (3).

La rue Bonaparte fut alors poursuivie jusqu'à l'église du Lycée (4). (Exécutions partielles autorisées par les décrets des 16 août 1855 et 20 juin 1858).

Enfin, le 30 septembre 1863, le conseil municipal décidait l'achèvement de la rue Bonaparte qui vint aboutir à la place de l'Horloge. L'évaluation de la dépense s'élevait à la somme de 833.214 fr. 19 et était comprise dans un emprunt de 2.500.000 francs, autorisé par la loi du 27 avril 1864, dont le solde devait servir à rembourser la dette de la ville (5) ; les dépassements mirent la ville dans l'obligation de contracter un nouvel emprunt de 150.000 francs, autorisé par la loi du 27 mai 1865 (6). Avignon possédait enfin une belle avenue digne de son importance (7).

« La place de l'Hôtel de ville, commencée en 1826 (34 ans auparavant) restait inachevée. Elle était irrégulière et déparée par des maisons en ruine » (8). Pamard fit procéder à l'alignement de cette promenade, particulièrement affectionnée par le Avignonais. On nivela le terre-plein, orné de plantations. Les acquisitions d'immeubles et les tra-

---

(1) Délib. des 10 mai 1855, 8 février 1856, 8 août 1862, 30 décembre 1863 et 7 janvier 1864.

(2) Délib. des 19 août, 21 octobre, 18 novembre et 14 décembre 1859.

(3) Délib. des 12 octobre 1857, 2 juillet 1858 (compte administratif), 26 novembre 1858, 4 février 1859, 13 juin 1861, 25 avril 1862, 15 mai 1863.

(4) Délib. des 18 janvier et 17 novembre 1862, 15 et 30 septembre 1863.

(5) Délib. des 15, 22, 30 septembre et 30 décembre 1863 et 24 juin 1864.

(6) Délib. des 10 février et 10 mars 1865.

(7) Délib des 8 décembre 1863 ; 24 juin, 9 juillet, 23 septembre et 9 novembre 1864 ; 30 janvier, 1er et 10 mars, 22 mai, 3 et 20 juin 1865.

(8) Rapport du Maire du 25 juin 1860.

PAUL PAMARD

(Hôtel de ville d'Avignon)

vaux d'aménagement entraînèrent une dépense de 716.119 francs 01 (1).

Sur la place de l'Hôtel de ville, on fit élever la statue du Brave Crillon. Il n'en coûta que 10.000 francs aux finances municipales quoique la dépense totale se fut élevée à 39.958 fr. 86, le solde ayant été fourni par une souscription publique ouverte dans toute la France (2). L'Empereur s'était inscrit pour une somme de 1.000 francs (3). On inaugura ce monument le 3 mai 1858 (4) (Note n° 3) à l'occasion du concours régional.

Pour permettre le nivellement de la place du Palais et établir entre elle et la place de l'Horloge, une communication facile, la municipalité obtint du génie militaire la démolition des constructions du xviiᵉ siècle qui se dressaient devant le colosse de pierre (5).

Au maire Pamard on doit encore l'aménagement de la place Pie. Laissons-lui la parole : « La création de voies rapides de communication (le chemin de fer) a augmenté l'importance de nos marchés et créé un nouveau genre de commerce, celui de l'exportation des primeurs et fruits. Il était important de fixer dans nos murs cette nouvelle industrie et il fallait pour cela agrandir nos marchés qui étaient insuffisants. Il nous a fallu leur donner un accès dont ils manquaient » (6). Et, en effet, la place du marché fut tout d'abord agrandie par l'adjonction de la grande cour du local de Saint-Jean et la démolition des halles (7) et on aligna la rue Sainte-Garde. Le montant de l'ensemble de ces travaux avait été compris dans l'emprunt de 500.000 francs dont nous avons déjà parlé (8). Le conseil municipal décida de plus l'établissement d'échoppes et d'une halle pour la triperie (coût 30.000 francs) (9) et la construction d'une halle en fer couverte à établir perpendiculairement

---

(1) Délib. des 1ᵉʳ août et 18 septembre 1856 ; et 26 novembre 1858.

(2) La souscription avait été autorisée par décret du 16 août 1854 ; l'érection du monument la fut par décision du 4 juillet 1857.

(3) Délib. du 9 août 1854.

(4) Délib. du 29 mai 1858. La statue de Crillon est l'œuvre de Louis Veray, né à Barbentane. Les architectes Dufeux et Pascal ont signé ce monument.

(5) Délib. des 9 septembre 1856, 3 avril et 5 juin 1857, et 24 mai 1862.

(6) (Rapport du Maire du 25 juin 1860).

(7) Délib. des 9 août 1854 ; 8 août et 12 septembre 1857 ; 26 novembre 1858 ; 25 mars, 19 août, 21 octobre, 18 novembre et 14 décembre 1859 ; 18 février 1861

(8) Délib. des 12 octobre 1857 et 4 février 1859.

(9) Délib. du 6 octobre 1862.

à la façade est du local de Saint-Jean (coût 45.000 francs) (1).

Les foires et les marchés d'Avignon périclitaient. L'administration Pamard s'employa à en ramener la prospérité (2). Elle rapporta des règlements suranés qui gênaient la liberté des transactions et ne permettaient aux acheteurs étrangers d'acheter, sur nos marchés, qu'à des heures données, afin, disait-on, de donner à la population le temps de s'approvisionner (3) tandis que cette mesure n'avait eu d'autre résultat que de faire fuir nos marchés par les vendeurs et les acheteurs, sans aucun profit pour les consommateurs qui payaient cher, étant donné la rareté des marchandises.

Le premier concours régional agricole date de 1858. Le conseil municipal accorda au Maire un crédit de 17.000 francs pour l'organisation des fêtes à offrir aux étrangers à cette occasion (4). Une exposition de tableaux eut lieu à l'Hôtel de ville (5). Et la Société d'Agriculture subventionnée, à cet effet, par la ville, organisa les premières courses de chevaux d'Avignon, sur le plateau des Angles (6). Dès cette époque, nos marchés aux bestiaux comptaient déjà parmi les plus importants du Midi, encouragés par des concours d'animaux gras (7).

Pamard a été le grand restaurateur des Remparts. Il les fit consolider à la base comme moyen de défense contre les inondations, mais il leur conserva à la partie supérieure leur caractère architectural qui donne à l'ensemble de la ville un cachet original. Les travaux s'exécutèrent aux frais de l'Etat sous la direction d'un éminent architecte des Monuments historiques Viollet-Leduc (8) (Note n° 4). On démolit avec les avant-corps de la porte St-Michel et l'arc de

---

(1) Délib. des 7 janvier, 26 février et 27 mars 1863.
(2) Délib. du 9 août 1864.
(3) (Rapport du Maire du 25 juin 1860).
(4) Délib. du 8 août 1857.
(5) Délib. du 29 mai 1858.
(6) Délib. des 26 février et 15 mars 1858. La société hippique de la région du Sud-Est avait été constituée dans la réunion des fondateurs tenue à la Préfecture de Vaucluse le 18 janvier 1858. Elle comprenait les départements de Vaucluse, des Bouches-du-Rhône, du Gard, de l'Hérault et de la Drôme. Son Président était le Préfet de Vaucluse Durand de Saint-Amand, ses secrétaires le marquis de l'Espine, président de la Société d'Agriculture de Vaucluse, et le Comte de Pontmartin, maire des Angles, son trésorier Rey, percepteur à Avignon.
(7) Délib. du 17 septembre 1858.
(8) Délib. des 4 et 11 février 1859.

triomphe qui existait transversalement (1), la porte St-Roch
mise en danger de crouler par les dernières inondations et
qui fut reconstruite sur les plans de Viollet-Leduc (2).
Toujours sur les plans de cet architecte, on édifia à l'entrée
du cours Bonaparte deux échauguettes (3). L'administration municipale réalisa l'acquisition de tours, de maisons
et de terrains contigus aux Remparts, engagea des actions
judiciaires pour revendiquer la propriété du sol de la plupart des constructions qui déparaient nos vieux murs de
ceinture (4) ; et, « considérant qu'il y avait lieu, dans l'intérêt de la défense de la ville contre les inondations et de
la conservation des Remparts, de contraindre les sieurs.....
à démolir les constructions élevées sur les terrains leur appartenant, ou sur des terrains communaux », le conseil
municipal donnait mandat au maire de poursuivre ces démolitions par les voies de droit (30 décembre 1863). La ville
eut gain de cause dans le plus grand nombre de procès
qu'elle soutint pour satisfaire à la décision du conseil (5).

« Le Pont St-Bénezet qui, par son architecture, semble être une annexe de nos Remparts, et dont l'aspect
est si pittoresque, menaçait de tomber en ruine » (6), avec
le concours de l'Etat, Pamard put assurer la conservation
du pont légendaire (7).

Il envisageait aussi la restauration du Palais des Papes
et il s'en ouvrit à l'Empereur dans sa lettre d'invitation à
visiter Avignon (1er mai 1860) (8). Et, en vue de l'évacuation de ce monument par les troupes qui l'occupaient, le
conseil municipal, en même temps qu'il exprimait à l'Empereur sa reconnaissance pour sa décision de « restaurer le
Palais » délibérait de céder à l'Etat le terrain nécessaire à
la construction d'une caserne et de renoncer à la nue-propriété du Palais des Papes (9). Et en effet, il lui abandonnait le Jardin des Plantes alors situé cours Bonaparte (an-

---

(1) Délib. des 19 février et 5 juin 1856.
(2) Délib. des 15 mai et 13 août 1861, 24 janvier et 10 mars 1865.
(3) Délib. du 22 décembre 1863.
(4) Délib. des 11 janvier et 29 février 1856 ; 16 mars 1859 ; 9 mars,
12 avril, 9 juin et 26 novembre 1860 ; 13 juin, 13 août et 6 novembre
1861 ; 18 janvier, 25 avril, 6 octobre, 17 novembre et 12 décembre
1862 ; 26 février, 23 octobre et 30 décembre 1863 ; 13 avril 1864 ; 22
mai 1865.
(5) Délib. du 26 novembre 1864.
(6) (Rapport du Maire du 25 juin 1860).
(7) Délib. du 24 novembre 1854.
(8) Délib. des 24 et 27 juillet 1859 et du 25 juillet 1860.
(9) Délib. des 14 et 22 septembre, 9 novembre et 17 décembre 1860.

cien Parc des Invalides) (1) qui fut transporté dans une prairie, derrière la gare, acquise d'un sieur Allard, puis cédée peu de temps après à la compagnie du chemin de fer (2).

Finalement le « Jardin des Plantes » s'établit au jardin Saint-Martial agrandi de la propriété contiguë du docteur Michel, acquise par la ville (3).

Pamard fit encore restaurer la tour Saint-Jean qu'il dota d'un timbre et d'un cadran (coût 7.500 francs) (4), l'église de Montfavet (5) et l'église Saint-Pierre avec le concours d'une souscription des paroissiens (subvention de la ville 39.000 francs) (6).

On inaugura le 23 octobre 1859 la statue dorée de Notre-Dame des Doms. A cette occasion une superbe procession parcourut les rues de la ville, parmi la foule des citadins avignonais et des étrangers accourus de toute la Provence.

La promenade du Rocher des Doms fut définitivement transformée en jardin public. C'est l'architecte de la ville, Pascal, qui dressa les plans de cet aménagement. Après avoir transporté, sur le Rocher, une quantité considérable de terre végétale tirée notamment des vases du canal de ceinture, entre la porte St-Lazare et la porte Limbert (7), on utilisa, pour son embellissement, les plantations du jardin des Plantes vendu à la Compagnie du chemin de fer (8). De cette époque, datent l'établissement du bassin et de la rocaille qui servirent à dissimuler un petit bassin des eaux destinées à desservir la partie haute de la ville (9) et des rampes d'accès du côté de la métropole. Un projet de fermeture de la promenade par des grilles ne peut aboutir, à cause d'un conflit, qu'il fait naître, entre la ville et le chapitre métropolitain (10).

Le 10 novembre 1863, le maréchal Canrobert et la maréchale, de passage à Avignon, sur l'invitation du maire Pamard, consentirent à planter chacun un chêne, au débou-

---

(1) Délib. du 6 mars 1861.

(2) Délib. des 6 mars et 13 juin 1861, 18 janvier 1862 et 7 janvier 1863.

(3) Délib. des 14 mars 1864 et 10 février 1865.

(4) Délib. des 30 juin 1860 et 15 avril 1861.

(5) Délib. des 6 novembre 1861 et 8 janvier 1862.

(6) Délib. des 13 juin 1861 ; 18 janvier, 25 avril, 10 juin, 8 août 1862.

(7) Délib. du 7 janvier 1863.

(8) Délib. des 7 janvier et 15 septembre 1863.

(9) Délib. du 5 avril 1865.

(10) Délib. du 20 juin 1865.

ché de la grande rampe sur la plateforme. Ces deux arbres, dont l'un surtout est splendide, font encore aujourd'hui l'ornement de cette délicieuse promenade.

Sur le Rocher des Doms, la place de l'Hôtel de ville et le cours Bonaparte furent placés des bancs du modèle de ceux lards (4).

L'administration municipale faisait poursuivre l'étude des différents projets d'adduction d'eau potable et, plus heureuse que ses devancières, après une série de tâtonnements (2), elle concéda la distribution des eaux de Monclar, qui alimentent encore la ville aujourd'hui, au sieur Godfernaux, pour une période de quatre-vingt-dix neuf ans (30 septembre et 2 novembre 1863) et autorisa la construction du grand bassin du Rocher, dans le trou de la Sanguine (3).

Elle renouvela pour une période de vingt-cinq ans, à expirer le 31 décembre 1892, la concession de l'éclairage à la compagnie du gaz (24 décembre 1862). et, pour la première fois, concéda à la Compagnie générale des Pompes funèbres de France le monopole des transports avec corbillards (4).

---

(1) Délib. du 22 mai 1865.

(2) Délib. des 13 septembre 1854 ; 11 et 25 janvier, 9 mai et 1" août 1856 ; 5 juin et 5 octobre 1857 : 26 février et 22 septembre 1863.

(3) Délib. du 30 décembre 1863. D'une correspondance échangée entre les consuls d'Avignon et l'abbé Nardy, agent de la ville à la cour de France (1782), il semble résulter que, dès cette époque, les administrateurs de la commune avaient envisagé la possibilité d'établir une machine hydraulique pour « élever les eaux du Rhône ». Mais l'on n'en continua pas moins, après comme avant, à utiliser les eaux de puits exposés à toutes les contaminations du sous-sol. Et c'est certainement là, l'une des causes des trop nombreuses épidémies qui ont sévi à Avignon.

Le xix' siècle vit naître plusieurs projets, soumis aux différentes administrations municipales :

Le projet Fournier et Cie qui consistait à élever les eaux du canal de Vaucluse, en utilisant la chute du moulin Biançon (1839).

Un projet similaire et de la même époque, dont les auteurs étaient J. Renoux et Devéria.

Et aussi le projet Duchesne qui utilisait des machines à vapeur.

Nous avons vu que, vers 1848, les eaux du Puits Sainte-Anne (situé au pied de la tour de Trouillas) furent élevées sur le Rocher. Elles suffirent à peine aux besoins de cette promenade. Cette installation subsista jusqu'en 1880.

De nouveaux projets pour utiliser les eaux du Rhône, de la Sorgue ou de la Durance, furent présentés à la municipalité, vers 1851, par Conte, Perrier et Leroyer, mais sans succès, la dépense des travaux à effectuer devant être trop élevée.

Ce ne fut que le 31 octobre 1863 que le maire Pamard signa la convention de concession du service des eaux avec le sieur Godfernaux, convention approuvée par arrêté du Préfet en date du 3 novembre 1863.

(4) Délib. des 16 octobre et 17 novembre 1854 et du 15 novembre 1861.

Le conseil municipal décida la construction d'une école de garçons et d'une salle d'asile rue Tête-Noire (rue Ledru-Rollin actuelle) (coût 53.000 francs) (1) ; de faire porter la largeur de cette rue de six à huit mètres (2) ; l'installation d'une école de filles rue des Infirmières et place des Carmes (3) et l'établissement d'une école protestante (4). Il autorisa les Frères des Ecoles chrétiennes à occuper temporairement le local de la rue des Ortolans pour y ouvrir un collège primaire (5) et donna un avis favorable à la création d'un poste de rabbin, à Avignon (6).

Le décret du 5 janvier 1861, supprimant les droits d'importation des garances, le conseil municipal demanda et obtint la suppression de l'entrepôt des douanes qui avait été autorisé par décret du 12 août 1850 et affecta le local, ainsi récupéré, au magasin général de dépôt qui devait disparaître à son tour le 18 février 1863 (7).

Depuis déjà de nombreuses années, la municipalité et les habitants des îles demandaient l'incorporation au territoire d'Avignon des îles de Piot et de la Barthelasse, rattachées à la commune de Villeneuve et satisfaction leur fut enfin donnée (8).

Le conseil municipal protesta contre l'attribution de nouvelles concessions d'eau de la Durance réclamées par la ville de Marseille et le syndicat du canal de L'Isle (9) ; donna un avis favorable à l'établissement du canal de Saint-Louis (10), à celui de la ligne de chemin de fer de Carpentras tout en demandant qu'elle se reliât à Avignon à la ligne de la Méditerranée (11) et à celui du chemin de fer d'Avignon à Gap. Il eut à combattre, relativement à ce dernier projet, un tracé qui plaçait la tête de la ligne à Sorgues et la dirigeait sur Saint-Saturnin, sollicita l'intervention de l'Empereur et fit prévaloir le tracé Avignon-Morières (12).

Avec l'avis favorable du conseil, les prisons départemen-

---

(1) Délib. des 25 juin et 26 novembre 1860.
(2) Délib. des 28 septembre et 9 novembre 1860.
(3) Délib. des 9 décembre 1859 et 9 juin 1860.
(4) Délib. du 6 mars 1861.
(5) Délib. du 7 janvier 1858 et du 9 mars 1860.
(6) Délib. du 26 novembre 1858.
(7) Délib. des 6 décembre 1854, 18 janvier et 15 avril 1861.
(8) Délib. des 24 novembre 1854 ; 2 mai et 10 novembre 1855.
(9) Délib. des 3 février 1854 ; 13 mars et 3 août 1857.
(10) Délib. du 15 mars 1861.
(11) Délib. du 9 mars 1860.
(12) Délib. des 18 février 1861 ; 19 janvier et 2 mars 1864 ; 14 avril et 22 mai 1865.

tales furent transférées du Palais des Papes à l'ancien asile des aliénés (les insensés), mais cette assemblée repoussa une proposition d'acquisition de cette partie du château-forteresse qu'il aurait dû rétrocéder à l'autorité militaire (1). Menacé de voir supprimer le péage du pont, il sut provoquer l'ajournement de cette dépossession d'un droit avantageux pour la ville (2).

L'Hospice Sixte-Isnard avait été inauguré, le 27 décembre 1852. Cet établissement s'ouvrit, le 1er janvier 1854, avec soixante pensionnaires des deux sexes. Le service, conformément aux intentions du fondateur, fut confié aux religieuses de Saint-Charles.

Une bienfaitrice des pauvres, la Marquise de Taulignan, institua la ville sa légataire universelle, à la condition que les intérêts du produit net de ses biens, après le prélèvement des charges de la succession et des legs particuliers, seraient affectés à des pensions pour la vieillesse et à des primes pour les actes de piété filiale et pour des actes de courage et de dévouement (3).

Le conseil municipal approuva la location d'un terrain dit « Plaine des Dames » situé sur le territoire de la commune des Angles et destiné à servir de champ de manœuvre pour les troupes de la garnison d'Avignon (4) ; subventionna un établissement de bains sur le Rhône (5) ; décida l'impression des arrêtés municipaux (6) et de l'inventaire des archives de la ville, ce qui lui valut les félicitations du ministre de l'Intérieur (7) et fit procéder à la refonte de la matrice cadastrale (8).

Un décret du 4 août 1862 instituait la caisse de retraite des employés communaux (9).

---

(1) Délib. des 8 septembre 1857 et 6 octobre 1862.

Cette partie du Palais des Papes fut dès lors occupée par les Archives départementales.

L'asile d'aliénés avait été transféré à Montdevergues (Mont des Vierges, ancienne abbaye fondée vers 1140 par le Comte de Forcalquier et occupée par les religieuses de St-Véran, de la règle de St-Benoît) qui ne fut d'abord qu'une succursale du bâtiment des insensés jusqu'en 1861, époque où des aménagements importants permit le transfert définitif de tous les malades.

(2) Délib. des 30 décembre 1863 et 2 mars 1864.

(3) Délib. des 4 juillet 1857 et 13 juin 1861.

(4) Délib. du 16 octobre 1863.

(5) Délib. du 30 mai 1864.

(6) Délib. du 5 septembre 1862.

(7) Délib. des 17 novembre 1862 et 18 février 1863.

(8) Délib. du 19 septembre 1862.

(9) Le premier bénéficiaire fut le sieur Pernon, employé au péage du Pont dont la pension fut liquidée à 216 francs le 4 janvier 1863.

Paul Pamard eut l'heureuse inspiration de confier la direction de l'Ecole des Beaux-Arts à Guilbert d'Anelle et de nommer l'entomologiste Jean Henri Fabre professeur de Physique et de Chimie des Ecoles municipales d'Avignon (31 octobre 1857) (1).

L'école de musique prit un essor considérable sous la célèbre direction de Brun (2) qui dirigeait aussi l'Orphéon d'Avignon. Cette phalange composée de chanteurs émérites remporta les deux premiers prix au concours général des Orphéons, à Paris en 1861 (3). Elle avait charmé l'Impératrice, lors de son séjour à Avignon, en 1860, et reçut en récompense, de Sa Majesté, une superbe banière (4).

Horace Vernet se vit décerner une médaille par le Jury international de l'Exposition de 1855. Il fit don de cette récompense à la ville d'Avignon qui la déposa au musée Calvet (5).

Le théâtre municipal eut à subir différentes crises, durant le règne municipal du maire Pamard, notamment au cours des saisons 1860-61 et 1861-62 (6). En décembre 1864, la subvention fut supprimée et le montant fut affecté à la restauration de la salle (7). Cette subvention s'élevait à 15.000 francs en 1856, à 19.000 en 1860, puis à 20.000 en 1865 (8). Le premier corps de ballet sédentaire, composé d'un danseur et quatre danseuses, apparut sur notre première scène en 1854 (9).

Tout dévoué au régime impérial, le conseil municipal que présidait Paul Pamard s'empressa de marquer chacun des

(1) Les écoles municipales comprenaient en 1857 des cours publics et gratuits de physique et de chimie professés par Fabre, de géométrie et de mécanique par Roman, de dessin et de peinture par Reynes puis Guilbert d'Anelle, de dessin linéaire et d'architecture par Olagnier.

(2) Délib. du 7 avril 1856. Le « Conservatoire de musique » (Direction Brun) comprenait un cours de solfège et de chant pour les jeunes filles professé par Brun, un cours de flûte par Reynaud, un cours de solfège par Bernard et Imbert aîné, un cours de violon par Dumas, un cours de chant par Arnaud, un cours de chœurs et solfège par Brun, un cours de hautbois, clarinette et basson par Brun, un cours de violoncelle et cors par Imbert jeune. Ce conservatoire de musique remplaça, en 1860, l'Ecole de musique et de chant, créée dans le local de St-Jean et fut installé à l'ancien Hôtel des Monnaies. Les cours de l'ancienne Ecole de musique et de chant étaient assurés par Imbert et Bernard.

(3) Délib. du 6 novembre 1861.

(4) Délib. du 13 juin 1861.

(5) Délib. du 7 juillet 1856.

(6) Délib. des 26 novembre 1860 ; 18 janvier et 13 décembre 1862.

(7) Délib. des 13 avril, 30 mai, 24 juin. 9 juillet et 9 décembre 1864.

(8) Délib. des 7 avril 1856, 9 juin 1860 et 3 juin 1865.

(9) Délib. du 4 août 1854.

grands événements qui ont jalonné le règne de Napoléon III, par une adresse à l'Empereur témoignant de ses sentiments de loyalisme envers l'Empire. Il en fut ainsi en mars 1856, à l'occasion de la naissance du Prince Impérial (1) ; le 14 janvier 1858, lors de l'attentat d'Orsini (2) ; à l'issue de la guerre d'Italie (3) ; enfin en juillet 1860 pour l'inviter à s'arrêter à Avignon (4) (Note n° 5).

Avec les Maires des chefs-lieux de Département, Pamard assista au baptême du Prince Impérial et la ville d'Avignon participa à la souscription ouverte pour permettre à ces magistrats d'offrir, à cette occasion, des médailles d'or à l'Empereur, à l'Impératrice et au Prince Impérial, des médailles d'argent aux membres de la famille impériale et aux grands dignitaires de l'Empire (5).

La ville d'Avignon fêta le retour des deux premiers bataillons rentrant d'Italie. Une réception fut offerte aux officiers à l'Hôtel de ville et les soldats bénéficièrent d'une distribution de vin, payée par la caisse municipale (6).

Lors de la discussion au Corps législatif de la loi relative à l'emprunt sollicité par le conseil municipal pour faire face à la part contributive de la ville dans les travaux de défense contre les inondations, le Marquis de Verclos, député et conseiller municipal d'Avignon, rapporteur, attaqua violemment l'administration du maire Pamard, lui reprochant son imprévoyance et les dépenses excessives pour les percées de rues nouvelles (7). L'assemblée municipale soutint énergiquement son Maire et fit une réponse indignée au rapport du Marquis de Verclos (8). Une lettre du ministre de l'Intérieur, véritable témoignage de satisfaction décerné à la municipalité, vint clore cet incident (9) (Note n° 6).

---

(1) Délib. du 16 mars 1856.

(2) Délib. des 15 et 22 janvier 1858.

(3) Délib. du 23 juillet 1859.

(4) Délib. du 25 juillet 1860.

(5) Délib. du 7 juillet 1856.

(6) Délib. du 19 août 1859.

(7) Délib. des 25 juin et 18 juillet 1860.

(8) Délib. du 30 juin 1860.

(9) Délib. du 10 août 1860. Le docteur Pamard, maire d'Avignon, devait remplacer au corps législatif le Marquis de Verclos, décédé (1862), pour la première circonscription électorale de Vaucluse, comprenant les arrondissements d'Avignon et de Carpentras. Elu contre Léopold de Gaillard, légitimiste, Pamard candidat officiel, vit son élection contestée devant le corps législatif, mais sans succès. Réélu en 1866, Paul Pamard était encore député de Vaucluse en 1870.
Lors de la discussion de la loi municipale de 1867, Paul Pamard s'op-

Le 1ᵉʳ mai 1860, le maire Pamard avait invité l'Empereur à s'arrêter à Avignon, avec l'Impératrice à l'occasion de son voyage dans les nouvelles provinces (Savoie et Comté de Nice) (Note n° 7). Les Souverains acceptèrent l'invitation (1). Pour réchauffer l'enthousiasme des populations vauclusiennes, le préfet Durand de Saint-Amand lança un vibrant appel (Note n° 8). De son côté, le maire prenait toutes les mesures préventives pour assurer l'ordre public et la sécurité de leurs Majestés (Note n° 9). Le couple impérial séjourna dans Avignon les 7 et 8 septembre 1860. Le programme des fêtes (Note n° 10) comporta notamment un bal splendide offert à Napoléon III et à l'Impératrice Eugénie à l'Hôtel de ville, un feu d'artifice sur les tours du Palais des Papes, et un bal populaire sur la place du Palais. Le conseil municipal mit à la disposition du maire un crédit illimité pour faire face aux dépenses de cette réception qui s'élevèrent à la coquette somme de 106.574 francs 04 (2).

Elu député au corps législatif en 1861 (candidat officiel), réélu en 1863, Paul Pamard n'en continua pas moins à administrer la ville d'Avignon jusqu'en 1865.

A l'arrivée de Paul Pamard à l'Hôtel de ville, le 31 décembre 1853, la dette de la ville s'élevait à 1.058.075 francs 69 (3).

---

posa à ce que les Maires fussent pris au sein des conseils municipaux En France, disait-il, « l'administration doit rester tout entière entre les mains du gouvernement ».

(1) Délib. du 25 juillet 1860.

(2) Délib. du 27 août 1860.

Séance du 13 juin 1861. Discussion du compte administratif :

Dépenses faites à l'occasion de la visite de Leurs Majestés l'Empereur et l'Impératrice :

Bal offert à Leurs Majestés impériales à l'Hôtel de Ville.	53.997 72
Ornementation des rues	25.661 25
Illuminations et feu d'artifice	9.305 04
Bal de la Place du Palais	2.560 »
Logement et nourriture des personnes de la suite de l'Empereur	4.592 20
Tableau représentant l'Empereur entrant dans Avignon lors des inondations de 1856 (ce tableau se trouve au Musée Calvet)	1.286 45
Députations et Médaillés de Ste-Hélène	495 70
Habillement et équipement de la compagnie des Sapeurs-Pompiers	5.835 95
Dépenses diverses	2.849 81
Total	106.574 04

(3) (Rapport du Maire du 25 juin 1860).

Nous pouvons résumer ainsi les emprunts contractés sous son administration :

Emprunt de 500.000 francs (loi du 28 mai 1858) dont les fonds étaient destinés à l'achèvement du théâtre et de l'Hôtel de ville (67.000 fr.), au prolongement de la rue Bonaparte et à l'agrandissement du marché de la place Pie (433.000 fr.).

Emprunt de 560.000 francs (loi du 14 juillet 1860) pour payer la part contributive de la ville dans la construction des ouvrages de défense contre les inondations.

Emprunt de 2.500.000 francs (loi du 27 avril 1864) pour permettre l'achèvement de la rue Bonaparte (1.795.332 fr. 50) et amortir une partie de la dette de la ville (704.667 fr. 50).

Emprunt de 150.000 francs (loi du 27 mai 1865) destiné à faire face aux dépenses occasionnées par des travaux divers (74.331 fr. 75) et à amortir des dettes de la ville (75.768 fr. 25).

Pamard liquida la dette contractée envers les Hospices pour l'acquisition de l'Aumône (caserne des Passagers) et de l'Hôpital St-Bénezet.

On ne peut pas méconnaître la grandeur de l'œuvre de Pamard. Il est indéniable qu'il a transformé la vieille ville d'Avignon ; tout en lui conservant ses glorieux vestiges d'un passé dont elle s'enorgueillit à juste titre, il lui a pourtant donné une allure plus moderne qui s'imposait. C'est à ce maire, pourtant si décrié de son temps, que notre territoire doit une protection efficace contre les inondations, ce fléau périodique, terreur de nos ancêtres.

L'ensemble des travaux effectués sous son administration, représente des sommes énormes pour l'époque ; mais Paul Pamard eut le rare bonheur d'intéresser l'Etat dans la plupart des transformations qu'il entreprit, et c'est grâce aux subventions du gouvernement, du département et de la Compagnie du chemin de fer évaluées en 1861 à 1 million 427.287 fr. 03 et aux emprunts municipaux que tant de travaux importants purent être exécutés dans un temps relativement court (1).

____

(1) Subventions obtenues par la ville de 1854 à 1861 :

Exhaussement de la route impériale n° 100 de St-Lazare à l'Oulle (part de l'Etat) 115.658 17
Secours du gouvernement pour les inondations...... 110.200 »
Secours du gouvernement pour les ateliers de charité. 73.500 »
Restauration du Pont St-Bénezet (part de l'Etat)...... 16.989 75
Restauration de l'Eglise du Lycée (part du département). 2.000 »
Concours régional (part du département).............. 8.000 »

La théorie administrative de Pamard est entièrement résumée dans cet extrait de son rapport au conseil municipal, le 25 juin 1860 :

« Il y a deux manières de considérer la direction des dépenses publiques :

« Dans l'une, qu'on pourrait appeler celle du père de famille et qui convient aux fortunes particulières, c'est de ne jamais créer de découverts et de les combler dès qu'ils existent.

« Dans l'autre, que nous considérons comme devant être adoptée pour l'administration de la fortune publique, il faut avant tout s'occuper de toutes les améliorations qui intéressent la cité, parce que de ces améliorations dépendent la prospérité des habitants et l'augmentation des revenus de la communauté. »

Cette théorie triompha aux élections des 18 et 19 août 1860 où les seuls candidats de l'administration municipale avaient sollicité les suffrages des électeurs. Mais le maire Pamard et ses amis furent battus aux élections municipales des 22 et 23 juillet 1865. Ils obtinrent une moyenne de 2.300 voix (Pamard avant-dernier de sa liste 2.170) et leurs adversaires 3.300 voix (Paul Poncet en tête de sa liste 3.740).

———

Budget de l'exercice 1854 :

732.011 francs en recettes et en dépenses

Budget de l'exercice 1864 :

760.364 fr. 50 en recettes et en dépenses

———

Exhaussement de la route 21 entre St-Roch et St-Michel (part du département)...............................	23.646 75
Exhaussement de la route impériale entre St-Lazare et l'Oulle (part du chemin de fer)......................	19.000 »
Ouverture du cours Bonaparte (concours du chemin de fer)	60.000 »
Souscription pour la statue de Crillon...............	29.958 86
Travaux de défense contre les inondations (part de l'Etat)	816.333 »
(part du chemin de fer)...............................	266.777 »
Total...............	1.425.287 03

Conseillers municipaux élus en vertu de la loi du 18 juillet 1837

Elections des 14, 15, 21 et 22 juillet 1855
Installation du 1er août

Du Laurens Hector, Verdet Joseph, Reboul Jean François, Madon Jean Baptiste, Teissier Honoré, Thomas Charles, Ourson Joseph, Clauseau Auguste, Lajard Auguste, Granier Frédéric, de l'Espine Guillaume, Clément Adolphe, Pons André, Pamard Paul, Remacle Louis, de Verclos César Auguste, député, Reynard-Lespinasse Henri, Busquet Bruno, Deville Laurent, Du Demaine Edouard, Germanes Frédéric, Béchet Joseph, Pavin Pierre, de Chabert Paul, Perrot Edouard, Deye Louis, Barnel Jean Baptiste, Barbe Paul, Valabrègue Jonathan. (30 conseillers).

Elections des 18 et 19 août 1860
Installation du 27 août

Madon Jean Baptiste, Clément Adolphe, Teissier Honoré, Baron Du Laurens Hector, Guiraud Jules François, Ourson Joseph, Clerc Jean Baptiste, Béchet Joseph, Pamard Paul, Gamounet François, Pavin Pierre, Pons André, Villars Achille, Thomas Charles, Cafiar Léon, Du Demaine Edouard, Reboul Jean François, Lajard Auguste, Remacle Louis, Bastide Eugène, Valabrègue Jonathan, Bon, Chabran Charles, Barnel Jean Baptiste, Perrot Edouard, Deye Louis, Foule Auguste, Verdet Joseph, King John, Barbe Paul Anicet.

Elections des 22 et 23 juillet 1865
Installation du 23 septembre

Poncet Paul, de Rouvière, Benoît Charles, Du Laurens Louis, de Sinety Jules, Alphandéry Aristide, Du Demaine

Roger, Giera Jules, de Guilhermier Louis, Goubet Théophile, Meynaud Léopold, Pernod Jules, de Cadillan Alcide, Roudier Paul, Alamelle Alphonse, Ducrès Auguste, Poizat Alexandre, Pagès Michel, Duverdier, Vallier, Gérard François, Verger Léon, Reynaud Eugène, Bourges Honoré, Fontaine François, Guérin Louis, Ayme cadet.

Ce conseil fut suspendu le 22 octobre 1866 et dissous par décret du 16 novembre 1866.

Notes - Pièces justificatives

NOTE N° 1

Séance du 27 décembre 1853. Discours du Maire

« Je ne dois pas laisser sans réponse les paroles trop flatteuses prononcées par l'homme éminent que nous avons le bonheur de posséder à la tête de ce Département. Elles vous ont exprimé la pensée du Gouvernement ; je vais vous dire celle de l'Administration.

On nous a demandé un immense sacrifice ; il pourra être au-dessus de nos forces, il ne sera jamais au-dessus de notre dévouement.

On a vu que notre entrée dans l'administration serait pour le pays un gage de conciliation et de paix ; c'eût été, de notre part, un acte de mauvais citoyen, de répondre à cette marque de confiance du Gouvernement, par un refus.

Nous nous devons tous à la Patrie ; et, dans les fonctions les plus élevées comme les plus modestes, nous devons suivre l'exemple de celui que la Providence a suscité pour sauver la France, de l'Empereur, qui lui a donné le calme et la prospérité, parce qu'il a écrit sur son drapeau : Union et Oubli.

Ces sentiments de bienveillance pour tout ce qu'il y a de bien et d'honnête nous sont aussi inspirés par la religion, sans laquelle il n'y a pas de stabilité dans les institutions humaines.

Qu'on ne considère pas cet appel fait à tous nos concitoyens comme une marque de faiblesse.

Nous porterons d'une main courageuse et ferme l'étendard gouvernemental, et nous serons heureux d'obtenir le concours de tous, mais surtout pleins de confiance dans l'utilité du but que nous nous proposons d'atteindre, nous marcherons avec d'autant plus de courage que nous aurons la certitude d'obtenir l'appui constant du Gouvernement.

Il ne nous appartient pas d'apprécier les motifs qui ont engagé le Pouvoir à se priver des services des habiles administrateurs qui nous ont précédés ; mais qu'on ne pense pas qu'il entre dans nos idées d'abandonner ceux des travaux qu'ils ont entrepris et dont nous reconnaîtrons l'utilité. Rien n'est plus funeste à une cité que les changements administratifs qui ont pour résultat de rendre stériles les dépenses faites par leurs prédécesseurs.

Nous aurons peut-être quelques modifications à introduire dans les projets qui sont en cours d'exécution, de nouveaux travaux à vous demander, enfin, un appel à faire en faveur des classes peu aisées, qui, dans la saison rigoureuse que nous avons à traverser, avec le prix élevé des subsistances, méritent toute la sollicitude de l'administration.

Nous espérons que vos votes nous aideront à réaliser le bien que nous méditons pour nos concitoyens.

Nous ne terminerons pas sans donner un témoignage public de reconnaissance aux honorables citoyens qui ont bien voulu nous prêter leur concours. Deux d'entre eux ont déjà rendu de signalés services dans l'administration précédente, et on peut les juger par leurs œuvres. Les deux nouveaux collègues, qui sont entrés dans l'administration municipale, ont déjà prouvé ce qu'on était en droit d'attendre d'eux, par la position qu'ils ont su s'acquérir dans la cité.»

M. le Préfet a levé la séance et l'assemblée s'est séparée aux cris de Vive l'Empereur !

NOTE N° 2

Séance du 4 juin 1856

Adresse à l'Empereur, relative au transfèrement du Chemin de fer du Midi, au Nord-Ouest de la ville

Sire,

Il n'est pas de vertus qui ne brillent au cœur de Votre Majesté.

Le bruit de nos malheurs est venu frapper vos oreilles au milieu des hommages dont tous les Souverains et les Princes de l'Europe viennent vous entourer ; au milieu des préparatifs des fêtes que la France va célébrer pour le baptême de son Altesse le Prince Impérial dont la naissance est venue assurer la perpétuité de votre Dynastie ; le jour où le pays devait à votre génie, la conclusion d'une paix glorieuse qui nous a replacés à la tête du monde civilisé ; rien n'a pu retenir Votre Majesté, ni les joies de la famille, ni les honneurs du Souverain. Vous avez voulu de vos yeux mêmes voir les calamités dont nous a frappés la Providence. Vous avez trouvé un peuple résigné à la volonté de Dieu et vous exprimant par ses acclamations toute la reconnaissance dont il entourait Votre Majesté.

Votre libéralité nous a donné le moyen de secourir les souffrances que va laisser après lui le fléau dont nous avons été frappés. Mais vous pouvez, Sire, à jamais en prévenir le retour. Vous pouvez sauver une population des malheurs qui viennent périodiquement la désoler à des époques que le déboisement des montagnes tend à rapprocher.

Vous pouvez éloigner pour toujours tout danger de nos murs. Vous pouvez conserver cette vieille cité qui fut pendant près d'un siècle la capitale du Monde Chrétien. Vous pouvez, au milieu des titres de gloire dont vous êtes entouré, assurer à vous et à votre dynastie l'amour inaltérable et la reconnaissance éternelle d'une population que vous aurez sauvée.

Il n'y a pour cela qu'un moyen, un seul, il faut que la ville d'Avignon ne soit plus placée dans le lit du fleuve ; il faut qu'elle soit protégée par le chemin de fer dont la situation actuelle est une perpétuelle menace pour son existence ; il faut que le chemin de fer qui passe au Midi de la ville soit transporté au Nord ; nous aurons alors une barrière infranchissable qui nous protègera sûrement contre les irruptions du fléau.

Nous aurons la certitude de pouvoir en tout temps circuler sur la voie ferrée et nous ne serons plus exposés pour y arriver à être obligés de faire en bateaux le trajet périlleux que Votre Majesté n'a pas craint de parcourir avec nous.

L'exécution de ce projet imposera peut-être quelques sacrifices à la puissante Compagnie concessionnaire de ce chemin de fer. Mais quels sont ces sacrifices, si on les compare à l'importance des services rendus ? Elle les récupèrera promptement par la certitude qu'elle aura de conserver en

La Place Pie, l'immeuble St-Jean, le Palais de Justice
(Plan dressé par Pascal, architecte de la Ville, 1858)
(Archives municipales)

tout temps le libre parcours sur cette voie qui est l'unique
jonction des deux mers, qui met en communication l'Europe avec les Indes et qui est appelée par son importance à
réaliser des bénéfices dont le passé n'est qu'une faible preuve de ce que sera l'avenir.

Nous savons que les hommes à théories proposeront des
moyens pour éviter à la Compagnie ce léger sacrifice ;
qu'ils iront peut-être même plus loin ! qu'ils oseront dire
qu'il n'est pas nécessaire. Ne les croyez pas, Sire, il est une
voix qui domine toutes les vanités de la science, c'est la
voix des faits, c'est la voix du peuple qui est la sagesse des
Nations et à qui nous devons le bonheur d'avoir à la tête
de la France le plus grand Souverain des temps modernes.

Ainsi fait à Avignon, les an, mois et jour susdits.

Suivent les signatures.

NOTE N° 3

Séance du 3 mai 1858

Statue du Brave Crillon (Inauguration de la)
Procès-verbal

M. le Maire donne communication au Conseil du procès-
verbal de l'inauguration de la statue du Brave Crillon,
dressé par ordre de M. le Préfet.

Ce procès-verbal est transcrit ci-dessous :

L'an dix huit cent cinquante, le lundi 3 mai, à deux heures de l'après-midi, les autorités militaires, religieuses, civiles et judiciaires se sont rendues en cortège sur la place
de l'Hôtel-de-ville d'Avignon pour faire l'inauguration de
la Statue qui a été élevée sur la dite place à la mémoire du
Chevalier de Crillon, en vertu d'un décret Impérial du 16
août 1854.

Étaient présents :

M. le Général de Division de Courtigis, commandant la
9° Division militaire,

M. Debelay, Archevêque d'Avignon,

M. Durand Saint-Armand, Préfet du département de Vaucluse,

M. le Général de Brigade, Baron Guillot, commandant la
Subdivision de Vaucluse,

M. Germanes, Président du Tribunal de 1re Instance d'Avignon,

M. Granier, Président du Tribunal de Commerce d'Avignon,

M. Pamard, Maire d'Avignon.

Etaient aussi présents :

MM. Charpenne, Salva et de Carrière, membres du Conseil de Préfecture de Vaucluse, M. le Baron Bligny-Bondurand, Intendant militaire de la 9e division, des Officiers de l'Etat-Major de la Division, l'Etat-Major de la Subdivision et de la Place ; les autres corps constitués parmi lesquels siégeait le corps municipal d'Avignon ; M. Mottet, Recteur de l'Académie d'Aix ; M. Cézan, Sous-Préfet de l'arrondissement de Carpentras ; M. le Comte de Châteauneuf-Prandon, Sous-Préfet de l'arrondissement d'Orange ; M. le Marquis de l'Aubespine-Sully. Sous-Préfet de l'arrondissement d'Apt ; MM. les Vicaires Généraux du Diocèse et les Membres du Clergé de la ville d'Avignon ; MM. les Officiers de la Garnison ; MM. les Fonctionnaires des différentes administrations du département ; M. Honorat, Maire de Marseille ; plusieurs membres du Conseil général du Vaucluse; plusieurs Maires et Juges de Paix du département. Enfin M. le Duc de Crillon, M. le Marquis de Crillon et d'autres membres de leur famille.

Les autorités et le cortège ayant pris place sur l'estrade qui leur était réservée, le vélarium qui couvrait la statue a été enlevé au bruit des fanfares et l'image du Brave Crillon a été saluée par les acclamations du public.

Quatre discours ont été prononcés.

Le premier par M. l'Archevêque d'Avignon ;

Le second par M. le Maire d'Avignon ;

Le troisième par M. le Marquis d'Aubespine-Sully, délégué à cet effet par M. le Préfet de Vaucluse ;

Le quatrième par M. le Duc de Crillon, qui au nom de la famille du Héros, a remercié le Gouvernement de l'Empereur et la ville d'Avignon de l'hommage public rendu à son ancêtre.

Ce dernier discours a été suivi d'une cantate en l'honneur du Brave Crillon, exécutée par les nombreux élèves du Conservatoire de Musique d'Avignon.

Les autorités et les fonctionnaires, escortés par la Compagnie des Sapeurs-Pompiers de la ville et par un détachement de troupe de ligne, se sont alors de nouveau réunis en cortège et se sont retirés en passant devant la statue.

De quoi il a été dressé le présent procès-verbal qui a été

signé par M. le Général de Division, Monseigneur l'Archevêque d'Avignon, M. le Préfet de Vaucluse, M. le Général commandant la Subdivision, MM. les Présidents des Tribunaux de 1re Instance et de Commerce et M. le Maire d'Avignon.

Fait à Avignon, le 3 mai 1858.

> Signé : DE COURTIGIS, J.-M. DEBELAY, A. DURAND SAINT-ARMAND, Baron GUILLOT, GERMANES, F. GRANIER, PAMARD.

> Pour copie conforme :

Le Conseiller de Préfecture, Secrétaire Général,

> Signé : CHARPENNE.

NOTE N° 4

Extrait de la lettre adressée par le Maire au Préfet le 11 février 1859

Séance du 11 février 1859

...La construction des remparts commencée en 1350 par le Pape Clément VI fut continuée en 1357 par Innocent VI et elle fut terminée en 1368 par Urbain V. Dans l'espace de dix-neuf ans nos remparts furnt construits. Ils forment une enceinte continue qui n'a pas moins de 4.800 mètres de circuit et qui constitue le spécimen le plus beau et le mieux conservé des fortifications du moyen âge. Leurs tourelles élégantes, leurs créneaux et leurs machicoulis offrent un aspect admirable qui n'a pas échappé à l'œil observateur de Sa Majesté l'Empereur lorsqu'il est venu nous visiter pendant nos désastreuses inondations de 1856. Ils sont non seulement pour Avignon un monument historique, mais c'est à eux qu'on doit la conservation de la ville qui eût été certainement détruite par les inondations du Rhône. Malheureusement le temps et les événements, ces deux éléments de destruction, ont laissé des traces de leur passage sur nos remparts et ils réclament des réparations promptes et importantes.

Des tours des remparts ont été aliénées par l'administration du district lors de la révolution de 1793 ; il faut les racheter.

Des administrations imprudentes ont consenti à laisser élever des constructions contre nos remparts qui, non seulement en ont altéré le caractère architectural, mais qui ont été pour cet édifice une cause permanente de destruction.

Cet exposé rapide nous montre que pour rendre à nos remparts leur aspect primitif, il faut :

1° Les débarrasser des constructions parasites que nous venons de signaler.

2° Racheter les tours aliénées.

3° Enfin réparer les dégradations dues aux effets du temps et aux événements politiques...

NOTE N° 5

Adresse à l'Empereur. Séance du 25 juillet 1860

Sire,

Le bruit s'étant répandu du départ de Votre Majesté pour les provinces dont elle a enrichi la France, le Maire d'Avignon vous adressa, au nom de la ville, la prière de vous arrêter dans nos murs.

Le Conseil municipal apprend avec bonheur que ses vœux ont été exaucés, et il éprouve le besoin de vous exprimer sa joie et sa reconnaissance.

La population n'oubliera jamais qu'elle a dû à vos deux premières visites de ces bienfaits qui assurent la prospérité d'une cité. Nous n'avions pas d'asile pour les pauvres, et vous avez donné un palais pour les loger (St-Louis).

Notre ville, à chaque inondation, était envahie par les eaux, et vous avez ordonné des travaux qui nous délivreront à jamais de ce fléau. Nos remparts tombaient en ruine, et bientôt ils vous devront d'avoir repris leur antique caractère.

Ne soyez donc pas surpris, Sire, du bonheur que nous éprouvons de vous voir parmi nous, car votre présence a toujours été signalée par des bienfaits.

La population, en vous exprimant sa profonde gratitude, a l'espérance que Votre Majesté ordonnera de nouveaux travaux qui rendront à notre antique cité, le caractère de son ancienne grandeur.

L'Impératrice accompagne Votre Majesté. Le conseil municipal en mettant à ses pieds l'hommage de son profond respect, la remercie de sa visite, et il ose espérer que Votre auguste Compagne daignera accepter les fêtes que la ville d'Avignon aura l'honneur de lui offrir. Il aurait désiré que leur splendeur répondit à la vivacité de ses sentiments, mais il compte sur l'indulgence de Votre Majesté et sur celle de Sa Majesté l'Impératrice.

Nous sommes de Votre Majesté, etc...

NOTE N° 6

Paris, le 25 juillet 1860.

Monsieur le Préfet,

J'ai pris connaissance de votre lettre du 5 du courant, du rapport de M. le Maire d'Avignon au Conseil municipal et de la délibération de cette assemblée portant la date du 30 juin dernier.

Je connaissais déjà toute la sollicitude de la Municipalité d'Avignon pour les intérêts qui lui sont confiés, et les derniers documents que vous m'avez communiqués n'ont fait que me donner de nouvelles preuves du concours dévoué qu'elle prête à votre Administration.

Je vous autorise à communiquer cette lettre à M. le Maire d'Avignon, à qui je suis heureux de donner, ainsi qu'à ses collègues, un témoignage de ma complète satisfaction pour les services qu'ils ont rendus.

Recevez M. le Préfet, l'assurance de ma considération distinguée.

Le Ministre de l'Agriculture, du Commerce et des Travaux publics, chargé par intérim du Département de l'Intérieur,

Signé : Roucher.

Pour copie conforme :

Le Préfet de Vaucluse,

Signé : A. Durand Saint-Amand.

NOTE N° 7

Lettre du Maire à l'Empereur le 1ᵉʳ mai 1860
Séance du 25 juillet 1860

Sire,

Votre Majesté doit se rendre dans les nouvelles provinces que la France doit à votre vaillance dans les combats (la Savoie et le Comté de Nice) et à votre haute influence dans les conseils de l'Europe.

Votre Majesté passera devant nos murs. La ville d'Avignon vous supplie de lui accorder l'extrême honneur de vous y arrêter. Elle n'a pas oublié qu'au jour du malheur vous êtes venu la visiter. La population n'a pu vous témoigner son enthousiasme et son dévouement que par des acclamations qui partaient des toits de ses habitations inondées. Elle serait heureuse de vous exprimer aujourd'hui sa reconnaissance pour les travaux qu'elle devra bientôt à Votre Majesté et qui la protègeront contre les inondations. Elle serait heureuse d'entourer de ses hommages le Souverain qui a trouvé la France divisée, affaiblie, tourmentée par les discordes civiles et qui l'a rendue puissante et forte, qui l'a dotée de nouvelles provinces qui protègeront nos frontières.

Sire, ces motifs seuls seraient à nos yeux suffisants pour nous faire espérer que vous nous accorderez l'honneur que nous sollicitons ; mais il vient s'y joindre une grande question d'intérêt archéologique que Votre Majesté seule peut résoudre. Nous possédons, dans nos murs, le plus beau Palais du Moyen-âge, grand autant par ses constructions que par ses souvenirs ; mais il a été converti en caserne et une portion en prisons. Il en est résulté que le caractère en est complètement altéré, et que certaines parties menacent ruine. Un éminent artiste, M. Violet-Leduc, fait actuellement des études pour sa restauration, mais rien ne pourra être décidé sur cette importante question sans que Votre Majesté ait vu les lieux et ait prononcé.

Votre visite, Sire, aurait donc un but d'utilité publique et notre ville devrait à Votre Majesté un de ces grands travaux qui font l'honneur d'un règne qui s'est déjà signalé par tant de grandes choses.

Sa Majesté l'Impératrice doit, dit-on, vous accompagner; et s'il n'était pas trop téméraire à moi de rappeler une promesse que j'aie reçue de sa bouche auguste, lorsque j'eus l'honneur, comme délégué des Maires de France, d'offrir à

Votre Majesté la médaille commémorative du Baptême du Prince Impérial, je dirais que Sa Majesté m'a fait espérer que lorsqu'elle visiterait le Midi, elle s'arrêterait à Avignon.

Tous ces motifs réunis ont fait palpiter mon cœur d'espérance ; aussi j'ose croire que Votre Majesté me pardonnera l'extrême liberté que je prends de lui transmettre les vœux de la population qu'elle a confiée à mon administration dans des temps difficiles, et qui serait heureuse, aujourd'hui qu'elle vous doit sa prospérité et la paix de faire éclater aux pieds de Votre Majesté son enthousiasme et sa reconnaissance.

J'ai l'honneur d'être, etc...

NOTE N° 8

EMPIRE FRANÇAIS

Préfecture de Vaucluse

Proclamation

Le Préfet de Vaucluse

aux Habitants du Département,

Le département de Vaucluse va bientôt posséder ses augustes Souverains. Leurs Majestés l'Empereur et l'Impératrice vont visiter leurs nouveaux départements de la Savoie et de Nice, la Corse, berceau de leur glorieuse dynastie, et l'Algérie que trois règnes ont conquise et donnée à la France.

Dans le cours de ce voyage triomphal, Elles ont daigné s'arrêter au milieu de vous.

L'Empereur vous connaît bien et vous le connaissez aussi.

En 1852, vous l'avez vu, vainqueur des séditions intestines, ramener dans vos belles contrées, comme dans la France entière, l'ordre, la paix et la sécurité.

En 1856, vous l'avez vu, accourant au bruit de vos malheurs, et venant sur les rives désolées du Rhône, prodiguer ses consolations et ses secours aux populations inondées.

En 1860, vous verrez le vainqueur de Solférino, qui tout à l'heure aura vengé le massacre des chrétiens du Liban, s'arrêtant au milieu de vous sans autre but que d'entendre vos vœux, de connaître de plus près vos besoins, d'encourager vos progrès agricoles et industriels, de restaurer vos antiques monuments, legs glorieux de la religion et de l'art, comme il a restauré les éternels principes d'ordre public, sauvegarde des familles.

Le 7 septembre, l'Empereur et l'Impératrice arriveront à Orange et s'y arrêteront une heure.

Le même jour, Leurs Majestés arriveront à Avignon et y passeront toute la matinée du 8.

Habitants de l'arrondissement d'Orange, accourez tous à votre chef-lieu honoré d'une si auguste visite.

Habitants de toutes les communes de Vaucluse, accourez à Avignon. Venez sous les murs de l'ancienne Cité Papale contempler les traits du Prince qui tira pour la première fois son épée pour ramener le Saint Père dans la capitale de la Chrétienté.

Maires et Conseillers municipaux, Cultivateurs et Ouvriers, Magistrats et simples Citoyens, Prêtres du Dieu de paix et du Dieu des Armées, vieux soldats de nos glorieuses phalanges, venez voir le monarque que le monde admire et respecte.

Venez déposer aux pieds de votre auguste Impératrice le tribut de vos hommages ; si elle est un ange de beauté, n'est-elle pas aussi un ange de bonté et de bienfaisance.

Venez acclamer vos bien-aimés Souverains, et le jeune Prince qu'ils élèvent pour la gloire et le bonheur de la France.

Vive l'Empereur !

Vive l'Impératrice !

Vive le Prince Impérial !

Avignon, le 7 août 1860.

Le Préfet de Vaucluse,
A. DURAND SAINT-AMAND.

NOTE N° 9

Arrêté relatif à la circulation pendant le séjour de Leurs Majestés l'Empereur et l'Impératrice

Nous, Maire de la ville d'Avignon, officier de la Légion d'honneur,

Vu les lois des 16, 24 août 1790, 19, 22 juillet 1791 et 18 juillet 1837 ;

Considérant que l'auguste présence de Leurs Majestés l'Empereur et l'Impératrice à Avignon, pendant les journées des 7 et 8 septembre 1860, attirera un grand concours de citoyens, heureux de venir saluer nos bien aimés Souverains ;

Qu'il est du devoir de l'autorité municipale de prendre les mesures propres à prévenir tout danger pour le public sur les divers points où se portera plus particulièrement la foule ;

Après nous être concerté à cet égard avec M. le Préfet,

Arrêtons :

Article premier. — Depuis le 6 septembre au matin jusqu'au 8 septembre à 1 heure après-midi, la circulation des voitures et des piétons sera interdite dans la rue de la Préfecture entre la rue St-Agricol et la place de la Préfecture au débouché de l'arceau.

Article 2. — Le 7 septembre, depuis 2 heures après-midi jusqu'après l'entier passage du cortège de Leurs Majestés Impériales et l'écoulement des troupes et des citoyens formant la haie, la circulation des voitures sera interdite à partir de la gare du chemin de fer : dans la traversée du boulevard extérieur, dans la rue Bonaparte, la rue Calade entre la rue Bonaparte et la rue St-Agricol, la rue St-Agricol, les rues qui ceinturent la place de l'Hôtel de ville, celles qui montent de cette place devant le palais, la place du Palais et la rampe du Rocher des Doms.

Le 8 septembre, la même interdiction de circulation des voitures aura lieu sur les voies publiques ci-dessus désignées, depuis 8 heures du matin jusqu'après l'entier passage du cortège de Leurs Majestés et l'écoulement des troupes et des citoyens formant la haie.

La voiture de Monseigneur l'Archevêque et toutes voitures ayant pour objet un service d'ordre public circuleront librement soit avant, soit immédiatement après le passage du cortège impérial.

Les voitures se rendant à la gare du chemin de fer pour le service des voyageurs des trains ordinaires passeront par le boulevard extérieur, et quand elles trouveront la haie formée aux abords de la gare, elles s'arrêteront en attendant qu'il leur soit livré passage.

A l'arrivée du train impérial, les voitures des autorités et des corps désignés pour la réception de Leurs Majestés et toute voiture ayant pour objet un service d'ordre public, pourront seules pénétrer dans la gare en arrivant par la porte St-Michel et par le boulevard extérieur, la haie leur livrera passage, celles qui ne suivront pas le cortège s'éloigneront en repassant par le boulevard extérieur et la porte St-Michel.

Article 3. — La circulation des voitures et des piétons sera également interdite dans la rue des Lices sur toute la longueur de la façade de la caserne communale, le 7 septembre, de 2 heures à 4 heures de l'après-midi, et le 8 septembre, de 7 heures à 9 heures du matin.

Article 4. — Depuis le 7 septembre à midi jusqu'au lendemain à une heure après-midi, aucune voiture, à l'exception de celles qui feraient partie des équipages de Leurs Majestés et de leur suite, ou qui auraient pour objet un service d'ordre public, ne pourra parcourir les rues Bancasse et St-Marc, en allant dans la direction de la place de l'Hôtel de ville, la rue Anguille, en allant dans la direction de la rue St-Marc, la rue Collège-d'Annecy (à côté des bains à la romaine), et la rue Bouquerie, en allant dans la direction de la place de la Préfecture, la rue Petite Calade, en allant dans la direction de la place de la Préfecture.

Durant le même temps, du 7 septembre à midi jusqu'après l'entier écoulement du cortège impérial, et le lendemain depuis 9 heures du matin jusqu'après le départ de Leurs Majestés, aucune voiture ne pourra déboucher de la rue St-Marc dans la rue Calade en face la rue Bonaparte.

Article 5. — Les voitures des invités se rendant à la Préfecture, de quelque part qu'elles soient parties, arriveront par la rue Bancasse et suivront la rue Anguille et la rue Dorée, elles ne stationneront sur la place de la Préfecture que le temps absolument nécessaire pour faire descendre ou monter les personnes qu'elles conduiront et elles se dirigeront ensuite vers le plan de Lunel, d'où elles s'éloigneront, soit par la rue Bouquerie et la rue Collège-d'Annecy pour aboutir à la rue St-Marc en face l'église du Lycée, soit par la rue Petite Calade pour aboutir à la rue Calade, sans pouvoir pourtant entrer dans la rue Calade ou dans la rue St-Agricol, tant que le cortège impérial ne sera pas entièrement passé, de telle sorte que des voitures ne puissent jamais se rencontrer dans les dites rues Bancasse et St-Marc, Anguille, Dorée, Bouquerie, Collège-d'Annecy et Petite Calade.

Les voitures qui, partant d'une des rues du parcours du cortège Impérial, auront à se rendre à la Préfecture, pourront se mettre en marche aussitôt après le passage de Leurs

Majestés, sans attendre l'écoulement complet des troupes
et des citoyens formant la haie. Elles devront être munies
à cet effet, d'une passe, et elles suivront un itinéraire tel
qu'elles ne puissent atteindre ni rencontrer le cortège. Elles
arriveront aussi par la rue Bancasse, par la rue Anguille et
la rue Dorée et s'éloigneront, comme il est dit en l'article
5, par le plan du Lunel, etc.

Article 6. — Le 7 septembre, depuis 4 heures de l'après-
midi jusqu'à sept heures et demie, la circulation et le sta-
tionnement des piétons seront interdits dans la rue Dorée,
dans la rue Collège-du-Roure, petite rue de la République
débouchant sur la place de l'Hôtel de ville, sur la place de
la Préfecture, sur le Plan de Lunel et dans la rue Petite
Calade.

Dans toutes les rues où la circulation des piétons est interdite, l'interdiction sera levée pour :

1° Les membres du Clergé ;

2° Les officiers en uniforme ;

3° Les fonctionnaires publics en costume ou en écharpe;

4° Les personnes (ou les corps) non revêtues d'insignes
officiels, mais porteurs d'une carte de passe ainsi conçue :
Passe pour se rendre à la Préfecture ;

5° Les fonctionnaires et les élèves du Lycée en corps ;

6° Les habitants des dites rues munis d'une carte de
passe ainsi conçue : Habitants des abords de la Préfecture.

Article 7. — Le public sera admis à circuler dans les rues
aux abords de la Préfecture (sauf celle de la Préfecture, passant sous l'arceau) le 7 septembre à partir de 7 heures et
demie du soir et dans la matinée du 8 ; mais il devra s'em-
presser de se ranger à la sortie et à la rentrée de Leurs Majestés Impériales pour ne pas gêner le mouvement des chevaux et des voitures ; il se conformera immédiatement aux
mesures d'ordre et de sûreté prescrites par les agents et
fonctionnaires préposés au service.

Article 8. — Les voitures allant au bal de l'Hôtel de ville
dans la soirée du 7 septembre, s'y rendront par la rue St-
Agricol ou des Marchands, elles prendront la file au point
où ces deux rues se rejoignent à l'angle de la rue St-Agricol et de la place de l'Hôtel de ville.

Après avoir déposé les invités à l'Hôtel de ville, elles se
retireront par les rues Puits-des-Bœufs ou Bon Parti et Peyrollerie.

Pour la sortie du bal elles reviendront et se retireront
par les mêmes voies.

Il est formellement interdit de parcourir en voiture la rue latérale de la Place (côté de l'Archevêché) sauf les exceptions prévues au 3e paragraphe de l'art. 2.

La circulation des voitures allant au bal ou en revenant sera momentanément interdite dans le pourtour de la place de l'Hôtel de ville, et depuis l'église de St-Agricol jusqu'à une distance d'environ 25 mètres dans la rue des Marchands, pendant que Leurs Majestés se rendront à l'Hôtel de ville et pendant qu'elles retourneront à la Préfecture.

Article 9. — Aussitôt que le service des troupes commencera pour la formation de la haie sur le passage du cortège Impérial, les piétons ne pourront plus circuler dans les rues et voies publiques sur l'itinéraire de ce cortège, qu'en passant derrière la haie formée de chaque côté, de sorte que le milieu de la rue ou voie publique reste entièrement libre. Il est donc formellement interdit sous les peines de droit de circuler sur le milieu de la rue ou voie publique, à partir du moment où les troupes commenceront à s'échelonner.

Nul ne pourra s'avancer au-devant de la haie formée d'un côté par les troupes, de l'autre côté par les diverses députations et la gendarmerie.

Article 10. — Il est enjoint d'enlever les matériaux, échaffaudages de construction de toute espèce dans les rues ou voies publiques que parcourra le cortège Impérial.

Il est renouvelé la défense d'installer ou d'exposer sur les portes, fenêtres et toits des maisons des objets susceptibles de causer quelque accident par leur chute.

Article 11. — MM. les Commissaires de police et agents de la force publique, sont chargés d'assurer l'exécution du présent arrêté, qui en sera publié et affiché.

Fait à Avignon, le 27 août 1860.

Le Maire,

PAMARD.

Vu et approuvé.

Le Préfet de Vaucluse,

A. DURAND SAINT-AMAND.

EMPIRE FRANÇAIS

Préfecture de Vaucluse

Programme du séjour de Leurs Majestés l'Empereur et l'Impératrice à Orange et à Avignon

Soirée du 7 septembre. — Arrivée à Orange à 3 heures 35 minutes. L.L.M.M. sont reçues à la gare par le Préfet de Vaucluse et par les Autorités de l'arrondissement.

Le Maire, à la tête de son Conseil municipal, présente à l'Empereur les clefs de la ville.

L.L.M.M. montent en voiture et vont visiter l'Arc de triomphe de Marius et le Théâtre Romain.

La haie est formée, sur le parcours, par les Sapeurs-Pompiers, les Députations des Communes et les médaillés de Ste-Hélène.

Départ d'Orange à 4 heures et demie du soir.

Arrivée à Avignon à 5 heures 7 minutes. — L.L.M.M. sont reçues à la gare par les autorités religieuses, civiles et militaires, le Conseil général, les Députés du département et le Secrétaire Général de la Préfecture.

Le Maire à la tête de son Conseil municipal présente à l'Empereur les clefs de la ville.

L.L.M.M. montent en voiture et se rendent à la Préfecture.

En passant devant la cathédrale, Elles sont reçues par Monseigneur l'Archevêque à la tête de son Clergé.

La haie est formée sur tout le parcours par les députations des communes rurales, les sapeurs-pompiers, les troupes de la Garnison, les médaillés de Ste-Hélène et les élèves du Lycée, réunis aux abords de la Préfecture.

A l'arrivée à la Préfecture, présentation des Dames à S. M. l'Impératrice. Réception des Autorités.

A 7 heures ½. Dîner à la Préfecture.

A 10 heures. Bal à l'Hôtel de ville.

Matinée du 8 septembre. — A 10 heures, visite à la cathédrale et au Palais des Papes. Départ à midi.

AVIS

Le Préfet de Vaucluse rappelle à ses Administrés : 1° Qu'il est défendu de jeter des bouquets et fleurs dans la voiture de Leurs Majestés et sur leur passage ; 2° Qu'il est défendu d'approcher des voitures de Leurs Majestés pour leur présenter des placets ou pétitions. Les pétitions que des citoyens seraient dans l'intention d'adresser à Leurs Majestés, devront être déposées à Orange à la Sous-Préfecture, à Avignon à la Préfecture : elles seront immédiatement mises sous les yeux de Leurs Majestés.

Fait à Avignon, le 27 août 1860.

Le Préfet de Vaucluse,

A. Durand de Saint-Amand.

Première municipalité Paul Poncet

Maire : Poncet Paul, propriétaire, nommé par décret du 18 septembre 1865, installé le 21.

Adjoints : Pernod Jules François, négociant,

Bourges Honoré François Camille, officier d'administration des hôpitaux en retraite, chevalier de la Légion d'honneur,

Reynaud Eugène pour le bourg de Morières, nommés et installés aux mêmes dates.

Bourges démissionne le 23 mars 1866.

Dufour Joseph,

Palun Adrien, nommés le 22 décembre 1866 et installés le 29.

Secrétaire en chef : Gilly Henri.

Buisson, nommé par arrêté du 1er avril 1869 en remplacement de Gilly décédé.

Recensement de la population d'Avignon en 1866 :
36.427 habitants.

Le conseil municipal élu les 22 et 23 juillet 1865 fut installé le 23 septembre. Le maire et les adjoints prêtèrent serment, à la Préfecture, en présence du Préfet.

Maire libéral, Poncet s'empressa de reconstituer par son arrêté du 2 novembre 1865, la musique de la ville dissoute par arrêté de Paul Pamard du 5 septembre 1865, parce qu'elle ne s'était pas rendue à la procession de St Agricol, patron de la ville, comme elle en avait reçu l'ordre. Elle fut du reste supprimée par arrêté du 17 décembre 1866, le conseil municipal ayant rejeté le crédit destiné à son entretien, lors de la discussion du budget de 1867.

Après avoir critiqué la gestion financière de la précédente administration (1), très vite le conseil municipal se trouva en désaccord permanent avec le maire Poncet et son adjoint Pernod. Cette situation tendue entre la municipalité et l'assemblée communale allait s'accentuant chaque jour et entravait la bonne marche des affaires.

Poncet poursuivit cependant l'achèvement de la rue Bonaparte (2) et l'aménagement du Rocher des Doms (3), la reconstruction de la porte St-Michel avec la participation de l'Etat (4).

Avec l'approbation de la ville, Godfernaux, concessionnaire de la distribution des eaux, céda son entreprise à la Banque Générale Suisse (5). Le conseil municipal consentit à la nouvelle société, une prolongation de dix mois, du délai à elle accordé, pour l'achèvement des travaux qui lui incombaient (6) : il soumit à des experts, qui conclurent favorablement à la compagnie exploitante, des protestations relatives à la mauvaise qualité du gaz d'éclairage (7).

Un concours régional agricole se tint de nouveau, à Avignon, en 1866, agrémenté d'une exposition industrielle départementale (8). Une grande cavalcade de charité se déroula dans les rues de la ville, le 5 mai 1866, à cette occasion.

Le conseil municipal porta à 30.000 francs la subvention théâtrale pour la saison 1866-67 (9) ; réorganisa les écoles communales de garçons et envisagea la création de la première école laïque primaire (10) ; contesta à l'Etat la propriété du local des écoles de la rue Dorée (ancien Hôtel de Sade) (11).

---

(1) Délib. des 7 et 8 novembre 1865.

(2) Délib. des 22 septembre, 2, 9, 14 et 27 octobre, 9, 10 et 27 novembre 1867 ; 17 janvier, 5 février, 16 et 21 mars, 14 et 30 mai, 29 juin, 13 juillet, 6, 9 et 11 août 1866.

(3) Délib. des 29 novembre et 6 décembre 1865 ; 7, 9 et 13 février, 16 mars 1866.

(4) Délib. des 13 et 16 juillet, 12 décembre 1866 et 25 novembre 1868 (coût 31.500 francs, part de la ville 8.000 francs, part de l'Etat 23.500 francs).

(5) Délib. du 22 décembre 1865.

(6) Délib. du 16 juillet 1866.

(7) Délib. des 13 février, 8 et 11 mai, 13 juillet 1866.

(8) Délib. des 2, 5 et 13 février et 12 mai 1866.

(9) Délib. des 13 février et 15 mai 1866.

(10) Délib. des 11 novembre 1865 et 11 mai 1866.

(11) Délib. des 5 et 22 décembre 1865 et 7 et 16 mai 1866. Le local de

Dès le 22 mars 1866, Bourges avait démissionné de ses fonctions d'adjoint et malgré que le maire eut déclaré, à la séance du conseil tenue le 14 mai suivant, que n'ayant rien fait pour créer la tension qui subsistait entre la municipalité et l'assemblée, il était cependant disposé à faire tout son possible pour la faire cesser, les difficultés ne firent que croître. Il refusa pourtant de délivrer une copie du projet de budget aux membres de la commission chargée de son examen, sous le prétexte que ce projet était à leur disposition, dans les bureaux de la mairie et le conseil municipal demanda à l'autorité supérieure de l'y contraindre. Le conseil désignait, en même temps, une commission pour recevoir les pétitions des habitants et juger de l'opportunité de leur communication à l'assemblée (1). Considérant que le conseil était sorti de ses attributions, le Préfet par arrêté pris en Conseil de Préfecture (25 août 1866), annulait cette dernière décision.

Un membre de la commission du budget attaqua violemment la municipalité, le 14 août 1866 et la commission démissionna et le maire en fut réduit à lever la séance du conseil.

Suspendu le 22 octobre 1866, le conseil municipal voyait prononcer contre lui la dissolution, par le décret du 16 novembre 1866 qui nomma une commission municipale déjà désignée par l'arrêté du Préfet du 22 octobre. Et les élections n'eurent lieu que les 17, 18, 24 et 25 novembre 1868. La ville avait été divisée en huit sections appelées chacune à désigner leurs représentants au Conseil municipal, ce qui

---

la rue Dorée faisait partie au xive siècle de l'Hôtel de Sade ; il appartint au xvie siècle à la famille de Gadagne et au xviie siècle au Comte de Quinson qui le vendit le 9 juin 1766 aux Frères de la Doctrine Chrétienne (acte chez de Terris, notaire). Il servit de caserne à la gendarmerie qui s'y installa par arrêté du district d'Avignon du 28 messidor an II, évacuant alors les Célestins. Elle devait être transférée plus tard à St-Martial. C'est dans l'immeuble de la rue Dorée qu'avait été créé, par la ville en l'an XI l'Ecole secondaire (loi du 11 floréal an X, arrêtés des 30 frimaire et 27 ventôse an XI). Le séminaire diocésain qui s'y était installé en 1809 fut transféré à St-Charles, appartennat à la ville, et le local de la rue Dorée, par ordonnance du 24 février 1824, retourna aux Frères des Ecoles chrétiennes. Il donna asile, par la suite, et en même temps, à l'école de dessin et d'architecture, aux écoles primaires des Frères et à l'école et au temple protestants.

Un décret du 9 avril 1811 concédait gratuitement aux départements, arrondissements, aux communes la pleine propriété des édifices affectés à l'instruction publique. La ville d'Avignon paraissait donc être le propriétaire incontesté du local de la rue Dorée, mais la Cour de Cassation devait en décider autrement.

(1) Délib. du 9 août 1866.

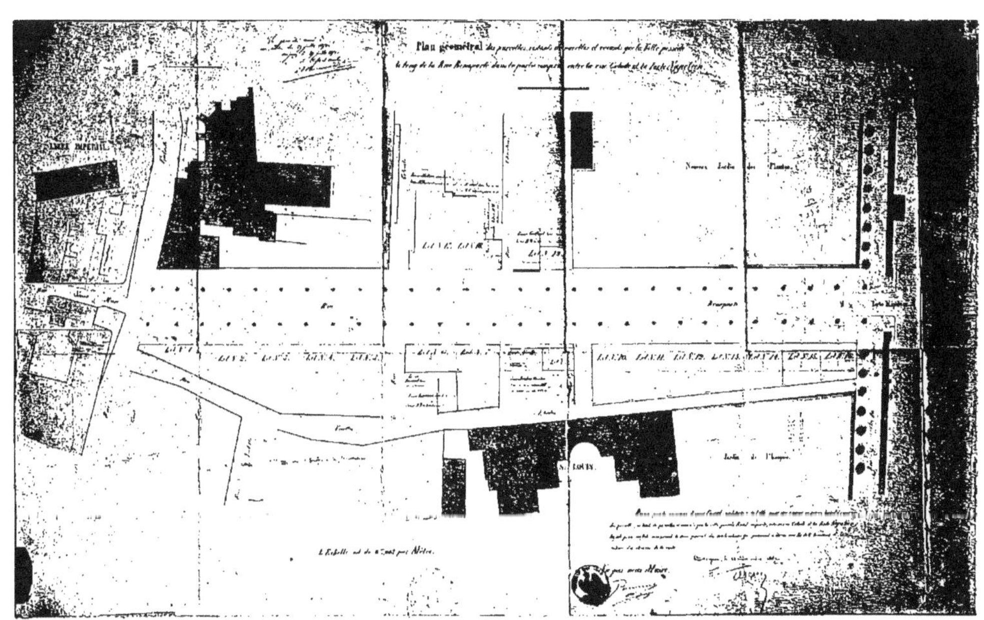

LE COURS BONAPARTE (Cours Jean-Jaurès), plan
(Archives municipales)

[illegible]

amena les protestations de « l'Union libérale », laquelle néanmoins réussit à faire élire la plupart de ses candidats dont quelques-uns avaient fait partie du conseil dissous et tous adversaires résolus de l'administration du maire.

Le 5 novembre 1866, Poncet exposait devant la commission municipale, avec la situation financière, les travaux auxquels il convenait d'employer les ressources de la ville (Note n° 1). L'alignement de la rue Bonaparte fit l'objet de ses préoccupations (1) et on décida de faire asphalter ses trottoirs (2). La commission poursuivit les travaux de restauration des remparts sous la direction de Viollet-Leduc (3) et les acquisitions de terrain y attenant (4).

A l'Hôtel de ville, elle fit aménager une salle spéciale pour les séances du conseil qui s'étaient tenues jusqu'alors dans la salle des mariages (5) et procéder à la mise en place des deux grandes portes d'accès de ce monument (6). Elle décida la pose des premières plaques en fonte portant les noms des rues en lettres saillantes (7) et les premières bouches d'égout sous trottoir (8) ; l'éclairage au gaz des allées de l'Oulle (9), l'aménagement de l'école de la rue des Ortolans et l'organisation de la première école laïque de garçons à St-Jean (10). Pour lutter contre la misère de l'hiver rigoureux de 1867-68, elle organisa le Fourneau économique dans ce dernier local (11). La commission municipale renouvela le bail de l'Ecole Normale à St-Martial (12) ; donna en location aux docks vauclusiens l'ancienne fabrique Isnard (ancienne douane) (13) ; mit à l'adjudication la pre-

---

(1) Délib. des 14 janvier, 8 et 23 février, 8 avril, 6 mai, 19 août, 18 décembre 1867 ; 20 mars, 13 août, 21 septembre, 12 octobre, 25 et 27 novembre 1868.

(2) Délib. du 11 mai 1868.

(3) Délib. du 22 juin 1868.

(4) Délib. des 4 novembre 1865 ; 12 novembre 1866 ; 5 et 26 février, 20 mars, 4 mai, 29 juillet, 21 septembre, 25 et 27 novembre 1868.

(5) Délib. des 10 mai et 15 juin 1867.

(6) Délib. des 18 décembre 1867 et 4 mai 1868.

(7) Délib. des 10 novembre 1866 ; 8 avril et 4 novembre 1867.

(8) Délib. des 9 août 1867 et 11 mai 1868.

(9) Délib. du 9 juillet 1868.

(10) Délib. des 4 février et 15 novembre 1867 ; 11 mai, 22 juin, 24 septembre, 19 et 25 novembre 1868.

Les écoles communales furent alors au nombre de sept : 1 rue Bouquerie, 2 rue Tête-Noire, 3 rue des Ortolans (Frères des Ecoles chrétiennes), 4 local de St-Jean (école laïque de garçons), 5 rue Four de la Terre, 6 rue Fusterie, 7 rue des Infirmières (écoles de Sœurs). (19 juin 1869).

(11) Délib. des 6 janvier et 24 février 1868.

(12) Délib. du 4 février 1867.

(13) Délib. du 4 février 1867.

mière entreprise de balayage de la ville (1) ; subventionna une école de natation sur le Rhône (2).

La création des marchés de Châteaurenard et de Barben- tane avait entraîné la perte du marché quotidien de la pla- ce Pie. La rumeur publique en accusait les perceptions exa- gérées des droits de place, la commission résilia le bail du fermier (3). Elle refusa un nouveau délai sollicité par la compagnie des eaux, mais l'autorisa à utiliser provisoire- ment le puits de Sainte-Anne (4) et transigea amiablement un conflit avec cette compagnie relativement à la construc- tion du grand bassin dans le trou des Sanguines (5).

Devant la cour de Nimes, la ville perdit son procès quant à la revendication de la propriété du local de la rue Dorée ; elle se pourvut en cassation (6). Elle réclamait à l'Etat une indemnité de 900.000 francs pour le rachat du droit de péa- ge du Pont d'Avignon (7).

La commission municipale avait protesté contre la de- mande de la ville de Marseille tendant à obtenir une nou- velle concession de 2 mc 25 cmc d'eau à dévier de la Du- rance (8). Le lendemain de l'attentat du polonais Bere- gowski contre le Tzar, au Bois de Boulogne (6 juin 1867), elle avait fait tenir à l'Empereur une adresse qui contenait, avec ses sentiments d'indignation, l'expression de sa fidé- lité à l'Empereur.

Le conseil municipal qui lui succéda, installé le 19 no- vembre 1868, concéda le privilège de la location des chai- ses sur les promenades publiques (9) ; fit procéder à des plantations de platanes sur les boulevards extérieurs entre les portes St-Roch et St-Michel (10) ; décida l'achèvement des travaux de viabilité de la rue Bonaparte (11) ; la prise en location, par la ville, d'un champ de manœuvre, à la Barthelasse, en face le Pont St-Bénezet (12) ; subventionna les premières courses de vélocipèdes dans les allées de l'Oulle (13) ; accepta la cession du privilège de la Banque

---

(1) Délib. du 25 mars 1867.
(2) Délib. des 28 et 31 mai 1867 (10.000 francs).
(3) Délib. des 26 et 29 avril 1867.
(4) Délib. des 8 février et 8 mars 1867.
(5) Délib. des 9 août et 18 décembre 1867.
(6) Délib. du 6 août 1868.
(7) Délib. du 6 août 1868.
(8) Délib. du 5 novembre 1866.
(9) Délib. du 20 novembre 1868.
(10) Délib. des 27 et 28 novembre 1868 ; 23 janvier et 22 février 1869.
(11) Délib. des 26 février et 20 août 1869.
(12) Délib. du 2 mars 1869.
(13) Délib. du 2 juin 1869.

Suisse à la Compagnie anonyme des Eaux de la ville d'Avignon (1) ; protesta contre le projet du canal de Manosque qui réclamait 3 mc d'eau à dériver de la Durance (2) ; donna la concession du privilège exclusif des voitures de place (3) ; offrit au Département de lui concéder gratuitement l'ancien établissement des douanes pour y établir un dépôt de mendicité (4) ; établit le bureau de police du canton nord dans le local de Saint-Jean (5) ; consentit des locations provisoires aux propriétaires qui avaient construit des immeubles soit sur des terrains leur appartenant, mais adossés aux remparts, soit sur des terrains constituant la propriété de la ville, les travaux de restauration de nos murs d'enceinte subissant alors un temps d'arrêt (6) ; engagea les Hospices, mais en vain, à vendre le canal de la Durançole dont l'entretien était trop onéreux pour ces établissements (7).

L'administration Eugène Poncet approuva l'érection en commune de la section de Morières, ratifiée par arrêté du Préfet en date du 23 juillet 1870 (8).

Comme la commission qui l'avait précédé, le conseil municipal se préoccupa de la question du marché de la place Pie, de plus en plus délaissé par les producteurs des Bouches-du-Rhône (9). Il réduisit de 900.000 francs à 700.000 francs les prétentions de la ville dans l'affaire de la suppression du péage du Pont (10). L'Etat offrit 300.000 francs, et l'assemblée communale qui avait donné un avis défavorable au projet de création d'un bac en face les escaliers du Rocher pour ne pas porter préjudice aux recettes du pont (11), ramena la demande d'indemnité de la ville à 450.000 francs (12). Le conseil accepta le legs Pavin, qui instituait une rente annuelle de cinq cents francs à partager entre les deux familles catholiques avignonaises les plus chargées d'enfants (13).

(1) Délib. du 13 août 1869. (Acte du 10 juillet 1869 chez Vincenti, notaire).
(2) Délib. du 2 septembre 1869.
(3) Délib. des 19 novembre 1869 et 17 mai 1870.
(4) Délib. des 15 décembre 1869 et 21 février 1870.
(5) Délib. des 15 décembre 1869 et 18 mai 1870.
(6) Délib. des 25 mai et 18 juin 1870.
(7) Délib. des 19 et 27 novembre 1868 et 18 juin 1870.
(8) Délib. des 27 novembre et 23 décembre 1868 ; 31 mai et 8 juin 1869.
(9) Délib. du 19 juin 1869.
(10) Délib. du 19 décembre 1868 et des 3 et 16 mai 1869.
(11) Délib. du 22 février 1868.
(12) Délib. du 29 juillet 1870.
(13) Délib. du 19 juin 1869.

Le pourvoi de la ville en cassation quant à la décision de la cour de Nîmes en ce qui concernait la propriété du local de la rue Dorée ne fut pas heureux (arrêt du 7 avril 1869) ; et le conseil décida de demander à l'État la remise de ce qui restait de cet immeuble (1).

Le règlement de la caisse des retraites des employés communaux fut modifié par le décret du 26 janvier 1870 (2).

Composé, en majorité, des adversaires du gouvernement impérial et de la municipalité (légitimistes, orléanistes et républicains), dès son arrivée à l'Hôtel de ville, le conseil municipal s'était insurgé contre les actes de pression officielle dans les élections. Il délibérait : « que les agents chargés de remettre les cartes électorales ne devraient plus, comme par le passé, y joindre un bulletin de vote, cette pratique étant contraire au principe d'impartialité et de neutralité qui doit être la règle de l'administration municipale, en matière d'élection ». Cette délibération ayant été annulée par l'arrêté du Préfet du 8 décembre 1868, l'assemblée communale résolut d'en appeler de la décision du Préfet au Conseil d'État ; mais le maire se refusa à formuler le pourvoi (3).

Une nouvelle délibération du Conseil contenant des plaintes relatives à des manœuvres officielles dans les élections (la communication des listes électorales avait été refusée aux candidats de l'opposition jusqu'à la veille du scrutin), avait eu le même sort (arrêté du Préfet du 8 décembre 1868). Le maire s'était du reste refusé à signer le procès-verbal (4).

Les conseillers municipaux persistèrent dans leur attitude et le 9 juin 1869, ils protestèrent, une fois encore, contre la pression officielle exercée sur les vieillards des hospices et le personnel de l'asile de Montdevergues, lesquels étaient conduits dans les salles de vote sous escorte !

Maintes fois aussi, elle avait émis des vœux en faveur des franchises municipales et de la nomination des maires et des adjoints par les conseils municipaux (5).

Le 19 juillet 1870, la France et la Prusse se trouvaient en

____

(1) Délib. des 2 juin et 23 août 1869 et du 20 mars 1870.
(2) Délib. du 2 mars 1869.
(3) Délib. des 21 novembre et 23 décembre 1868 et du 9 janvier 1869.
(4) Délib. du 25 novembre 1868.
(5) Délib. des 23 août et 22 novembre 1869 ; des 22 février et 24 mai 1870.

état de guerre. L'Empire allait sombrer et avec lui la municipalité Paul Poncet.

———

Budget de l'exercice 1870 :
Recettes, 749.981 francs ; dépenses, 739.950 fr. 25

———

Conseillers municipaux élus en vertu de la loi du 18 juillet 1837

———

Commission municipale nommée par arrêté du Préfet du 22 octobre 1866, confirmée par décret du 17 novembre 1866, installée le 23 octobre et le 24 novembre 1867

Poncet Paul, Pernod Jules, Almaric Antoine notaire, Amic Désiré négociant, Cordonnier Denis propriétaire, Dayma Jean négociant, Dufour Joseph colonel en retraite, Fortunet Antoine propriétaire, Franquebalme Auguste négociant, Lafont juge de paix, Mahistre Henri négociant, Ollivier-Perret fabricant de produits chimiques, Palun Adrien négociant, Perrot Louis marchand de drap, Reynaud Eugène propriétaire à Morières, Reynier Jacques propriétaire, Rieu Victor négociant, nommés le 16 novembre seulement : Vallabrègues Joseph, Fage Xavier.

———

Elections des 17, 18, 24 et 25 novembre 1868 Installation du 19 novembre 1868

Brun Honoré, Alphandéry, Duverdier, Vallier, Gent Gustave, Poncet Paul, Clément Adolphe, Benoit, Goubet Théophile, Dufour, Palun Adrien, de Rouvière, de Cadillan, Dayma, Layrac, Fauque, Mouret, Alexis François, Desfonds, Cassin Charles, Du Laurens Louis, Lafont, Générac, Foulc Agricol, Meynaud, Ollivier, Perret, Pernod Jules, Goutarel, Guérin, Ducrès, Cluchier.

Guérin démissionna le 10 juillet 1869 à la suite d'incidents survenus à l'occasion d'un débat sur la conduite de son collègue Brun (séances des 19 juin et 10 juillet 1869).

Note - Pièce justificative

Séance du 5 novembre 1866. Rapport du Maire

Messieurs, j'ai jugé utile, au moment de notre entrée aux affaires, de vous donner un aperçu de la situation communale.

Les Administrations précédentes ont exécuté de grands travaux d'utilité publique qui n'ont pu s'effectuer qu'à l'aide d'emprunts. Les sommes nécessaires pour l'amortissement et le service des intérêts ne nous permettent de disposer que d'un modeste excédent de recettes sur les dépenses ; mais, si nous ne pouvons entreprendre des travaux de la même importance, il nous reste cependant une mission non moins utile : celle d'améliorer et de conserver.

Notre part est cependant assez large, et je vais vous indiquer succinctement les améliorations auxquelles pourront s'appliquer nos ressources.

Je placerai en première ligne le pavé, trop négligé jusqu'à ce jour, et à la régénération duquel doivent tendre tous nos efforts.

L'insuffisance du crédit voté l'année dernière n'a pas même permis de faire les réparations les plus urgentes, et je vous proposerai dès à présent le vote d'un crédit sur les fonds libres, pour parer aux exigences les plus impérieuses de la viabilité.

J'appellerai ensuite votre attention sur les écoles.

L'établissement de la rue Bonaparte a amené la démolition du bâtiment de la rue Dorée dans lequel se trouvaient huit classes des écoles communales de garçons : ces classes ont été installées provisoirement dans le bâtiment communal de la rue des Ortolans et dans le local St-Jean ; cette installation qu'il a fallu faire à la hâte dans des locaux d'ailleurs mal disposés ne peut être maintenue, des changements sont commandés par les lois les plus simples de l'hygiène. Je vous présenterai aussi un projet ayant pour but de transférer les huit classes anciennement établies dans la rue Dorée, dans le bâtiment de la rue des Ortolans. Ce transfèrement laissera libres tous les locaux de St-Jean dans lesquels pourront être installées des écoles laïques que la population paraît désirer. Un crédit est déjà ouvert au budget pour l'installation de ces dernières écoles.

Je vous signalerai encore parmi les travaux auxquels vous pourrez dans un avenir plus ou moins prochain, employer vos ressources disponibles :

L'achèvement de l'Hôtel de ville ;

L'achèvement de la restauration des remparts pour laquelle l'Etat vous demande votre concours dans une certaine mesure ;

La réfection des rampes du Rocher ;

L'exhaussement des chaussées de la Durance ;

Et enfin quand la distribution d'eau fonctionnera, l'établissement de fontaines monumentales.

VI

La Troisième République
1870-1884

La Troisième République (1870-1884)

Commission exécutive municipale
(nommée par arrêté du 7 septembre 1870, installée le 12 septembre) (confirmée par arrêté du 26 septembre 1870) et Municipalité Bourges

Maire : Bourges Camille Honoré, nommé Président de la Commission exécutive municipale le 7 septembre 1870, nommé Maire par arrêté du 21 octobre 1870.

Membres de la Commission exécutive : Allamelle, Gent, Guibert, Layrac et Meynaud, nommés par arrêté du 7 septembre 1870.

Allard, Desfonds, Ch. Monnier, Meynaud, Alphandéry, nommés le 4 octobre 1870.

Adjoints : Meynaud Léopold,
Allard Charles,
Alphandéry Aristide,
Desfonds Joseph,
Monnier Charles, nommés le 24 novembre 1870.

Secrétaire en chef : Buisson.

Les élections des 6 et 7 août 1870 avaient amené à l'Hôtel de ville le maire Poncet et ses amis « candidats de l'Union démocratique ». Ils ne devaient pas y faire un long séjour. Le 4 septembre, la République était proclamée à Paris et le 5 au matin, après avoir eu confirmation de cette nouvelle, par le Préfet, Gustave Gent proclamait la République, à Avignon, sur le perron de la Préfecture. Il se rendit ensuite à l'Hôtel de ville avec les citoyens Rateau, Desfonds et Alphandéry et, pour la deuxième fois, proclama le Nouveau Régime de la Liberté, devant une foule enthousiaste. De retour à la Préfecture, suivis de la population avignonaise, Gent et ses amis contraignirent le Préfet et le Maire à faire distribuer des armes au peuple, qui les réclamait, tandis qu'un comité qui se constituait à la Maison commune pour se substituer au conseil municipal, était acclamé, sitôt après, par la foule en armes. Trois membres de ce comité s'en furent siéger à la Préfecture, à côté du Préfet Bohatet ; les Républicains s'emparèrent, sans plus tarder, du télégraphe.

L'effervescence populaire était déjà calmée le 6 septembre. Poujade annonçait à la population que « le gouvernement de la République lui confiait la mission d'organiser la Défense nationale dans Vaucluse en qualité de Préfet » (Note n° 1). Il relevait de ses fonctions le maire provisoire Poncet et investissait des pouvoirs municipaux le comité provisoire par son arrêté du 7 (Note n° 2) ; et, le même jour, organisait le comité de Défense de Vaucluse, chargé de proposer les mesures à prendre pour concourir à la défense nationale, et au besoin, d'organiser dans le Département, la résistance la plus énergique contre l'ennemi (Note n° 3). L'appel de ce comité devait être entendu par les patriotes vauclusiens et les Francs-Tireurs de Vaucluse se distinguèrent avec la légion de Garibaldi (1).

Des élections municipales étaient prévues pour le 25 septembre (Note n° 4) ; l'arrêté du Préfet du 21, prononça la dissolution des conseils municipaux élus au mois d'août et Poujade, dans une vibrante proclamation aux électeurs de Vaucluse, leur demandait de « confier la République aux Républicains » (Note n° 5) ; mais le décret du 24 septembre suspendit les élections projetées (Note n° 6).

Dès le 15 septembre, la commission municipale prenait le nom de « Comité municipal républicain ».

Il s'efforça de coopérer à la défense nationale et à l'affermissement de la République. Tour à tour, il participa à l'organisation de la garde nationale sédentaire (2) ; offrit un drapeau à chacun des Bataillons de la Garde mobile de Vaucluse (3) ; fit distribuer, par les soins du Fourneau économique, des soupes et des portions de viande à dix centimes ; rétablit la taxe du pain qui avait été suspendue par arrêté du 25 août 1867 ; interdit les loteries et les jeux de hasard ; changea le nom du cours et de la rue Bonaparte en celui de cours et rue de la République (4) ; résilia le contrat du Directeur du théâtre pour la saison 1870-71 et

______

(1) La première compagnie des Francs-Tireurs de Vaucluse partit d'Avignon le 26 octobre 1870 (capitaine Fabry de Sarrians), la seconde le 29 du même mois (capitaine Simon de Sorgues).

(2) La garde nationale sédentaire d'Avignon comprenait quatre bataillons, formant un corps de quatre mille hommes environ, sous les ordres du colonel Dufour. Elle fut passée en revue, pour la première fois, au champ de mars le 16 octobre 1870.

(3) Délib. du 15 septembre 1870.

(4) Délib. du 12 septembre 1870.

se refusa à accorder la scène municipale pour l'organisation de concerts « considérant qu'en présence des tragiques
événements qui avaient plongé la France dans le deuil, il
serait honteux d'autoriser l'ouverture de cet établissement » (1).

Le comité décida que tous les emplois de la République
devaient être remplis par des républicains et, conformément
à ce principe, révoqua un certain nombre d'employés municipaux ; il réclama, de même, la révocation des juges
de paix (2).

Il approuva le traité à passer avec l'Etat pour le rachat
du péage du pont, la ville devant recevoir une indemnité
de 450.000 francs (3) ; et établit le budget de l'exercice 1871
avec un excédent de recettes de 94.974 fr. 60, ce qui l'amena à constater que la situation financière de la ville était
prospère. Il avait décidé l'émission d'un emprunt de
500.000 francs, gagé sur les ressources ordinaires de la
ville, remboursable en dix annuités et destiné à permettre
à la ville de contribuer à la défense nationale. Autorisé par
l'arrêté du Préfet du 12 octobre 1870, cet emprunt ne fut
souscrit qu'en partie (4).

Pour protester, à la fois, contre la décision préfectorale
qui soumettait à une réélection les membres de la commission exécutive, et les révocations en masse qui lui répu-
gnaient, Guibert donna sa démission et fut suivi, dans sa
retraite par Allamelle et Jacquet (5), et la commission exécutive se constitua alors avec Monnier Charles, Allard, Alphandéry et Desfonds en remplacement de Gent et Layrac
qui se retirèrent et de Guibert et Allamelle démissionnaires. Meynaud conserva ses fonctions (6).

Mais déjà la commission était attaquée avec violence par
une partie de la presse locale, et notamment par « l'Etoile
de Vaucluse, « le Méridional » et « l'Union de Vaucluse ».
Elle constatait la tiédeur que le Procureur de la République
mettait à poursuivre les « journaux de la Réaction » et
émettait le vœu que « le Gouvernement de la Défense nationale procéda, sans plus tarder, à la nomination d'un
Commissaire spécial pour le Département de Vaucluse,
homme d'un caractère énergique, muni de pleins pouvoirs,

(1) Délib. des 12 et 15 septembre 1870.
(2) Délib. du 21 septembre 1870.
(3) Délib. du 21 septembre 1870.
(4) Délib. des 20, 24 et 27 septembre et du 7 octobre 1870. :
(5) Délib. des 3 et 4 octobre 1870.
(6) Délib. du 4 octobre 1870.

et dont la principale mission serait de s'opposer, par toutes les mesures qu'il jugerait devoir prendre, à la marche de plus en plus envahissante de la réaction monarchique » (1).

Par arrêté en date du 21 octobre, le Préfet Poujade nommait Bourges maire d'Avignon ; Meynaud, Allard, Alphandéry, Desfonds et Monnier adjoints.

Une réunion avait été tenue, le 19 octobre à la salle Kalèche, boulevard Limbert, qui désigna les citoyens Benezech, Besson, Nolane et Tombereau aîné, pour remplacer Gent (2), Guibert, Allamelle et Jacquet, membres démissionnaires du conseil municipal (Note n° 7).

En conformité de la loi de 1832 qui portait à trente, le nombre des conseillers municipaux d'Avignon, le Préfet accepta d'investir des fonctions de conseiller municipal le citoyen Benezech, choisi par l'assemblée municipale (27 octobre 1870). Cette nomination rétablit l'assemblée communale à un chiffre légal (3).

A cette époque Garibaldi traversa Avignon. La commission municipale assista en corps à son arrivée, avec la garde nationale (4) et Charles Monnier s'engagea dans la cohorte du patriote italien (5).

Tandis que les événements malheureux se succédaient sur le théâtre de la guerre, la commission municipale votait des secours aux familles des soldats (6) et faisait aménager le bâtiment de l'ancienne douane en ambulance (7).

Elle décidait que la ville verserait le premier douzième à la caisse des retraites pour les employés municipaux dont le traitement serait inférieur à mille francs, puis demandait au gouvernement de rapporter le décret organisant la caisse de retraite pour ces mêmes employés (8).

La commission municipale se déclarait pour le maintien de la nouvelle commune de Morières (9) ; se prononçait en faveur de la suppression des quêtes dans les cafés-concerts, pratique dont l'immoralité était flagrante (10) ; et accordait la participation de la ville dans les travaux d'exhaussement des digues de la Durance (30.000 francs) (11).

---

(1) Délib. du 10 octobre 1870.
(2) Gent venait d'être nommé Sous-Préfet de Saint-Marcellin.
(3) Délib. des 19 et 27 octobre 1870.
(4) Délib. du 7 octobre 1870.
(5) Délib. du 27 octobre 1870.
(6) Délib. du 7 octobre 1870.
(7) Délib. du 26 novembre 1870.
(8) Délib. des 27 octobre et 29 novembre 1870.
(9) Délib. du 13 octobre 1870.
(10) Délib. du 2 mars 1871.
(11) Délib. du 15 décembre 1870.

Un conflit surgit entre la commission et l'autorité préfectorale (octobre 1870) à l'occasion de la suppression au budget communal du crédit des subventions aux conseils de fabrique (1). Les rapports entre la mairie et la Préfecture se tendaient chaque jour davantage et le 15 novembre 1870, la commission municipale émettait le vœu que « la commune ne relevât plus de la Préfecture et que, dès que le conseil aurait délibéré sur une affaire purement municipale, il n'y aurait pas lieu de la transmettre, avant de pouvoir la faire exécuter, à l'autorité préfectorale ». Une fois encore, le 8 avril 1871, elle réclamait l'émancipation des communes, demandait la destitution de tous les fonctionnaires de l'Empire (2) et protestait contre la révocation du commissaire central par le chef du pouvoir exécutif de la République (« révocation d'un fonctionnaire républicain par un gouvernement qui se dit républicain ») (3). Dans une adresse à l'Assemblée nationale, elle s'élevait contre les mesures prises envers le Peuple de Paris (Note n° 8).

Si la nouvelle de la capitulation de Metz provoqua l'indignation de la population avignonaise et de ses municipaux, du moins ils n'en furent pas abattus et la commission municipale engageait le gouvernement à poursuivre la guerre énergiquement et à ne traiter que sur les bases de l'intégrité du territoire (4). Elle avait émis un vœu, le 10 novembre 1870, en faveur de la mise hors la loi de « Louis Napoléon Bonaparte, ex-Empereur des Français, qui avait capitulé à Sedan et de l'ex-maréchal Bazaine qui avait capitulé à Metz ». (Note n° 9). Et le 3 mars 1871, elle décidait de placer, dans le pérystile de l'Hôtel de ville, une plaque portant une inscription destinée à rappeler aux générations futures les fatales conséquences du régime subi pendant vingt ans (5).

La commission s'était déclarée en permanence, le 21 mars 1871, « pour être prête à tout événement, vu la gravité des circonstances et, le 24, elle faisait placarder sur les

---

(1) Délib. du 13 octobre 1870.
(2) Délib. du 7 décembre 1870.
(3) Délib. du 8 avril 1871.
(4) Délib. du 3 novembre 1870.
(5) Tex'e de la plaque placée dans le péristyle de l'Hôtel de ville : « L'Assemblée nationale, dans les circonstances douloureuses que traverse la Patrie, En face de protestations et de réserves inattendues, confirme la déchéance de Napoléon III et de sa dynastie et le déclare responsable de la ruine, de l'invasion et du démembrement de la France.
(Proposition de M. Target votée par l'Assemblée nationale à la séance du 1" mars 1871).

murs de la ville, un manifeste relatif à la conduite du gouvernement de Versailles et à l'insurrection de Paris et dans lequel elle s'élevait contre les tendances monarchiques de l'Assemblée nationale (Note n° 10).

Et tandis qu'à Avignon, comme dans toute la France, se poursuivait la querelle des partis, les Mobiles de Vaucluse avaient quitté notre ville dans les premiers jours du mois de janvier 1871. Le Préfet de Vaucluse, dans une proclamation, faisait appel à leur patriotisme pour protéger leur petite Patrie contre l'invasion (Note n° 11). Dirigés tout d'abord sur les camps d'instruction de Lyon, puis de Nevers et de La Châtre, ils ne devaient pas tarder à participer aux combats de l'armée de la Loire.

Comme si ce n'était pas assez des maux de la guerre, une violente épidémie de variole vint faire de nombreuses victimes dans la population d'Avignon aux mois de mars et avril 1871.

Les élections municipales eurent lieu le 30 avril et le 8 mai 1871. Deux listes étaient en présence dès le premier tour de scrutin : celle de « l'Union Républicaine » et celle des « conservateurs » dite de « conciliation ». La première s'assura dix-huit sièges au conseil municipal, la seconde quatre. Les cinq candidats républicains l'emportèrent de cent voix sur leurs adversaires au second tour. Le comité Républicain d'Avignon avait publié un manifeste contre les partis monarchiques (Note n° 12).

Installé le 10 mai par le maire Bourges, qui en avait reçu la mission du Préfet, le nouveau conseil adressait, ce même jour au représentant du gouvernement dans Vaucluse, un vœu pour réclamer la prérogative de l'élection du maire et des adjoints et il désignait au choix du gouvernement pour remplir ces fonctions MM. Poncet, Allamelle et Meynaud (Note n° 13).

Il rédigeait, le 14 mai 1871, une adresse à l'Assemblée Nationale : « Au nom de la Patrie envahie, nous vous adjurons d'ôter tout prétexte aux partis monarchiques et tout espoir aux fauteurs de troubles, quels qu'ils soient, en affirmant résolument la République, seul gouvernement capable d'assurer désormais l'ordre et la stabilité, en étendant les mêmes franchises à toutes les communes sans distinction, en vous inspirant enfin d'un véritable esprit de conciliation et de paix ».

Et une adresse des Avignonais à ses édiles leur enjoignait, deux jours après, de désigner des délégués pour se joindre à ceux des autres municipalités qui devaient se réunir à

Lyon et à Bordeaux afin de réclamer à l'Assemblée Nationale de véritables institutions républicaines. Cette adresse fut renvoyée à une commission spéciale qui conclut en donnant son adhésion au manifeste rédigé par les délégués réunis à Lyon (Notes n° 14) et fit adopter ses conclusions par le conseil municipal.

Celui-ci dut encore enregistrer une nouvelle adresse des Avignonais réclamant la réorganisation de la Garde Nationale : « Considérant que d'heure en heure le gouvernement peut être violemment attaqué par les ennemis de la République ; considérant qu'à Avignon le pouvoir reste désarmé par la dissolution de la Garde nationale tandis que la société des « Amis de l'Ordre » présente un véritable danger invitent le conseil municipal à s'occuper de la réorganisation de la Garde nationale ». Transmise au comité de recensement (1) cette nouvelle adresse n'eut aucune suite.

En désaccord avec le préfet Gigot, l'assemblée communale protesta contre les autorisations de débits de boissons accordées par ce haut fonctionnaire, sans consulter le maire et demanda pour la municipalité seule le droit d'autoriser ces débits (2).

Elle s'éleva à nouveau à la fois contre la révocation de deux commissaires de police nommés par Poujade, « ces deux fonctionnaires parfaitement honorables, n'ayant pas démérité » et la réintégration des anciens commissaires de l'Empire, révoqués lors de la proclamation de la République ; et réclamait, pour la ville, le droit de choisir les commissaires de police dont elle assumait la charge des traitements (3).

Enfin, le 30 mai 1871, le conseil municipal prenait connaissance d'une lettre dans laquelle le Préfet protestait auprès du Maire contre les délibérations relatives aux autorisations de débits de boissons et aux révocations des commissaires de police. Et l'assemblée ne put que constater que cette lettre avait été communiquée à la Presse en même temps qu'elle était expédiée au Maire, et elle maintint ses délibérations.

Entre temps, l'édilité s'était préoccupée de l'installation des eaux de la ville à l'abattoir (4) ; elle avait décidé la suppression des prélèvements opérés au bénéfice de la caisse

---

(1) Délib. du 22 mai 1871.
(2) Délib. du 19 mai 1871.
(3) Délib. du 19 mai 1871.
(4) Délib. du 19 mai 1871.

de la police sur les taxes de visite des filles publiques (1) et créé dans son sein quatre grandes commissions permanentes consultatives nommées, par elle, à la fin de chaque session (2).

Avant d'abandonner leurs fonctions, le maire et les adjoints témoignèrent, aux employés municipaux, leur satisfaction pour le concours qu'ils leur avaient apporté.

Budget de l'exercice 1871 :
759.122 fr. 85 en recettes, 664.148 fr. 25 en dépenses.

Comité municipal républicain
nommé le 7 septembre 1871, installé le 12 septembre

Allamelle démissionnaire le 4 octobre 1870, Allard, Alphandéry, Ayme, Bayol, Bourges, Cabrol, Cartoux, Chazard, Clément Auguste, Desfonds, Donzet, Dumas, Farnaud, François François, Gallas, Gent G., Guibert démissionnaire le 3 octobre 1870, Jacquet démissionnaire le 4 octobre 1870, Joly, Lauriol, Layrac, Lescarcelle, Magallon, Meynaud, Monnier Charles s'engage dans les Garibaldiens le 27 octobre 1870, Mouret, Niquet père, Quioc, Raveau, Sagnard, Savoyat, Trouillas, Benezech Antoine nommé par la commission le 27 octobre 1870.

Conseillers municipaux élus en vertu de la loi
du 18 juillet 1837

Conseillers municipaux élus le 30 avril et le 7 mai 1871 installés le 10 Mai 1871

Poncet Paul, Olivier, Perret Jules, Escoffier René, Allamelle Alphonse, Lauriol Ernest, Favre de Thierrens Char-

(1) Délib. du 19 mai 1871.
(2) Délib. du 20 mai 1871.

les, Alric Louis, Valayer Théophile, Meynaud Léopold, Raveau Eugène, Terrasse Edouard, Justet Adrien, Dufour Emilien, Dumas Joseph, Boucherle Henri François, Faure Nicolas, Brunet Joseph, Escoffier Alexis, Jacquet Charles, Cousin Eugène, Yvaren Prosper, Clauseau Aimé, Garde Benoit aîné, François François, Nimal Xavier, Bourges Honoré, Quioc Jean Agricol.

Notes - Pièces justificatives

NOTE N° 1

Proclamation du Préfet Poujade

RÉPUBLIQUE FRANÇAISE. — LIBERTÉ EGALITÉ, FRATERNITÉ

Avignon, le 6 septembre, 5 heures du soir.

Le Gouvernement de la République me confie la mission d'organiser la Défense nationale dans Vaucluse en qualité de Préfet.

J'accepte à titre provisoire cette difficile mission. Je n'ai pas besoin de vous dire qui je suis, vous me connaissez. Je suis Républicain.

La République a été accueillie avec enthousiasme. Elle est l'espoir et sera le salut.

Nous l'avons saluée, nous l'avons acclamée. Maintenant assez de fêtes, assez de chants, assez de bruit. La Patrie est en danger. Organisons sa Défense.

Aux armes, citoyens !

Nous aurons des armes, soyons citoyens !

Nous avons tous des fatigues et des douleurs à supporter et des devoirs à remplir.

Nous les supporterons en hommes et les remplirons en Républicains.

Le Préfet de Vaucluse,
Signé : POUJADE.

NOTE N° 2

Le Préfet de Vaucluse, en vertu des pouvoirs qui lui ont été conférés par le Gouvernement de la Défense Nationale,

ARRÊTE :

ARTICLE PREMIER. — Le Comité provisoire composé des citoyens :

Allamelle, Allard, Alphandéry, Ayme, Bayol, Bourges, Cabrol, Cartoux, Chazard, Clément Auguste, Desfonds, Douzet, Dumas, Farnaud, Français François, Gallas, G. Gent, Guibert, Jacquet, Joly, Lauriol, Layrac, Lescarcelle, Magallon, Meynaud, Monier Charles, Henri Mounier, Mourret, Niquet père, Quioc, Raveau, Sagnard, Savoyat, Trouillas, est investi des pouvoirs municipaux de la commune d'Avignon.

ARTICLE 2. — Une Commission prise dans ce Conseil préside à ses délibérations et administre. Elle est provisoire et se compose des citoyens :

Allamelle, Bourges, G. Gent, Guibert, Layrac et Meynaud.

ARTICLE 3. — Monsieur Paul Poncet, maire provisoire, est relevé de ses fonctions.

Avignon, le 7 septembre 1870.

Le Préfet de Vaucluse,

Signé : POUJADE.

NOTE N° 3

RÉPUBLIQUE FRANÇAISE. — LIBERTÉ ÉGALITÉ, FRATERNITÉ

Comité de défense de Vaucluse

ARTICLE PREMIER. — Il est institué à Avignon un Comité chargé de proposer les mesures, et, au besoin, d'organiser dans Vaucluse la résistance la plus énergique contre l'ennemi.

ARTICLE 2. — Le Comité qui doit comprendre, sans distinction d'opinion, des citoyens compétents ou aptes à être utiles à la Patrie, est composé de la manière suivante :

MM. Duval, général de brigade, président ; De Rouvière, ancien lieutenant-colonel du génie, vice-président ; Hardy, ingénieur en chef du département ; Croux, commandant de la Gendarmerie de Vaucluse ; Rondel, ingénieur du service du Rhône ; Bourges et René Escoffier, anciens officiers; Raveau et Gent, anciens sous-officiers ; Henri Paul, chef de Division des travaux publics à la Préfecture ; Cabrol, rédacteur du « Démocrate du Midi », secrétaire ; Perre, ingénieur constructeur à Avignon.

Avignon, le 7 septembre 1870.

Le Préfet de Vaucluse,
POUJADE.

Habitants de Vaucluse,

Le Préfet de la défense nationale dans Vaucluse nous appelle à l'honneur de l'aider dans l'organisation de cette défense ; nous acceptons sans hésiter cette mission, qui se présente à nous sous un double aspect :

Concourir par tous les moyens dont dispose le département à la défense de la capitale menacée ;

Organiser, de concert avec les départements voisins et dans le cas où Paris, vaincu, l'invasion s'étendrait jusqu'à nous, une résistance à outrance contre l'ennemi commun.

Pour atteindre le premier de ces résultats, nous adressons un énergique appel au patriotisme et au dévouement de tous. Un bataillon de francs-tireurs volontaires, supérieurement armé et équipé, sera formé par nos soins.

Nous demandons dans ce but des hommes et de l'argent.

Une souscription sera ouverte au secrétariat de toutes les mairies ; le département, les communes, les particuliers, doivent s'imposer de patriotiques sacrifices. Il vaut cent fois mieux employer notre argent à combattre, à arrêter, à chasser les Prussiens, que le voir servir à acquitter le montant de leurs insolentes réquisitions.

Les hommes jeunes et valides, ceux qu'enflamme le noble amour de la Patrie, répondront, nous en sommes certains, à l'appel que nous leur adressons.

A Avignon, le bureau de recrutement ouvert à la mairie, dans les communes, MM. les secrétaires voudront bien recevoir et nous transmettre les engagements des francs-tireurs volontaires. Que ceux-ci sachent d'ailleurs qu'une haute solde de trois francs par jour leur est réservée, que le Comité de défense se charge de pourvoir aux besoins de leurs familles ; qu'ils sachent aussi que le Comité ne les perdra jamais de vue ; que sa vigilante sollicitude les suivra partout où pourront les conduire les hasards de la guerre.

Notre appel a déjà été entendu. De tous les côtés on nous presse d'ouvrir les registres d'engagements. Le département met à notre disposition les fonds nécessaires aux premières dépenses, la ville d'Avignon va s'imposer un noble sacrifice, le président de la Chambre de Commerce et ses collègues nous offrent de prendre notre souscription sous leur patronage, enfin de simples particuliers ont tenu à honneur de s'inscrire les premiers et pour des sommes dont l'importance est de bonne augure.

Habitants de Vaucluse,

Levez-vous tous et préparez-vous à nous seconder ! A Paris d'abord, et si le sort des armes nous trahit encore sur les rives de la Seine, ménageons-nous une glorieuse revanche dans notre pays. Vaucluse est l'avant-garde de l'extrême Midi, la sentinelle avancée de la Provence et du Languedoc, si la fortune continue à nous être contraire dans le Nord sans places fortes, rien qu'à l'aide de notre patriotisme, en défendant les passages et les défilés de nos montagnes, nous pouvons encore faire un mal énorme à l'ennemi.

Debout donc ! C'est l'heure des grands, des suprêmes sacrifices : il s'agit de montrer aux barbares germains qu'ils n'ont rien fait contre la France tant qu'il leur reste contre elle quelque chose à faire.

Pour le Comité de Défense :

Le Président du Comité,

Général Duval.

Le Secrétaire du Comité,
Auguste Cabrol.

NOTE N° 4

République Française
Préfecture de Vaucluse. — 1re Division
Elections municipales

Avignon, le 20 septembre 1870.

Le Préfet de la Défense Nationale dans Vaucluse à MM. les Maires du département.

Monsieur le Maire,

Vous recevrez incessamment un placard relatif aux élections municipales qui auront lieu dimanche 25 du courant.

Je vous prie d'assurer l'exécution des dispositions qu'il contient.

Je vous renvoie les listes des votants qui ont servi dans les dernières élections et dont vous pourrez faire usage dans cette circonstance, en indiquant les nouveaux émargements, à l'encre bleue ou à l'encre rouge pour les distinguer des anciens.

Vous éviterez ainsi un travail de copie.

Vous pourrez faire à la liste ci-jointe les additions que vous jugerez convenables.

Veuillez bien me renvoyer cette liste avec les procès-verbaux et le résultat du vote, immédiatement après les opérations électorales.

Agréez, Monsieur le Maire, l'assurance de ma considération très distinguée.

Le Préfet de Vaucluse,

Signé : POUJADE.

NOTE N° 5

RÉPUBLIQUE FRANÇAISE. — LIBERTÉ EGALITÉ, FRATERNITÉ

Préfecture de Vaucluse

Elections municipales du 25 septembre 1870

Aux Electeurs de Vaucluse.

Electeurs,

Vous connaissez les circonstances extrêmes qui ont porté au pouvoir les hommes de la République.

La République a été acclamée non comme le triomphe d'un parti, mais comme la fin des partis et comme le suprême moyen de salut.

Vive la République.

Son gouvernement a tous les courages, celui des grandes mesures qui assurent la défense nationale et celui des mesures loyales qui assurent les libertés publiques. Il court à tous les ennemis et à tous les dangers à la fois. Il a une grande hâte, celle du bien.

A ce mouvement qu'il suscite, on sent que les heures héroïques sont revenues pour la France, un esprit nouveau devait se former pour nous tirer des torpeurs et des hontes impériales. Il se forme au milieu des ruines et des désastres, mais on le sent palpiter dans les âmes : la France est sauvée.

Electeurs de Vaucluse,

Vous êtes convoqués pour élire vos Conseils communaux. Cette fois, enfin, c'est vous-mêmes et vous seuls qui les élirez.

Mais il ne suffit pas que le vote soit libre, il faut qu'il soit réfléchi. Réfléchissez.

La République n'est pas un expédient : elle est un gouvernement et le seul qui puisse nous unir tous dans un même lien politique et dans un même élan national, vous les briserez, si vous cachez sous vos suffrages des préoccupations hostiles et des rêves dynastiques.

En pleine prospérité et en pleine paix, il aurait été de l'intérêt de tous de fonder la République qui est le gouvernement de tous.

En présence de l'ennemi envahisseur et de la République debout devant lui, oser la menacer ou même la desservir ne serait qu'une triste folie.

Vous qui ne l'avez ni désirée ni préparée, n'hésitez pas, donnez-lui la main, votez pour elle. Confiez la République aux républicains. Nous jurons tous de vous la faire aimer. Jurez avec nous de la faire vivre.

Et nous, les hommes de la veille, puisque ce ne sont pas les principes qui nous divisent, ne nous laissons pas diviser par nos prétentions. Servons-la avec dévouement et avec abnégation. La République n'est pas une proie.

Electeurs,

L'invasion souille notre sol ; la guerre le désole... où sera la paix ? où sera cette paix honorable et garantie qu'il nous faut ? Dans la résistance de Paris, dans les victoires de nos armes, elle sera aussi dans notre courage à tous et dans nos sacrifices. Faisons-lui d'abord celui de nos compétitions et celui de nos rancunes.

Que le scrutin de dimanche soit un autel de la Patrie d'où sortira la France régénérée et la République immortelle.

Avignon, le 21 septembre 1870.

Le Préfet de la Défense Nationale
dans Vaucluse,

POUJADE.

NOTE N° 6

Préfecture de Vaucluse. — Cabinet du Préfet

Revision des Listes électorales

Avignon, le 29 septembre 1870.

Le Préfet de la Défense Nationale dans Vaucluse, à MM.
les Maires du département.

Monsieur le Maire,

Par ma circulaire en date du 20 septembre courant, je
vous ai chargé de veiller à la revision des listes électorales.

Quoique suspendues par le décret du 24 de ce mois, ces
élections ne sont pas définitivement ajournées.

Je vous prie donc, Monsieur le Maire, de donner des ordres pour que le travail de révision des listes se fasse le
plus activement et le plus régulièrement possible.

Vous voudrez bien prendre les mesures nécessaires pour
faire connaître, à tous vos administrés, les dispositions du
décret du 15 septembre 1870, afin qu'aucune omission ne
soit à regretter.

Je compte sur votre zèle pour assurer la prompte exécution des présentes instructions.

Agréez, Monsieur le Maire, l'assurance de ma considération très distinguée.

Le Préfet de Vaucluse,

Signé : POUJADE.

NOTE N° 7

Réunion Kalèche

Séance du 19 octobre 1870

Présidence du citoyen Benezech ; assesseurs les citoyens
Payen et Nolane ; secrétaire Bernard.

La séance s'ouvre à 9 heures.

La réunion de ce jour ayant été provoquée dans la séance
du 17 courant, par le citoyen Bayol qui avait eu l'honneur
de la présidence, à l'effet de procéder à la nomination de
quatre membres à adjoindre au comité municipal d'Avi-

gnon par suite de la démission des citoyens G. Gent, Guibert, Allamelle et Jacquet et, le citoyen Bayol étant absent, le citoyen Boudoux rappelle que tous les citoyens présents ont à faire l'élection de quatre membres du Comité municipal provisoire.

Le citoyen Aurouze demandant la parole qui lui est accordée dit qu'il n'y a aucun besoin d'élire des conseillers attendu que le Conseil municipal est toujours contrarié par une autorité plus élevée.

Les citoyens se prononcent énergiquement pour l'urgence des nominations et pour la prochaine présence des nouveaux membres au Conseil municipal.

Le citoyen président Benezech propose alors à l'assemblée de choisir ses candidats.

Après délibération sont acclamés à une majorité imposante les citoyens dont les noms ci-après : Benezech, Besson, Nolane, Tomberau aîné.

Le citoyen Benezech, après sa nomination, dit aux citoyens assemblés au nombre de cinq cents environ qu'il accepte d'être membre du Comité municipal pour élever sa voix de toute la force de son idée afin d'obtenir la révocation de tous les employés ayant été ceux du régime déchu.

La séance est levée à 10 heures du soir.

Le Secrétaire,

BERNARD.

Transmis à Monsieur le Préfet la présente décision du Comité Kalèche, que je viens de recevoir à l'instant et sur laquelle il ne m'appartient pas de décider la plus petite chose. Seulement le Conseil étant actuellement composé de 29 membres, je ne vois aucun inconvénient à ce que M. Benezech le 1ᵉʳ sur la liste de présentation fasse le 30ᵉ, ce qui complète le Conseil au chiffre de 30, fixé par l'ancienne loi de 1832.

Le 21 octobre 1870.

Le Maire,

BOURGES.

NOTE N° 8

Séance du 8 avril 1871

Adresse à l'Assemblée de Versailles

Le Comité municipal républicain délibère d'envoyer à l'Assemblée Nationale de Versailles, l'adresse suivante :

Messieurs les Députés,

Le Conseil municipal républicain de la ville d'Avignon,

Issu d'un mouvement populaire aussi légitime que celui qui a fait proclamer certains souverains, mouvement populaire qui a amené la proclamation de la République, au fonctionnement de laquelle vous devez vous-même votre mandat de député ;

Croit devoir, dans son amour profond de l'ordre, vous adresser l'expression douloureuse du sentiment que lui fait éprouver votre politique à l'égard du peuple parisien qui, dans le siège qu'il a subi s'est montré digne de rester, comme par le passé, le cœur et la tête de la France.

Le Conseil municipal du chef-lieu de Vaucluse est d'autant plus autorisé à vous exprimer ses regrets et ses vœux que le département n'est point représenté dans votre Assemblée et qu'au lieu de décréter de nouvelles élections, qui sont commandées par la justice, vous les ajournez indéfiniment.

Le Conseil, ému des combats fratricides sur la terre française, se demande comment les hommes de la plus haute position, parmi vous, n'ont pas trouvé dans leurs cœurs, pendant la guerre un de ces cris puissants qui donnent du courage aux plus faibles tandis qu'aujourd'hui en pleine paix, et n'ayant qu'à réparer les désastres de la guerre, ils trouvent des héros dans une force militaire (la Gendarmerie) restée sans emploi au moment suprême.

Le Conseil se demande aussi par quel concours de circonstances étranges, les généraux manquaient de troupes devant les soldats du roi Guillaume, tandis qu'aujourd'hui votre Assemblée en trouve qui savent vaincre et mourir pour elle.

Le Conseil regrette que le concours des troupes bonapartistes et royalistes vous soit nécessaire pour faire triompher le grand principe d'autorité qui ne saurait se séparer de celui de justice.

Il affirme que l'opinion publique est pour le respect de

vos délibérations, sous la réserve expresse qu'elles auront lieu dans la forme et dans la limite du mandat de vos concitoyens.

Consultez le suffrage universel sur la politique que vous suivez. Demandez au peuple souverain de qui vous tenez vos pouvoirs, s'il vous a donné celui d'annihiler le principe si fécond des libertés communales, et de réduire Paris, le centre et l'objectif de toute civilisation au rôle d'une simple bourgade.

Votre place, après la paix, ne devait être qu'à Paris. La crainte d'un coup de main n'a pu être qu'un prétexte, car une politique loyale, conciliante et franchement républicaine, n'a rien à redouter du peuple parisien.

L'appel que vous avez fait à des volontaires départementaux a échoué dans Vaucluse, et sans le désirer par amour de l'ordre, le Conseil serait tenté de vous dire : Essayez la contre-épreuve.

En résumé, le Conseil municipal républicain d'Avignon, qui a protégé la sécurité des personnes et des propriétés, et qui doit ce résultat heureux à un esprit de conciliation, vous conjure, au nom de l'humanité, et en haine des révolutions qui font horreur aux honnêtes gens de tous les partis, de faire cesser ces combats contre des français, contre des frères.

L'emploi de la gendarmerie n'a porté bonheur à aucun Gouvernement, et le concours des forces royalistes ne prouve pas l'excellence de votre politique que vous affirmez être républicaine.

Puisque vous êtes si forts, soyez grands par la concorde, par la paix, par le pardon au besoin, et l'histoire, cette vengeresse des droits méconnus, dira que vous avez respecté chez les autres ce qu'on a respecté chez vous, dans des jours plus orageux que ceux auxquels la République vous a fait sortir de votre effacement.

Le Conseil municipal s'inspirant profondément de son amour de l'ordre, déclare donc avoir horreur de la guerre civile et pense que vous pourrez la faire cesser par quelques mesures franchement républicaines.

Il voit avec douleur que toutes vos discussions ne tendent qu'à substituer à ce qui a été depuis le 4 septembre un état de choses vieilli et condamné par l'exemple des gouvernements déchus.

Il est convaincu qu'une pareille politique ne peut que prolonger la guerre civile, et que son triomphe fut-il complet, me ferait qu'ajourner une autre révolution dont les conséquences seraient désastreuses, parce que les citoyens trompés déjà plusieurs fois dans leurs espérances les plus légitimes, se livreraient peut-être à des représailles sans frein !

Le Conseil municipal républicain d'Avignon vous donne un spectacle assez rare, celui de citoyens indépendants ayant accompli leur devoir dans les mauvais jours, et sachant dire la vérité aux forts.

Cette adresse n'est pas sans doute une adhésion sans réserves.

Il ne tient qu'à vous qu'elle prenne ce caractère, et les soussignés satisfaits de pouvoir bientôt se retirer d'un poste qu'ils n'ont point ambitionné, ne cesseront de proclamer leur foi, parce que la République seule peut faire le bonheur des peuples, parce qu'elle est de droit légitime, et parce qu'elle est impérissable dans tous les nobles cœurs qui aiment leurs semblables.

Cette adresse sera livrée à la publicité.

NOTE N° 9

Séance du 10 novembre 1870

Vœu relatif à Napoléon et Bazaine

En présence de l'infâme conduite de Louis Napoléon Bonaparte, ex-Empereur des Français, qui a préféré, pour sauver sa vie, capituler à Sedan,

En présence de ses nouveaux agissements,

En présence de l'odieuse conduite de l'ex-maréchal de France Bazaine, qui en capitulant à Metz, ont tous deux livré à l'étranger un matériel de guerre important, deux places de guerre, et fait faire prisonniers sans chercher à combattre, deux armées qui auraient pu changer la situation des choses,

Le citoyen Joly émet le vœu que ces deux noms soient voués à l'exécration de tous les Français, et que, pour cela faire, le Gouvernement de la Défense Nationale oblige les Maires de chaque commune à faire graver sur une pierre qui serait placée sur la place publique, ces deux noms maudits, en les déclarant traîtres à la Patrie et hors la loi, ainsi que procédaient nos pères en 89.

Ce vœu est adopté à l'unanimité.

NOTE N° 10

Séance du 24 mars 1871
Comité municipal. Manifeste

Après une courte discussion sur la rédaction d'un manifeste à adresser à la population avignonaise au sujet de la conduite du Gouvernement de Versailles, et de l'insurrection de Paris, le Conseil adopte la délibération suivante :

Le Conseil municipal,

Considérant que depuis le 4 septembre 1870, le Gouvernement de la République a usé de la plus grande magnanimité à l'égard des personnages qui, par leur coupable dévoûment au régime impérial, ont conduit la France dans un abîme de ruine et de déshonneur ;

Considérant qu'en retour de cette magnanimité, le peuple Français a des droits souverains à la forme républicaine qu'il a proclamée, et, qui seule peut nous ramener dans les voies de la prospérité et effacer plus tard de la mémoire des hommes les fastes criminels de 1849 à 1870 ;

Attendu qu'une circulaire émanant du Gouvernement de Versailles honore des sympathies les plus imméritées les hommes qui ont le plus contribué à maintenir l'infâme Gouvernement auquel nous devons tous nos malheurs ;

Attendu que ces témoignages étranges de sympathie ont pu faire douter à bon droit de la loyauté des intentions du Gouvernement de Versailles, aggraver ainsi les troubles fratricides de Paris, et provoquer ceux de Lyon, Marseille, etc.;

Attendu que la proposition votée d'urgence par l'Assemblée législative et rendant aux Conseils généraux de l'empire, le droit de se constituer au lieu et place de ceux qui ont été constitués par la République dans un tout autre esprit, est de nature à soulever les méfiances les plus légitimes sur l'intention inqualifiable du Gouvernement de Versailles d'imposer de nouveau à la France les hommes et les choses de l'Empire ;

Considérant que de l'ensemble de la dépêche signée Thiers et de la proposition ci-dessus (sans parler d'autres projets réactionnaires qui prennent un certain caractère de probabilités) il résulte évidemment que le Gouvernement de Versailles a hâte d'en finir avec la République ;

Considérant encore qu'il résulte des bruits publics que le Gouvernement de Versailles aurait fait appel aux forces prussiennes pour assurer l'exécution de certains de ses actes, forfaiture qui serait aux yeux de l'histoire et de l'avenir **un crime irrémissible** ;

Délibère,

Dans l'intérêt de l'ordre public et de la forme républicaine qu'il est fermement décidé à faire respecter,

Que s'il y a lieu en raison de son éloignement de Paris, le cœur et la capitale de la France et même du monde entier, de ne pas se prononcer pour une révolution à laquelle l'importance secondaire de la ville d'Avignon ne lui permet d'apporter un concours effectif ;

Il croit de son devoir de protester hautement contre les tendances monarchiques de l'Assemblée de Versailles qui étaient de nature à faire pressentir cette lutte intestine qui afflige tous les bons citoyens,

Et émet le vœu énergique et ferme du maintien absolu de la République.

NOTE N° 11

RÉPUBLIQUE FRANÇAISE. — LIBERTÉ, EGALITÉ, FRATERNITÉ

Préfecture de Vaucluse

Aux Gardes nationaux mobilisés de Vaucluse.

Citoyens,

Vos compagnies sont formées, vos chefs sont nommés, vous êtes exercés, la plupart habillés, équipés, vous le serez tous dans quelques jours : vous êtes soldats.

Le chef qui doit être mis à la tête des quatre légions de Vaucluse, va bientôt arriver. Le gouvernement a choisi un militaire digne de vous commander ; qu'il vous trouve dignes de la grande cause que vous allez défendre sous ses ordres.

Vous allez quitter la commune pour la caserne, pour le camp, pour l'armée, mais si vous la quittez c'est pour aller la protéger contre l'invasion et pour aller aider des compatriotes, des Français comme vous à reconquérir la leur.

D'autres mobilisés comme vous, vous ont déjà précédés et sont maintenant devant l'ennemi. Vous auriez honte, le département tout entier aurait honte, si on vous laissait tarder davantage.

Il faut mettre fin à cette guerre horrible. Vous n'y pouvez mettre fin que par la victoire. La paix avec l'Allemagne victorieuse, et maîtresse d'un tiers de la France ce serait encore la guerre, toujours la guerre, mais la guerre dans la honte, la guerre dans la ruine et peut-être dans l'anarchie.

Voyez Paris, lui laisserez-vous le privilège du patriotisme, des vertus civiques et des actes sublimes, lui laisserez-vous tout l'honneur de la délivrance. Laisserez-vous aux Parisiens seuls le droit de porter devant le monde le titre de Français.

C'est un malheur que le Midi n'ait pas déjà volé à leur secours. Tarder davantage serait un opprobre.

Au nom de la justice et de l'égalité quelques faux patriotes cherchent à énerver votre patriotisme, à troubler vos courages, à éclaircir vos rangs. Ne les écoutez pas. Ce n'est pas l'amour de la justice qui les inspire ; c'est la haine de la République, et, qui sait, peut-être, l'argent de la Prusse. Ne les écoutez pas. Vous ne laisserez derrière vous, soyez-en sûrs, ni faveurs, ni abus. Vous ne laisserez d'autres exemptions que celles de la loi.

Il vous faut, direz-vous, des fusils à tir rapide. Soyez tranquilles : aux bons soldats les bonnes armes ne manqueront pas.

De bonnes armes, si 20 ans d'Empire n'avaient pas amolli le courage national, ce n'est pas à coups de fusils que nous aurions chassé les Prussiens, c'est à coups de bâtons.

Mobilisés de Vaucluse, le département a les yeux sur vous. Le Pays et la République comptent sur vous.

Vive la République.

Avignon, le 27 décembre 1870.

Le Préfet de la Défense Nationale
dans Vaucluse,

Poujade.

NOTE N° 12

Manifeste du Comité républicain d'Avignon

Electeurs !

La France en proie aux plus sombres déchirements, la France en deuil, pleurant la mort de ses fils, la France trahie par Bonaparte et mutilée, foulée aux pieds par Guillau-

Le Théâtre et la Place de l'Horloge
avant l'érection du Monument de l'Annexion du Comtat Venaissin
(Archives Iconographiques du Palais du Roure, Avignon)

me, va décider elle-même de son sort par les électoins de demain.

La Prusse, victorieuse, lui a jeté comme une ironie amère ce dernier lambeau de ses droits : le vote. Elle l'a fait avec une insolence inouïe, avec une hypocrite cruauté, avec une outrageante atteinte à sa dignité nationale, si bien que les hommes de cœur se sont demandé s'il ne fallait pas regarder comme un affront suprême cette clause des élections, écrite par le ministre prussien dans l'armistice qui contenait la reddition de Paris mourant de faim et bombardé.

Mais, au milieu de notre douleur, de nos deuils, la raison, la conscience populaires ont parlé pour faire taire le désespoir et pour ramener dans le cœur de la nation, les suprêmes espérances et les courages sublimes. Ce lambeau de nos droits, prenons-le comme les débris d'un drapeau glorieux et que l'élection soit le signal d'un de ces élans grandioses qui sauvent un peuple.

Voilà pourquoi nous devons tous voter demain.

Citoyens !

Si vous voulez savoir comment vous devez voter, suivez les inspirations de votre patriotisme et reportez-vous aux principes de la plus élémentaire morale.

Il s'agit, en effet, de reconquérir l'indépendance et l'honneur de la Patrie.

Quels sont ceux qui peuvent accomplir cette grande tâche ?

Serait-ce par hasard, ce parti qui en 1815 nous fût ramené par les Prussiens de cette époque et à qui cette solidarité sacrilège a imprimé une ineffaçable souillure ?

Serait-ce les Bonapartistes, ce parti qui se cache conscient lui-même de sa honte et de son ignominie, auquel se rattache désormais le souvenir néfaste des trois invasions ?

Ou plutôt serait-ce la coalition de tous les partis monarchiques, mélange informe des terreurs, des égoïsmes et des convoitises impures unie contre le principe de la souveraineté du peuple, seule base légitime de toute organisation politique, seule raison d'être de toute société humaine.

Tous ces partis sont condamnés, ils le savent eux-mêmes. Mais ils se lèvent aujourd'hui, il s'agitent dans leur impuissance et dans leur dépit du pouvoir perdu, pour entraver les efforts de ceux qui veulent, comme nous, une paix honorable, parce qu'ils enveloppent dans une haine commune la République, gouvernement du peuple, et la France, berceau de la Révolution.

Aussi, pleins de confiance dans l'honneur, le bon sens, la bonne foi des électeurs, nous attendons le résultat du scrutin qui leur infligera la condamnation définitive que leurs erreurs, leurs crimes et leurs attentats contre les peuples et la Patrie leur ont depuis si longtemps méritée.

Electeurs !

Il y a moins d'un an nous vous demandions de ne pas voter pour un régime qui devait fatalement nous amener la guerre ; voyez dans quels abîmes ce régime a jeté la France et dans quelle effroyable série de désastres se jouent les destinées de la Patrie !

Les monarchies sont la guerre en permanence, la République la paix assurée, avec tous les bienfaits qu'elle entraîne.

Aujourd'hui la mission de la République est de guérir la plaie profonde que les monarchies ont fait aux Peuples.

Vous voterez pour le parti républicain qui tandis que les monarchistes accumulaient sur nous, le sang, les ruines, n'a jamais cessé de poursuivre le rêve de la fraternité humaine et de la paix universelle.

(Suivent les signatures de tous les membres du Comité).

NOTE N° 13

Séance du 10 mai 1871

Administration municipale. Proposition du Conseil

M. Jacquet demande la parole et exprime le droit qu'ont les conseils municipaux d'émettre des vœux. Il donne lecture de l'adresse suivante à M. le Préfet :

Considérant que les franchises municipales, condition première de toute liberté, n'existeront pas tant que certains conseils municipaux demeureront dépouillés du droit de choisir les maires et adjoints chargés d'exécuter leurs décisions ;

Que l'Assemblée nationale avait consacré ce principe fondamental qu'elle a ensuite abandonné, tout en déclarant que cette atteinte au droit municipal n'était que provisoire et ne devait être appliqué que dans des cas exceptionnels ;

Considérant qu'il y a lieu de revenir au plus tôt à la légalité véritable et de faire cesser une choquante inégalité entre les divers conseils municipaux de la République en restituant au suffrage sa légitime, sa complète souveraineté.

Le Conseil municipal de la ville d'Avignon, privé par l'article 9 de la loi provisoire du 14 avril 1871 du droit d'élire son administration municipale, émet le vœu que le Gouvernement présente d'urgence un projet de loi qui rétablisse la décision que l'Assemblée nationale avait prise après une discussion solennelle.

Et considérant qu'en attendant que ce droit nécessaire soit légalement consacré, il convient à la sagesse et à la justice du Gouvernement de l'appliquer en fait et de renoncer à l'exercice d'une faculté réservée pour des circonstances exceptionnelles, ce que rien ne justifierait dans une ville où depuis le 4 septembre l'ordre n'a été ni un jour, ni même un instant troublé.

Le même Conseil après avoir délibéré, émet le vœu que M........., soit nommé maire, et MM......... adjoints de la ville d'Avignon.

M. Jacquet termine en demandant le vote immédiat de sa proposition.

M. Dufour déclare qu'il est impossible d'entrer en session sans un maire et sans adjoints.

M. Jacquet est tout à fait d'avis de M. Dufour, et c'est pour hâter ces nominations que l'adresse a été rédigée.

M. le Maire fait observer que les vœux ne peuvent être émis qu'en session ordinaire (art. 16 de la loi de 1855) et que la réunion du Conseil n'ayant eu pour objet que son installation, il serait d'avis, par respect pour la légalité et afin d'éviter l'annulation quant à la forme de la délibération, de renvoyer la désignation réclamée à samedi, premier jour de la session ordinaire. La loi de 1855 existe toujours et il est indispensable de s'y conformer.

M. le Maire ajoute qu'il est d'ailleurs aux ordres de la majorité.

Plusieurs membres demandent que la discussion de la proposition soit mise aux voix.

M. Yvaren proteste et dit qu'il s'abstiendra n'étant pas suffisamment édifié sur la proposition Jacquet.

MM. Olivier, Clauseau, Cousin et Dufour se rangent à cet avis.

Il est procédé au vote par assis et levés.

Résultat : Votants 25. Pour 19, contre 1, abstentions 5.

M. le Maire est d'avis que les noms des votants ainsi que leurs votes soient insérés au procès-verbal.

La majorité du Conseil est de cet avis.

Ont voté pour :

MM. Poncet, Escoffier René, Allamelle, Favre, de Thierrens, Abric L., Valayer Th., Raveau, Terrasse, Justet père, Dumas Jh, Boucherle, Faure N., Brunet Jh, Escoffier Alexis, Jacquet, Guide François F., Nimal, Quioc.

Ont voté contre : M. Bourges, maire.

Se sont abstenus : MM. Yvaren, Olivier, Clauseau aîné, Cousin, Dufour.

M. Yvaren signera l'adresse si diverses corrections y sont faites : 1° dans le 3e § il exige que le mot équité remplace celui de légalité.

La correction est consentie.

2° Que dans le 4e § le mot d'urgence soit remplacé par un équivalent.

M. Jacquet croit qu'un changement transformerait l'énergie de la rédaction, l'économie de la phrase, que d'ailleurs c'est là une simple question sans importance.

Le mot d'urgence sera maintenu.

La discussion sur les conséquences, la portée, la légalité de l'adresse continue.

La proposition Jacquet est mise aux voix.

Résultat : Pour 19, contre 1, abstentions 5.

Ont voté pour : MM. Poncet, Escoffier, Allamelle, Favre de Thierrens, Abric, Valayer, Raveau, Terrasse, Justet, Dumas, Boucherle, Faure, Brunet, Escoffier, Jacquet, Garde, François, Nimal, Quioc.

Ont voté contre : M. Bourges, maire.

Se sont abstenus : MM. Yvaren, Olivier, Clauseau, Cassin et Dufour.

M. Yvaren continuant la discussion croit qu'il vaudrait mieux ne pas brusquer la situation et au lieu de présenter le Maire, présenter à M. le Préfet une liste de 3 ou 4 candidats dans laquelle M. le Préfet pourrait choisir. Il ajoute que l'on pourrait offrir un seul candidat vraiment sérieux, ce qui aurait l'avantage de ne pas laisser le choix à la Préfecture et de paraître toutefois entrer dans les vues de M. le Préfet.

M. Yvaren demande que cette proposition soit mise aux voix.

Elle est repoussée à l'unanimité.

Plusieurs membres (Terrasse, François, Jacquet, Quioc) demandent que la conclusion de la proposition Jacquet soit mise en pratique.

Le Conseil procède au vote par scrutin secret, qui doit fixer le choix du Maire.

24 votants. Résultat : Paul Poncet 19, Bourges 2, Escoffier 1.

M. Bourges déclare s'abstenir.

Le Conseil procède ensuite au vote qui doit désigner les adjoints.

24 votants. Résultat : Allamelle 22, Meynaud 20, Escoffier 3. 1 bulletin blanc. M. Bourges déclare s'abstenir.

M. Terrasse explique la signification du vote en disant que M. le Maire désigné est le premier conseiller municipal et que les deux adjoints sont les conseillers municipaux qui viennent après lui sur les listes.

NOTE N° 14

Séance du 16 mai 1871

Adresse des habitants

M. François dépose sur le bureau une adresse aux membres du Conseil municipal.

Citoyens,

Dans les journées des 30 avril et 7 mai 1871, les électeurs républicains ont voté pour vous avec ensemble. Ils vous ont donné leurs suffrages avec la conviction que vous ne reculeriez devant aucun effort pour sauver et affermir la République, seule capable de nous rendre la paix, le calme et la prospérité sans porter atteinte à la liberté.

La France traverse une crise sans exemple dans son histoire. L'horrible guerre civile, qui dure depuis un mois, obscurcit les consciences, réveille toutes les convoitises malsaines et achève de consommer notre ruine.

Des citoyens courageux se sont interposés entre les combattants, avec l'espoir de la faire cesser par une transaction libérale. Ils se sont heurtés à la résistance opiniâtre du gouvernement qui veut écraser Paris pour écraser ensuite la République.

Et cependant que demande Paris pour lui et pour la France ?

Cette liberté communale sans laquelle il n'existe pas de République.

Le droit pour chaque commune de se régir elle-même sans cesser d'être unie aux autres communes au sein de l'unité nationale.

La suppresion des armées permanentes remplacées par la Fédération des gardes nationales, élisant librement leurs chefs.

En un mot les institutions républicaines.

Devant le mauvais vouloir de l'Assemblée, la Nation s'est émue et elle a nommé des conseillers municipaux républicains auxquels elle a confié le mandat de faire cesser la guerre civile en signifiant à l'Assemblée la volonté de la Nation seule souveraine.

Pour atteindre ce but, il a été convenu que des délégués se réuniraient à Lyon et à Bordeaux, afin de faire entendre la voix de la France.

Déjà beaucoup de départements ont fait partir leurs mandataires.

Vaucluse n'a point encore répondu.

Nous en sommes d'autant plus étonnés que Vaucluse a donné une forte majorité au parti républicain et que ce département n'étant pas représenté à Versailles, a un droit d'autant plus manifeste à exprimer ses sentiments.

Vous êtes les Conseillers municipaux du chef-lieu. C'est à vous qu'incombe de prendre l'initiative de cette délégation, de donner le mot d'ordre aux communes de seconde et de troisième importance.

Nous espérons que vous ne faillirez pas à votre tâche que vous n'oublierez pas le devoir sacré que vous vous êtes imposé en acceptant le mandat que les électeurs républicains vous ont donné.

Aussi, nous bornons-nous à vous présenter les vœux de la population désireuse de vous voir entrer dans le mouvement pacifique et républicain qui va, espérons-le, entraîner la France entière.

Veuillez agréer, etc... Suivent les signatures.

M. Yvaren demande la question préalable.

Ont voté pour la question préalable : MM. Yvaren, Clauseau, Cousin, Duour, Escoffier.

Sur la proposition de M. le Maire de renvoyer l'adresse à une Commission, le Conseil nomme membre de la Commission : MM. François, Boucherle, Favre de Thierrens.

———

Séance du 19 mai 1871

Adresse aux délégués du Conseil à Lyon

M. Meynaud, rapporteur de la Commission chargée de se

prononcer sur l'envoi de délégués municipaux à Lyon, présente son rapport. Il conclut en disant que la Commission est d'avis que le Conseil adhère à l'adresse à l'Assemblée nationale rédigée par les délégués réunis à Lyon.

Adresse des délégués de Lyon

Les délégués, membres de conseils municipaux de 16 départements, réunis à Lyon,

Au nom des populations qu'ils représentent, affirment la République comme le seul gouvernement légitime et possible du pays, l'autonomie communale comme la seule base du gouvernement républicain et demandent :

La cessation des hostilités ;

La dissolution de l'Assemblée Nationale dont le mandat est terminé, la paix étant signée ;

La dissolution de la Commune ;

Des élections municipales dans Paris ;

Les élections pour une Constituante dans la France entière.

Dans le cas où ces résolutions seraient repoussées par l'Assemblée ou par la commune, ils rendraient responsables devant la Nation souveraine celui des deux combattants qui refuserait et menacerait ainsi de donner à la guerre civile de nouveaux aliments.

Suivent les signatures.

Sauf la transformation suivante ; au lieu de : dont le mandat est terminé la paix étant signée, — l'adresse portera : dès que le traité de paix sera ratifié, son mandat étant alors expiré.

M. Yvaren proteste contre l'adresse.

Nous siégeons tous ici, dit-il, et au même titre et le Conseil municipal est un tout, ses membres tenant également leur mandat du suffrage de leurs concitoyens.

Des divergences d'opinion peuvent seules les partager en majorité et en minorité.

Trop souvent les minorités ont à surmonter de grandes difficultés, moins grandes peut-être lorsqu'elles se réduisent à quelques voix, car plus elles sont exposées à être écrasées par le nombre plus elles ne paraissent avoir chance d'obtenir, par cela même, la plus entière liberté de parole et d'action.

J'espère me tirer toujours honorablement des positions les plus délicates en suivant la droite ligne et en marchant au grand jour.

Appuyé sur ces considérations, je déclare protester de toute l'énergie de mon indépendance contre la pression que l'on tente d'exercer du dehors sur le Conseil et contre la situation qui lui serait faite s'il cédait à cette pression.

Oui, certes, depuis trop longtemps le sang français coule et coule versé par des mains françaises.

Au point de vue de l'humanité je m'associe aux sentiments des membres du Conseil qui ne peuvent être qu'unanimes dans l'expression de leur douleur.

Au point de vue politique, je déclare qu'il n'existe pour moi qu'un seul gouvernement l'Assemblée nationale, issue du suffrage universel, le chef du pouvoir exécutif et ses ministres et que l'insurrection de Paris a été le plus criminel des attentats.

On oublie trop que la République de 1848 qui était née et avait commencé sous les plus heureux auspices a été tuée par les journées de Juin et par les agitations insensées qui les suivirent.

Si la France fit alors si bon marché de ses libertés les plus chères, c'est qu'elle crut acheter par ce sacrifice l'ordre que lui promettait l'auteur du coup d'Etat. Mais il n'y a pas d'ordre durable là où il n'y a pas de liberté, pas plus que de liberté réelle là où il n'y a pas d'ordre.

L'avenir est à la forme du Gouvernement qui aura le mieux réalisé l'alliance de l'ordre et de la liberté.

Aujourd'hui la République est de nouveau à l'œuvre. Elle n'est encore, il est vrai, qu'un gouvernement de fait et ne deviendra un gouvernement de droit que lorsque le suffrage universel aura prononcé. Quant à moi, je désire que l'épreuve soit poussée jusqu'au bout, et je travaillerai ici, dans la limite de mon droit et de mon pouvoir à ce que l'épreuve soit complète.

Le serment politique a été aboli : il n'était qu'un scandale, étant prononcé des lèvres seulement. Mais il en est un autre qui ne sera jamais aboli : c'est le serment que dicte sa conscience à celui qui accepte des fonctions sous un gouvernement de fait, comme sous un gouvernement de droit, et qui lui impose l'obligation de s'y conduire en honnête homme, de ne pas conspirer contre ce gouvernement et de ne pas le trahir.

Or, je croirais conspirer et trahir si je ne protestais pas hautement contre l'entreprise venue de pousser le Conseil dans une voie que je tiens pour mauvaise, et si je n'affirmais pas qu'à Versailles est la légalité, à Paris la révolte, révolte qui est un attentat non seulement contre la Nation, mais contre la République elle-même.

M. Reynaud répond à M. Yvaren que le Conseil municipal n'a cédé à aucune pression et que l'adresse qui lui est parvenue n'est que l'exercice du droit légal de pétition.

Un grand nombre de membres protestent.

Les conclusions du rapporteur sont mises aux voix.

M. Yvaren vote contre.

MM. Clauseau et Dufour se sont abstenus parce que c'est là un vœu politique qui sort des attributions du Conseil.

Deuxième municipalité Paul Poncet

Maire : Poncet Paul, propriétaire, chevalier de la Légion d'honneur, nommé le 26 mai 1871 après avoir été désigné par le conseil municipal dans sa séance du 10 mai 1871. Installé le 1er juin 1871.

Adjoints : Allamelle Alphonse,

Meynaud Léopold, nommés et installés dans les mêmes conditions et aux mêmes dates.

Valayer Théophile, nommé le 8 juin 1872, installé le 11 juin.

Abric Louis, nommé le 3 mai 1873, en remplacement d'Allamelle et installé le 5.

Escoffier Jean-Marie, nommé le 8 mai 1873, en remplacement de Valayer, démissionna à la fois de ses fonctions d'adjoint et de son mandat de conseiller municipal, le 26 septembre 1873.

Secrétaire en chef : Buisson.

Recensement de la population d'Avignon en 1872 :
38.196 habitants.

La municipalité Paul Poncet, désignée par le conseil municipal dans sa séance du 10 mai 1871, nommée par arrêté du chef du pouvoir exécutif le 26, fut installée par le Préfet le 1er juin 1871 (Hôtel de la Préfecture).

Sous l'impulsion de ses nouveaux dirigeants, l'assemblée municipale décida la réouverture du théâtre pour la saison d'été 1871 et concéda la salle gratuitement au directeur en l'exonérant du droit des pauvres (1). Ses séances, comme par le passé, furent annoncées par la sonnerie de Jaquemart (2).

Elle s'employa à résoudre deux questions du plus haut intérêt pour la cité : le rachat du péage du pont d'Avignon (3) et l'augmentation de la garnison (4).

L'abandon du péage du pont, par la ville, avait été successivement envisagé, moyennant une indemnité (à verser par l'Etat à celle-ci, en compensation de la perte de cette ressource communale) de 700.000 francs, puis de 300.000 et enfin de 450.000 francs. Le revenu du péage, déduction faite des frais de perception et de ceux d'entretien du pont incombant à la ville représentait une somme annuelle de 54.000 francs environ. Le conseil qui, le 21 décembre 1871, en présence du préfet Dupont-Delporte, acceptait l'indemnité de 500.000 francs offerte par le ministre des Travaux publics, mais réclamait aussi un deuxième régiment d'artillerie se résolvait enfin à accepter purement et simplement l'indemnité proposée par l'Etat, approuvait le traité à intervenir et décidait de convertir en rente 5 % cette somme de 500.000 francs.

Il devait émettre un vœu, le 13 mai 1872, en faveur du rachat du péage du pont de Rognonas.

En ce qui concernait la garnison d'Avignon, il ratifiait, le 24 juillet 1871, les engagements pris par l'administration municipale pour obtenir le 16e Régiment de pontonniers, c'est-à-dire qu'il s'engageait, au nom de la ville :

1° A fournir les locaux nécesaires à l'installation des grands magasins devant servir à remiser le matériel de ce régiment et le chemin destiné à mettre ces locaux en communication avec le champ de manœuvre.

2° A livrer, à l'autorité militaire, tout le terrain longeant la chaussée de halage et nécessaire pour l'entrepôt des bois et madriers.

3° A exempter de tout droit d'octroi les bois nécessaires

---

(1) Délib. du 7 juin 1871.

(2) Délib. du 26 juin 1871.

(3) Délib. des 7 juin, 24 juillet, 29 août, 21 et 29 décembre 1871 ; 10 mai et 21 juin 1872.

(4) Délib. des 24 juillet, 4 et 29 août, 6 et 24 novembre 1871 ; 11 mai, 7 et 23 juin, 7 juillet, 13 août et 18 septembre 1872 ; 7 et 19 mai et 23 juin 1873.

aux constructions des hangards et aux travaux de ce régiment.

De plus, il désignait une commission qui devait accompagner le Maire à Versailles pour soutenir les intérêts de la ville d'Avignon dans cette affaire (et celle du rachat du péage du pont). Cette commission obtint des résultats satisfaisants et déposa son rapport le 29 août 1871 (Note n° 1). Elle avait été aidée dans ses démarches par le colonel Marion, commandant le 16ᵉ régiment d'artillerie, et Alphonse Gent, député de Vaucluse.

Une des raisons qui militait le plus en faveur de l'établissement du régiment de pontonniers à Avignon, c'était l'existence du nouveau casernement du cours de la République, devenu vacant par suite de l'abandon du projet de restauration du Palais des Papes.

La ville dut faire l'acquisition du champ de manœuvre de Champfleury (1) et en consentir la cession à l'autorité militaire, ce terrain devant faire retour à la ville, dans le cas où le régiment de pontonniers cesserait de tenir garnison à Avignon. Elle céda également à l'Etat, gratuitement et temporairement, les locaux de l'ancienne douane qui devaient être affectés aux ateliers des pontonniers.

Le conseil municipal avait pu envisager également l'installation, à Avignon, de deux nouveaux régiments d'artillerie et d'un régiment de cavalerie, mais les pourparlers n'aboutirent pas.

La garde nationale sédentaire ayant été dissoute, dès la cessation des hostilités, les armes furent retirées aux citoyens-soldats par décision du Préfet du 4 décembre 1871 et déposées à la mairie.

En plein accord avec le conseil, la municipalité Poncet poursuivit les pourparlers avec l'Etat, en vue de l'acquisition, par la ville, de l'immeuble de la rue Dorée qui donnait asile à plusieurs services municipaux (Ecoles et Temple protestant). Elle offrait 40.000 francs alors qu'on lui en réclamait 130.000 (2). Elle créa la première école laïque de filles dans la rue Pétramale (3) ; fit l'acquisition d'une maison rue Balance pour y installer une salle d'asile (4) et envisagea la création d'une école mixte à Bonpas et de deux nouvelles salles d'asile dans la ville (5).

---

(1) Délib. des 6 novembre 1871 ; 11 mai 1872 ; 7 janvier 1873. Acte passé chez Almaire, notaire, le 4 janvier 1872.

(2) Délib. des 28 août 1871, 10 et 14 novembre 1873.

(3) Délib. du 29 décembre 1871.

(4) Délib. du 26 septembre 1873.

(5) Délib. du 7 juillet 1873.

Paul Poncet mit à l'étude le projet de percement de la rue de la Préfecture (rue Viala) qui entraînait la démolition des bureaux de la Préfecture pour laquelle le département réclamait une indemnité de 33.600 francs (1). Il amorça la percée de la future rue Thiers par l'établissement de la rue du Saule prolongée (partie de la rue Thiers comprise entre la rue Guillaume-Puy et les remparts (2).

On autorisa le sieur Croey à construire à l'extrémité de la promenade de l'Oulle un hangar et une baraque destinés à un atelier de construction de bateaux (3), tandis que l'administration des Ponts et Chausées faisait procéder à la rectification du lit du Rhône, aux abords du pont suspendu, entre la porte Saint-Dominique et le Pont St-Bénezet (4), remaniait et agrandissait les quais du fleuve (5).

C'est l'administration Poncet qui réalisa l'adduction des eaux à l'abattoir (6), la construction de la grille du square St-Martial (coût 10.000 francs) (7). Elle refusa d'approuver de nouveaux tarifs de la compagnie des eaux (8) et la mit en demeure d'exécuter certaines clauses de son contrat (9) ; approuva un projet de suppression de la branche gauche des Sorguettes qui ne devait pas être mis à exécution (10) ; décida de participer dans les frais d'installation du dépôt de mendicité dont l'entretien devait être à la charge du département (2.000 francs) (11) ; fit l'acquisition du recueil de jurisprudence Dalloz au prix de 710 francs (12) ; consentit l'impression de l'inventaire des archives (13) ; réclama la suppression du poste de commissaire central, la ville ne comptant pas plus de 30.000 habitants de population municipale (14) et établit une taxe à payer par les limonadiers pour l'occupation, par leurs tables, des trottoirs de la voie publique (15).

____

(1) Délib. du 25 mars 1872.

(2) Délib. des 9 septembre 1872 : 26 février, 23 juin, 22 octobre et 12 décembre 1873.

(3) Délib. du 30 septembre 1871 (loyer annuel 40 fr.).

(4) Délib. du 6 novembre 1871.

(5) Délib. du 31 mai 1873 (montant des travaux 70.000 francs).

(6) Délib. du 5 septembre 1871.

(7) Délib. des 19 juin et 5 août 1872 et du 21 mars 1873.

(8) Délib. du 22 novembre 1872.

(9) Délib. du 5 février 1873.

(10) Délib. des 16 février et 19 juin 1872.

(11) Délib. du 25 mars 1872.

(12) Délib. du 11 novembre 1872.

(13) Délib. du 12 décembre 1873.

(14) Délib. du 28 août 1871.

(15) Délib. du 25 mars 1872.

Poncet signa les traités intervenus entre la ville et un certain nombre de personnes occupant divers emplacements communaux, notamment aux portes de la ville (1). Jusqu'alors ces locations n'avaient été consenties qu'en vertu de conventions verbales. Il fit encore l'acquisition d'une maison adossée aux remparts (2).

Le Conseil municipal avait décidé, le 5 septembre 1871, de rembourser intégralement les porteurs d'obligations de l'emprunt de 500.000 francs contracté par la ville en vue de sa participation à la défense nationale. Il n'avait été souscrit que 134.800 francs, les intérêts à payer s'élevaient alors à 6.740 francs. Il fallut donc rembourser au total 141.540 francs, et il n'avait été prélevé sur cet emprunt, pour la défense nationale que 20.000 francs seulement.

L'assemblée communale demanda au gouvernement (24 novembre 1871) l'autorisation d'affecter les reliquats des emprunts de 1864 et 1865, relatifs à l'ouverture de la rue Bonaparte, à l'acquisition d'immeubles et de matériel destinés aux écoles communales.

Elle s'associa « par la vive expression de ses regrets à la perte que la science fit, à cette époque, en la personne de John Stuart-Mill ». l'hôte de notre cité (3), et après avoir émis un vœu en faveur de la publicité des séances du conseil, elle réclama une plus large émancipation des communes (4).

Le Rhône sortit de son lit en octobre 1872 ; ses eaux côtèrent 6 m. 26 le 27 ; la Durance déborda également. Le 4 décembre de la même année le fleuve atteignit encore la côte de 5 m. 85 et le 19 mars 1873 celle de 5 m. La population avignonaise n'eut qu'à se louer, dans ces tristes circonstances, des services qui lui furent rendus par le régiment des pontonniers (5).

Par décision ministérielle, des élections complémentaires eurent lieu le 20 avril 1873. Il s'agissait de remplacer Quioc, Allamelle, Bourges Honoré et Valayer Théophile, décédés, Nimal, démissionnaire. L'arrêté préfectoral du 12 mars 1873 ayant porté le nombre des conseillers **municipaux** d'Avignon de vingt-sept à trente, il y eut donc huit sièges à pourvoir. Les huit candidats républicains triomphèrent avec cinq cents voix de majorité en moyenne sur leurs con-

---

(1) Délib. du 22 novembre 1871.
(2) Délib. du 19 mars 1873.
(3) Délib. du 13 mai 1873.
(4) Délib. du 16 novembre 1872.
(5) Délib. du 22 octobre 1872.

currents conservateurs. Mais, le 26 janvier 1874, le conseil municipal était dissous et remplacé par une commission municipale.

Budget de l'exercice 1872 :
759.430 fr. 80 *en recettes ; 757.446 fr. 96 en dépenses.*

Conseillers municipaux élus en vertu de la loi du 18 juillet 1837

Elections du 20 avril 1873
Installation du 5 mai 1873

Crémieu Léon, Gaillard Jules, Rousset Paul, Chevillon Joseph, Bourges Gabriel, Maumet Emile, Millo Eugène, Galas François.

Commission municipale nommée le 26 janvier 1874 à la suite de la dissolution du conseil municipal installée le 27 janvier

Amic Désiré, Aubert, de la Bastide, Docteur Béchet, Benoît, Berton Henri, Carbonnel Louis, Docteur Cassin, Coste notaire, Commandant Dantreygas, Comte du Demaine, Colonel Dufour, Docteur Gérard, Goudareau Louis, Granier Frédéric, Baron Alfred du Laurens, Luneau Henri, de Millaudon Ernest, Monestier aîné, Ourson Juge, Penne Auguste fils, Perre Emile, Richard Joachim, Rieu Victor, Vicomte de Salvador, Sylvestre avocat.

Note - Pièce justificative

NOTE N° 1

Séance du 29 août 1871

*Pontonniers. Rapport de la Commission envoyée
à Versailles*

M. Dumas présente le rapport de la délégation que le
Conseil avait envoyé à Paris pour traiter les affaires des pontonniers et des ponts sur le Rhône.

Il déclare au Conseil que 3 membres de la délégation
seulement ont collaboré au rapport qu'il va présenter, le
4° de ses membres ayant manifesté l'intention de présenter
au Conseil des impressions personnelles.

En venant vous rendre compte de la mission que vous
nous avez confiée nous sommes heureux tout d'abord de
vous exprimer notre reconnaissance de l'honneur que vous
nous avez fait et qui nous a permis de coopérer plus particulièrement à l'établissement d'une garnison dont la présence ne peut que concourir à la prospérité du pays.

Vous n'ignoriez pas en effet, en demandant le régiment
des pontonniers combien la présence de ce corps spécial
pouvait offrir d'avantages à Avignon, tant à cause de son
organisation sédentaire que par l'élément travailleur, instruit et savant qu'il y apportait.

Vous vous associerez donc à la vive satisfaction que nous
avons éprouvée d'avoir réussi dans nos démarches, et ce
avec d'autant plus de raisons, que nous avions à lutter contre des compétiteurs puissamment recommandés et appuyés
par les hommes les plus considérables de l'Etat ; tandis que
nous n'avions pour nous que la position excellente et sans
rivale de notre ville sur le fleuve, mais dont la supériorité,
il est vrai, avait été vivement appréciée par le Colonel du
régiment des pontonniers M. Marion.

Nous avons eu également à lutter contre d'autres difficultés, plus puissantes peut-être, bien qu'étant d'un ordre
moral, nous devons vous les signaler, afin d'en faire remonter la responsabilité aux personnes qui, au mépris de
la vérité et sans souci des intérêts qu'il était de leur devoir

de défendre, soit comme citoyens, soit comme administrateurs, n'ont pas craint pour obéir aux mesquines sugges-
tions inspirées par l'esprit de parti de calomnier notre pays
au risque de compromettre gravement ses intérêts.

Le principal argument, en effet, qui nous a été opposé
par plusieurs hauts fonctionnaires et par M. le Ministre de
la guerre lui-même a été que la ville d'Avignon était un
foyer de démagogie *chargée au pichrate de potasse* (l'expression est de M. le Ministre de la guerre) il y aurait danger à
y installer une garnison d'hommes qui pourraient facilement se laisser circonvenir et entraîner par les menées des
agitateurs.

Il ne nous a pas été difficile de démontrer, par des preuves incontestables, que les rapports qui avaient représenté
Avignon sous de pareilles couleurs ne pouvaient avoir été
faits que dans un but politique, et pour excuser ou légiti-
mer peut-être une ligne de conduite condamnée par la majorité sage et éclairée de notre population.

En effet, au milieu des époques si tourmentées que depuis
bientôt un an nous avons traversées, à qui, malgré certaines
provocations avons-nous dû le calme et la tranquillité qui
n'ont cessé de régner, sinon au caractère calme de notre
population.

Ces considérations politiques qui pourraient sembler
étrangères dans une question de garnison vous paraîtront
naturelles, lorsque nous vous dirons qu'elles ont fait en
grande partie l'objet d'une conversation très longue avec
M. le Président du pouvoir exécutif auprès duquel nous
avons dû combattre l'impression fâcheuse que lui avait lais-
sée des rapports mal inspirés sur l'esprit de notre pays.
Mais avant d'aborder cette question essentiellement politique et dont nous vous devons compte, bien qu'elle n'ait pas
été prévue dans notre mandat nous devrions mentionner
pour la forme le résultat de notre mission, si déjà vous
n'aviez reçu dans vos murs le régiment des pontonniers
dont la présence était l'objet de nos démarches.

Vous avez vu par là que nous avions pu déjouer les manœuvres de gens qui souffrent d'avoir vu accomplir par
d'autres que par eux, une entreprise profitable à notre
pays.

Nous devons ajouter que vos quatre délégués ont été unanimes pour affirmer la fausseté des imputations qui tendaient à représenter Avignon comme une ville de désordre et d'anarchie, et que tous ont sévèrement blâmé sans
les connaître les auteurs coupables de ces calomnies, tant

auprès de M. le Ministre de la Guerre qu'auprès de M. le Président du pouvoir exécutif.

En outre de la mission spéciale aux pontonniers que vous nous avez confiée, vous nous aviez également chargé de sonder le terrain et voir si nous pouvions obtenir des conditions plus favorables pour le rachat du péage du Pont.

Nous avons le regret de vous annoncer que cette question est restée dans le statu-quo.

Ainsi que vous avez pu l'apprendre par les bruits qu'ont fait courir certaines personnes, heureuses de pouvoir faire croire à l'insuccès de notre démarche auprès du Ministre des Travaux publics. Là, il est vrai, nous avons rencontré un parti-pris de ne faire aucune concession et M. de Larcy, député du Gard et Ministre des Travaux publics, a formulé à M. Dufour, l'un de nos collègues, pour nous le transmettre un ultimatum qui ne nous laissait aucun espoir.

M. de Franqueville en nous maintenant l'offre de 450.000 francs nous a affirmé d'une manière très nette et très précise, que le Gouvernement n'irait pas au delà. Bien plus, il nous a déclaré que si cette somme n'était pas disponible sur l'excédent du budget le gouvernement hésiterait certainement à nous accorder cette allocation.

Vainement nous avons fait valoir l'insuffisance du prix de ce rachat pour équilibrer notre budget, l'injustice qu'il y aurait à faire peser exclusivement sur la ville d'Avignon, la charge de ce rachat qui doit également profiter au département du Gard. Toutes ces raisons longuement et fortement motivées n'ont pu ébranler le parti-pris de M. de Franqueville, qui a déclaré même complètement inutile toute démarche auprès de M. le Ministre des Travaux publics.

Quant à la proposition de faire fixer par un jury d'expropriation, l'indemnité à accorder, M. de Franqueville nous a assuré que cette proposition ne pouvait être acceptée, parce qu'il faudrait deux lois. l'une pour la constitution du jury, l'autre pour autoriser le paiement de l'indemnité fixée, et qu'en aucun cas, l'assemblée actuelle ne consentirait jamais à les voter.

D'ailleurs, malgré de nombreux précédents, le Gouvernement ne veut pas courir la chance d'une expertise qui pourrait le forcer à payer une somme plus élevée que celle de 450.000 francs qu'il est bien décidé à ne pas dépasser, bien que tous les témoignages et les rapports des hommes spéciaux reconnaissent que cette somme est de beaucoup inférieure à la valeur du Pont.

M. de Franqueville a particulièrement insisté sur la nécessité où il pourrait être avant peu de mettre la ville d'Avignon en demeure de faire des travaux très importants de réparation aux ponts du Rhône ; mais quelle que soit l'importance de ces réparations, elles n'atteindront jamais la différence entre les intérêts du prix offert de 450.000 francs et le produit du droit de péage.

M. de Franqueville nous a fait remarquer que deux précédents conseils avaient accepté cette offre.

Mais la situation n'est plus la même. La France a contracté des charges énormes et Avignon en particulier a un emprunt important à rembourser. Nous ne pouvons donc renoncer gratuitement à une des ressources les plus importantes de notre budget.

En attendant la ville nous paraît avoir intérêt à maintenir l'état actuel des choses, car chaque jour procurera une augmentation de recettes, jusqu'à ce que sa situation financière lui permette de faire ce sacrifice. Peut-être le pourra-t-elle faire dans un bref délai, si les espérances conçues par l'augmentation de la garnison se réalisent.

Nous avons toujours pris acte de l'offre qui vous a été faite et nous espérons que M. le Ministre restera dans ces mêmes dispositions si aucune influence ne cherche à les détruire.

Nous avons vu également M. le Directeur général des Domaines, M. Roy, et nous lui avons exposé notre demande d'acquisition du local de la rue Dorée où se trouvent les écoles et le temple protestant.

M. Roy nous a paru très disposé à accueillir notre demande et à faire tous les sacrifices compatibles avec les intérêts du Trésor.

Mais il a invité M. le Maire à s'entendre avec le Directeur des Domaines à Avignon pour en faire l'évaluation, conformément aux règlements d'administration publique, ajoutant qu'il s'empresserait de nous donner ensuite toutes les facilités pour le paiement et les conclusions de cette affaire.

Là se serait borné notre mission ; mais en présence des agitations des partis monarchiques qui ne craignent pas, après les déplorables luttes intestines qui ont déjà fait répandre tant de sang, d'attaquer chaque jour le pouvoir au risque de nous jeter dans la guerre civile, nous ne croyons pas inutile de vous faire connaître, très succinctement le résultat de la conversation que nous avons eue avec M. le Président du pouvoir exécutif, cela nous paraît d'autant plus opportun que les Prussiens occupent encore une partie de notre territoire, que deux provinces ont cessé de nous appartenir, que la moitié de notre rançon n'est pas soldée et que toute tentative des partis pour une restauration monarchique n'aurait d'autre résultat que de nous exposer à une nouvelle guerre civile et de fournir des prétextes à l'étranger qui occupe notre territoire et qui regretterait de nous voir reconstituer pour réparer nos désastres.

M. Thiers nous a dit que malgré la fatigue, la lassitude et la tristesse qu'il éprouve en présence de ces agitations stériles qui paralysent le travail et empêchent la confiance de renaître, il n'a qu'un but, calmer les esprits, apaiser les passions afin de permettre à la France de se réorganiser. Il veut surtout empêcher tout conflit entre les partis. Il a été partisan de la monarchie constitutionnelle, mais aujourd'hui, malgré ses convictions personnelles, il nous a déclaré n'appartenir à aucun parti et n'avoir pris aucun engagement.

Il croit la République seule possible, en ce moment, parce que seule, elle peut faire appel à toutes les capacités, à tous les dévouements sans exception.

Il a pris pour administrer et gouverner le pays, des hommes de tous les partis.

Il veut donc faire un essai loyal et sincère de la République.

D'ailleurs, à qui pourrait revenir le pouvoir ?

Le parti légitimiste est trop faible et s'est rendu impossible.

Le parti orléaniste aurait contre lui les légitimistes, les bonapartistes et les républicains.

Il a servi avec dévouement la famille d'Orléans ; il professe pour ses représentants le plus grand respect et l'estime la plus vive ; mais il n'a aucun engagement avec eux et il est persuadé qu'ils n'auraient aucune chance de réussite, s'ils avaient la pensée d'une restauration monarchique.

Quant au parti impérialiste, il est tombé si bas, après les désastres de la France qu'il ne saurait se relever.

Il n'y a donc qu'un seul régime, la République, en faisant appel aux hommes de bonne foi qui voudront la servir loyalement et sans arrière pensée.

M. Thiers a ajouté qu'il comptait sur les vacances pour calmer les esprits, car les députés, en se retrempant au milieu de leurs électeurs, acquéraient la preuve que les idées se sont modifiées et qu'il faut surtout rechercher tout ce qui peut ramener le calme et la confiance.

M. Thiers nous a ensuite entretenu du procès de Versailles. Il repousse le reproche de lenteur dont on a accusé le Gouvernement. Il nous a fait remarquer qu'un procès en cour d'assises avec un accusé et quelques témoins entraînera quelques fois une instruction de trois mois, et que dans le procès de Versailles avec plus de 60 accusés et près de mille témoins on a à peine pris ce temps là.

Quant aux autres nombreux accusés, il parut nous faire comprendre qu'ils ne seraient pas jugés. Ce qui pourrait faire pressentir une amnistie.

M. Thiers a ensuite passé en revue l'historique de Paris, dans les détails duquel nous ne saurions rentrer sans faire perdre à ce récit la précision de son style et la couleur de sa parole brillante et imagée.

Enfin nous avons pris congé de M. le Président du pouvoir exécutif, avec la conviction d'avoir détruit les injustes préventions inspirées contre nous et d'avoir ramené sa bienveillante sympathie pour notre pays.

Nous devons ajouter, et nous sommes heureux de le reconnaître, que nous avons été puissamment aidés dans nos démarches, soit auprès des divers Ministères, soit auprès de M. le Président du pouvoir exécutif par MM. E. Pin, Taxile Delor, Monier et Alph. Gent, députés de Vaucluse. Grâce à leurs démarches, à leurs puissantes relations, nous avons pu surmonter toutes les difficultés que l'on rencontre toujours dans notre centralisation bureaucratique et administrative.

Le Conseil,

Vote des remercîments à la Commission et l'insertion du rapport au procès-verbal.

MM. Bourges et Dufour demandent qu'il soit constaté au procès-verbal qu'ils maintiennent l'acceptation de l'offre de 450.000 francs et qu'ils seraient heureux de voir la ville s'engager dans ces conditions.

Municipalité du Comte du Demaine

Maire : Comte du Demaine Roger, nommé le 27 janvier 1874, installé le 29 janvier.

Adjoints : Silvestre,
Dufour,

De Millaudon, nommés et installés aux mêmes dates.

Le Comte du Demaine, Silvestre et de Millaudon sont suspendus de leurs fonctions de Maire et d'adjoints pour deux mois le 20 août 1878, puis révoqués par décret du 15 septembre 1878.

Ils sont remplacés par :

Faisant fonction de maire : Yvaren Prosper.

Faisant fonction d'adjoints : Verdet Gabriel,
Coste Adrien.

Les fonctions d'adjoints avaient été refusées par Palun, Valabrègue, Berton et Monestier.

Secrétaire en chef : Buisson.

Recensement de la population d'Avignon en **1876** :
38.008 *habitants.*

Le Préfet de Vaucluse Doncieux installa la municipalité et la commission municipale, à l'Hôtel de ville, le 29 janvier 1874. Il y prononça une harangue qui se terminait par un appel à l'union. Le Maire y répondit et se déclara energiquement conservateur, désirant poursuivre un seul but le « salut du pays » (Note n° 1).

La commission municipale s'empressa de rétablir les subventions au profit d'un certain nombre de couvents et les traitements des vicaires des paroisses qui avaient été supprimés en septembre 1870 (1), ainsi que les prix que la ville accordait autrefois aux élèves du collège St-Joseph (2). Elle vendit aux Dames de St-Charles les bâtiments de l'école de filles de la rue Fusterie et celle-ci fut transférée dans la maison acquise rue Balance (3) ; accorda une subvention de 5.000 francs, payable par annuités de 1.000 francs, à partir de 1874, au Conseil de fabrique de l'église St-Pierre, pour l'aider à payer ses dettes (4).

La police comptait alors seize agents, ce nombre fut porté à vingt-deux (5). La commission rétablit, pour le personnel municipal, le versement du premier douzième à la caisse des

(1) Délib. du 16 février 1874.
(2) Délib. du 17 février 1874.
(3) Délib. des 15 mai et 15 septembre 1874 ; du 16 février 1875.
(4) Délib. du 13 juin 1874.
(5) Délib. du 13 mars 1874.

retraites, qui avait été supprimé en 1870 (1) ; autorisa l'entrepreneur des voitures de place à mettre cinq nouveaux véhicules en circulation (2).

Parmi les travaux d'une incontestable utilité, elle envisagea les moyens de défense à mettre en œuvre pour garantir le territoire des incursions de la Durance (3) ; poursuivit l'alignement de la rue du Saule (4) et réalisa la création de l'école mixte de Bonpas (5).

Elle dut protester contre un projet de dérivation de 80 mc d'eau de la Durance, près Mallemort, dérivation destinée à colmater la Crau et à dessécher les marais de Fos (6) et mit en vente les terrains que la ville possédait encore à la « rue de la Gare » (7).

C'est à cette époque que furent plantés les arbres bordant le chemin St-Ruf (fournis par les riverains) par les soins de l'administration des Ponts et Chaussées (8).

La 30ᵉ division d'infanterie s'installa, à Avignon, vers la fin de l'année 1874 (9), qui vit encore se dérouler un concours agricole (10) et les fêtes du cinquième centenaire de la mort de Pétrarque, organisées par souscriptions publiques, sans qu'il en coûtât rien à la ville et dont le bilan s'établit par 17.030 fr. 22 en recettes et en dépenses. Ces réjouissances comportèrent une brillante cavalcade de charité (le dimanche 19 juillet 1874) (11). La veille de cette manifestation, un arrêté du Maire du Demaine avait changé le nom de la rue et du cours Bonaparte (on ignorait, paraît-il, à l'Hôtel de ville, le nom de rue et cours de la République) en rue et cours Pétrarque.

La commission municipale avait décidé la constitution d'une musique municipale (23 avril 1874).

Les élections municipales eurent lieu le 23 novembre 1874. La liste de la municipalité conservatrice l'emporta avec 1.600 voix de majorité sur la liste républicaine, ayant à sa tête l'ancien maire Paul Poncet, grâce à l'emploi de

---

(1) Délib. du 9 mai 1874.

(2) Délib. du 16 août 1874.

(3) Délib. des 16 et 23 février 1874.

(4) Délib. des 13 février 1874 ; 22 janvier et 13 novembre 1875 ; 12 et 16 janvier 1876 ; 5 janvier et 21 avril 1877.

(5) Délib. du 17 août 1874.

(6) Délib. du 13 juin 1874.

(7) Délib. du 9 février 1874.

(8) Délib. du 10 novembre 1874.

(9) Délib. du 10 novembre 1874.

(10) Délib. du 23 avril 1874.

(11) Délib. des 23 avril et 17 novembre 1874.

toutes sortes de moyens de pression et d'intimidation, sur les électeurs. Elle triompha encore aux élections du 6 janvier 1878, mais avec 300 voix seulement de majorité, sur ses adversaires républicains, toujours conduits par Paul Poncet. Et le nouveau conseil fut installé le 29 novembre par le préfet Doncieux qui, dans son discours d'installation fit l'apologie de la loi du 20 janvier et l'éloge de la municipalité du Demaine, tandis que le Maire lui répondait en « couvrant de fleurs » le représentant du Gouvernement et le conseil nouvellement élu (Note n° 2).

Les nouveaux édiles poursuivirent l'œuvre de la commission municipale dont ils faisaient partie, pour la plupart.

Sous la direction de Revoil, architecte des Monuments historiques, le pont et la chapelle St-Bénezet sont réparés (1). On engage des pourparlers avec les Beaux-Arts, pour obtenir l'autorisation d'ouvrir une brèche dans les remparts, en face la rue du Saule : cette percée était réclamée par l'autorité militaire afin de faciliter les communications entre l'arsenal et les docks des pontonniers (2).

Tandis que l'institut des frères des Ecoles chrétiennes se rendait propriétaire d'un superbe immeuble rue Joseph-Vernet près l'église de l'Oratoire (3), la ville cédait, sans indemnité, au collège libre St-Joseph la partie de la tour de l'horloge des Cordeliers qui lui appartenait encore, le collège s'engageant à entretenir, à perpétuité, l'horloge renfermée dans cette tour (4). Elle entamait, à nouveau, des pourparlers avec l'Etat en vue de l'acquisition de l'immeuble de la rue Dorée que l'Etat devait lui céder, par la suite, au prix de 70.000 francs pour y maintenir avec le Temple et les écoles protestantes, l'Ecole de dessin et l'Ecole professionnelle qui venait de remplacer les anciens cours publics d'architecture et de mathématiques (5).

____

(1) Délib. du 14 septembre 1875 ; des 3 et 20 août 1878. Le devis de cette restauration s'éleva à 9.750 francs dont 5.000 francs furent pris en charge par l'Etat, 1.750 francs par la ville et 3.000 francs par l'archevêque.

(2) Délib. des 14 et 21 avril, 14 juin et 2 octobre 1877.

(3) Délib. du 6 mars 1876.

(4) Délib. du 21 octobre 1875. L'acte de cession porte que l'horloge est en très mauvais état et le cessionnaire répondra toujours, se basant sur cet état constaté, que l'horloge marche aussi bien que possible. (15 novembre 1880).

(5) Délib. des 21 octobre 1875 ; 27 avril, 14 août, 24 novembre, 6 décembre 1876 ; 31 mai 1877 ; 10 juin 1878. Nous avons vu que l'Etat avait contesté la propriété de cet immeuble à la ville, à l'occasion de la percée de la rue Bonaparte. Et la ville avait succombé dans l'instance engagée alors.

Poursuivant les améliorations de la voirie, le conseil municipal décida l'acquisition de la maison Bellon avec l'intention de percer une rue reliant la place Pic à la place Jérusalem (1) ; poursuivit les pourparlers relatifs à la percée d'une rue nouvelle sur l'emplacement occupé par les bureaux de la Préfecture dont il décida d'acquérir le terrain au prix de 25.000 francs (2) ; demanda à la Compagnie P. L. M. l'exécution des travaux nécessaires pour suppléer le passage à niveau du Pontet, lors de la fermeture des barrières (3) et émit un nouveau vœu en faveur de la suppression du péage du pont de Rognonas (4).

L'œuvre maîtresse de la municipalité du Demaine fut l'acquisition par la ville du matériel de la Société des eaux et l'exploitation, en régie directe, par elle de cet important service. Déclarée adjudicataire aux enchères publiques, au prix de 590.100 francs, la ville aliéna 29.660 francs de rentes 5 % pour payer cette acquisition (5). Un arrêté du Préfet, en date du 1er septembre 1876 avait fixé à 600.000 francs le maximum du prix que le maire était autorisé à atteindre. L'arrêté du 14 septembre permit l'aliénation des rentes.

Les négociations continuées en vue de l'établissement d'une école d'artillerie échouèrent définitivement (6).

Une première fois, le conseil protesta contre le projet de création d'un canal au débit de 2 mc 50, à dévier de la Durance, et destiné à arroser les terrains de la rive droite, vers Sisteron (7) ; puis encore il s'opposa à une nouvelle concession d'eau de cette même rivière, sollicitée par les arrosants du canal des Alpines à Salon (8).

Il fit établir une loge pour le Général de Division au théâtre (9) ; envisagea la création d'une station agronomique (10) ; accorda une subvention de 500 francs aux Péni-

---

(1) Délib. des 12 et 16 janvier, 21 avril, 16 juin, 14 août, 6 décembre 1876.

(2) Délib des 21 octobre 1875 ; 3 et 9 août 1878.

(3) Délib. des 27 juin et 9 août 1875 ; 6 mars 1876.

(4) Délib. du 16 mai 1876.

(5) Délib. des 29 août, 26 septembre, 24 octobre, 18 décembre 1876 ; 5 janvier, 5 février, 21 avril, 31 mai, 2, 14 et 19 juin, 14 novembre 1877.

(6) Délib. du 5 décembre 1874.

(7) Délib. du 22 janvier 1875.

(8) Délib. du 10 juin 1878.

(9) Délib. du 15 mars 1876.

(10) Délib. du 21 avril 1876.

tents gris, à l'occasion de leur procession jubilaire (1) ;
approuva la location puis l'acquisition de deux immeubles
adossés aux remparts (2) ; facilita la réorganisation du Conseil des Prud'hommes (3) ; transféra l'école de la rue Banasterie dans un immeuble pris en location rue Bourgneuf (4) ; aliéna la voûte du canal des Sorguettes contre
l'immeuble portant le n° 8 de la rue Calade (rue Joseph-
Vernet) et la rue Mazan (5) et mit à l'étude un projet
d'érection d'un monument en l'honneur du chevalier Philippe de Girard (6).

L'installation du conseil municipal, élu le 6 janvier 1878
qui devait être dissous le 1er octobre de la même année
avait eu lieu le 21 janvier.

Lors des élections législatives du 5 mai 1878, le maire
du Demaine ne tint aucun compte des observations et des
instructions du préfet Spuller, observations et instructions
qui avaient pour but de permettre aux électeurs le contrôle
des opérations électorales. Il fut, de ce fait, suspendu de
ses fonctions par arrêté du 12 mai 1878 (Note n° 10). Suspendu une fois encore, pour deux mois avec ses adjoints,
le 20 août 1878, ensemble ils furent enfin révoqués par décret du 15 septembre 1878.

---

(1) Délib. du 3 juin 1876. Cette procession avait lieu tous les vingt-
cinq ans. La même subvention, pour le même but, avait été accordée
aux Pénitents gris en 1851.

(2) Délib. des 5 mars et 31 mai 1877.

(3) Délib. du 5 mars 1877. Le Conseil des Prud'hommes d'Avignon a
été établi en 1808 (celui de Lyon, le premier en date, l'avait été en
1806) en faveur : 1° de la fabrication des étoffes de soie ; 2° de la filature et du moulinage des soies ; 3° de l'impression des indiennes et des
teintures. On y adjoignit d'autres corps de métiers en 1869.

(4) Délib. des 31 mai et 2 juin 1877.

(5) Délib. du 20 août 1878.

(6) Délib. du 16 novembre 1877.

Conseillers municipaux élus en vertu de la loi du 18 juillet 1837

Elections du 22 novembre 1874
Installation du 22 novembre 1874

Granier Frédéric, Goudareau Louis, Silvestre, Monestier aîné, Amic Désiré, Carbonel Louis, Berton Henri, Colonel Dufour, Docteur Béchet, Comte du Demaine, Rieu Victor, Ourson, Du Laurens Alfred, Commandant Dantreygas, Coste notaire, Luneau Henri, Dumas (du Pontet), Benoit, Perre Emile, Aubert (de Montfavet, Richard Joachim, de Millaudon Ernest, de la Bastide, Penne fils, Docteur Villars, Gérard médecin, de Salvador, Verdet Gabriel, Vallabrègue Joseph, Docteur Yvaren.

Elections du 6 janvier 1878
Installation du 21 janvier 1878

Ourson Charles, Yvaren Prosper, Verdet Gabriel, Palun Auguste, Vallabrègue Joseph, Commandant Dantreygas, Berton Léon, Monestier, Coste Adrien, Colonel Dufour, Goudareau Louis, Docteur Villars, Amic André, Docteur Béchet, Rieu Victor, Alfred du Laurens, Perre Emile, Luneau Henri, Comte Roger du Demaine, Aubert à Montfavet, Benoit, Ernest de Millaudon, Edmond de la Bastide, Granier Frédéric, Richard Joachim, Dumas au Pontet, Gérard François, Penne fils, Silvestre, Jules de Salvador.

Conseil municipal dissous par décret du 1er octobre 1878.

Commission municipale nommée par décret du 1er octobre 1878 installée le 5 octobre 1878

Poncet Paul, Meynaud Léopold, Abric Louis, Lauriol Ernest, Fabre de Thierrens Charles, Raveau Eugène, Terrasse

Edouard, Dumas Joseph, Brunet Jean, Escoffier Alexis, Jacquet Charles, Cousin Eugène, Garde aîné, François François, Chevillon, Crémieu Léon, Maumet Emile, Millo Eugène, Bourges Gabriel.

Notes - Pièces justificatives

NOTE N° 1

Séance du 29 janvier 1874

Discours du Préfet

Messieurs,

Le Gouvernement du Maréchal de Mac Mahon, sur ma proposition dont je revendique hautement la responsabilité. a pensé qu'il était juste et utile de vous confier l'administration de cette intelligente et généreuse cité.

En vous désignant à son choix, je n'ai consulté que l'intérêt public et nullement vos convenances personnelles.

Ce n'est point un honneur que j'ai prétendu vous faire, sachant par expérience, sans que je songe à m'en plaindre, ce que pèse le fardeau du pouvoir ; c'est l'accomplissement d'un devoir que je vous ai demandé, sans vous avertir, bien sûr que mon appel serait entendu, comme il l'a toujours été dans ce pays, où l'on marche à visage découvert et le cœur sur la main.

Je savais que l'ambition du bien vous tenterait, j'ai compté sur elle, et j'ai réussi.

Soyez donc remerciés, Monsieur le Maire, Messieurs les Adjoints et Messieurs les Membres de la Commission municipale.

Bien que je n'ai pas l'honneur de vous connaître personnellement tous, vous ne m'êtes point étrangers pourtant. Je n'ignore ni votre passé, ni vos services, ni votre valeur morale. Laissez-moi croire que je ne vous suis pas étranger non plus.

Depuis huit mois que j'administre le département de Vaucluse, j'ai vécu dans son intimité, je m'y suis attaché, je me suis donné à lui tout entier. Aujourd'hui je suis pour vous un compatriote. J'ai appris qui vous êtes, Messieurs, des hommes intelligents, dévoués, investis au plus haut degré de l'estime et de la considération de vos concitoyens, ayant fait le bien et devant le faire encore dans le présent et l'avenir.

Vous exercerez donc le pouvoir municipal avec justice, impartialité, sagesse, résolution. Les intérêts moraux et matériels de la ville d'Avignon, sont entre de bonnes et vaillantes mains.

La politique, qui, dans notre société si profondément ébranlée mais toujours si vivante, Dieu merci, se mêle à tout, sera bannie de cette enceinte. C'est sur un autre terrain qu'elle peut se développer légitimement. Ici elle serait une usurpation.

La politique est l'ennemie des libertés municipales, c'est par elle que ces paisibles assemblées communales perdent leur caractère de conseils de famille et que la passion s'y introduit pour devenir souvent mauvaise conseillère et parfois oppressive.

Tous unis dans la défense des grands intérêts sociaux dont la garde est confiée à une loyale et glorieuse épée, vous travaillerez dans votre sphère, sous l'autorité respectée de la loi, à la pacification de notre cher et malheureux pays et vous montrerez comment, en servant la terre natale de sa volonté, de son expérience, de ses lumières et de son temps, on sert la grande Patrie.

Dans le moment où nous sommes, souffrant encore de nos blessures à peine cicatrisées, l'union est plus qu'une nécessité, c'est un impérieux devoir. Vous en donnerez l'exemple et le goût à vos administrés, Messieurs, en leur prouvant qu'en elle est la force, la dignité, le salut, la prospérité de votre ville comme de la France.

Au nom de la loi, je déclare la commission municipale installée dans ses fonctions.

M. le Maire a répondu en ces termes :

Monsieur le Préfet,

Quelques lourdes que soient, dans les circonstances présentes, les fonctions que le Gouvernement du Maréchal de Mac Mahon, sur votre initiative, nous a investis, nous ne pouvions hésiter à en accepter le fardeau et l'honneur.

Nous avons compris que nous n'avions pas le droit de lui refuser un concours sans réserve qui devient, à cette heure, le plus sacré des devoirs.

En faisant appel à notre patriotisme, vous deviez être entendu, vous l'avez été.

Nous voici rangés autour de vous, et résolus à vous seconder dans ce généreux labeur de préservation et de régénération sociales que vous avez si vaillamment entrepris, et que vous achèverez avec l'aide des bons citoyens.

Comme vous, énergiquement conservateurs, nous nous appliquerons à faire le bien, dans la mesure de nos forces, en pratiquant la justice, sans que les obstacles puissent nous détourner du but élevé que nous poursuivons. Le salut de notre cher pays.

Observateurs fidèles de la loi, nous éviterons de franchir le cercle de nos attributions spéciales pour nous lancer dans le champ interdit de la politique. Nous ferons de l'administration ferme et conciliante, sans rancune comme sans esprit de parti, nous attachant à servir à la fois les intérêts moraux et matériels de la cité, plus soucieux de notre propre dignité et de l'accomplissement de nos devoirs, que jaloux de cette vaine et éphémère popularité qui ne tente que les ambitieux vulgaires et les faux amis du peuple.

Notre ambition sera de grouper à notre entour les hommes de bonne volonté et de toutes les opinions qui voudront coopérer, dans un effort commun, avec l'énergie de l'honnêteté, à l'œuvre de salut que poursuit le loyal soldat, le moderne Bayard auquel l'assemblée souveraine a confié la première magistrature du pays.

Pour moi, Monsieur le Préfet, en réfléchissant à l'étendue des devoirs que m'imposent mes nouvelles fonctions, je ne les envisage pas sans crainte. J'aurais peur que mon inexpérience ne trahît mon bon vouloir, si je connaissais moins les honorables concitoyens que le Gouvernement m'a donnés pour aides, et que je serais heureux d'avoir souvent pour conseils et pour guides.

Je ne doute pas qu'ils ne m'accordent leur bienveillant et patriotique concours.

La juste considération dont ils jouissent, l'estime publique qui les entoure, l'habitude des affaires qu'ils possèdent à un si haut degré, leurs services passés, l'esprit de conciliation dont ils sont animés me donnent la certitude que nous pourrons mener à bien notre tâche difficile.

Unis dans l'amour de la Patrie, cette religion commune à tous ceux qui ont une âme française, nous mettrons notre honneur à bien gérer les affaires municipales. Pour nous, enfants d'Avignon, les intérêts de cette ville qui nous est chère à tant de titres, seront notre préoccupation constante et si, avec l'aide de Dieu, nous parvenons à les bien servir, nous trouverons notre récompense dans la satisfaction d'avoir justifié la confiance du Gouvernement et mérité celle de nos administrés.

———

NOTE N° 2

Séance du 29 novembre 1874

Discours du Préfet

Messieurs,

Le 29 janvier, il y a dix mois, jour par jour, à cette heure, nous sommes entrés, vous et moi dans cette enceinte, la tête haute et le cœur ferme, comme il convient à des hommes qui ne fuient pas les responsabilités et qui remplissent un devoir.

Cette origine, je tiens à la rappeler, non sans quelque orgueil, parce qu'elle est honorable pour vous et pour celui qui vous parle, et parce qu'elle a constitué, des deux côtés, un acte de solidarité dans le dévouement et le patriotisme.

Lorsque à des époques troublées comme la nôtre, on a l'ambition de servir son pays, il faut ne pas craindre d'affronter une impopularité passagère, en bravant courageusement l'opinion égarée il faut même aller jusqu'à imposer le bien à ceux qui le refusent et en profitent.

C'est là la tâche des gouvernants et des administrateurs dignes de ce nom. Ils ont charge d'âmes ; et quand appuyés sur leur conscience et sur la loi, et poursuivant un but sacré : l'intérêt public, ils savent vouloir et agir, il est bien rare qu'ils ne réussissent pas.

La volonté et l'action sont les deux grandes forces humaines. Avec elles, rien n'est impossible. Rien n'est possible sans elles. Avec ces deux leviers, on soulève les hommes et on les entraîne.

Eh bien ! Messieurs, nous avons voulu et nous avons agi ensemble. C'est pour cela que vous avez remporté la victoire dans cette ville ; c'est pour cela que j'ai la satisfaction partagée avec beaucoup de voir mes efforts couronnés de succès sur bien des points de ce cher et beau département, auquel sa capitale donne un grand exemple d'union et de sagesse.

Plut à Dieu qu'il en fut de même partout, dans cette pauvre France meurtrie, que des courants contraires se disputent, alors qu'elle a tant besoin d'apaisement, pour reconquérir sa prospérité et sa grandeur.

C'est à tort, du reste, Messieurs, que j'ai parlé de l'opinion bravée, ici ; j'aurais dû dire une certaine opinion, car, si vous vous le rappelez, votre prise de possession de l'Hôtel de ville fut saluée comme une délivrance et comme un espoir, par tous ceux qu'oppressait le souvenir de maux soufferts et qu'animait l'ardent désir des jours meilleurs.

A ce moment, la loi du 20 janvier venait d'être promulguée ; loi salutaire qui, en redonnant au Gouvernement le droit primordial d'avoir un représentant de son choix dans la commune, répondait à une nécessité impérieuse et reconstituait l'unité et la solidarité nationales.

La nomination du Maire et des Adjoints d'Avignon fut la première et certainement une des plus heureuses applications de la loi du 20 janvier.

Cette loi, qui deviendra définitive, n'en doutez pas, parce qu'elle s'impose par la logique irrésistible des faits et la force inéluctable des choses, cette loi a été féconde, en particulier dans ce département. C'est grâce à elle que l'esprit public s'est amélioré peu à peu, et que l'autorité, sans laquelle il n'existe ni ordre ni liberté, a repris, au sein des populations, sa légitime et bienfaisante influence.

Vous, Messieurs, vous avez eu le mérite, et pourquoi ne le dirai-je pas, la gloire d'être des précurseurs dans cette voie de salut où nous sommes entrés après de lamentables essais ; où nous continuerons à marcher d'un pas résolu ; où nous trouverons au bout la restauration et l'affermissement de la Patrie, j'en ai l'inébranlable confiance.

Pendant dix mois vos concitoyens vous ont vus à l'œuvre, infatigables, unis, dévoués, travaillant sans bruit, débutant par des réformes immédiates, urgentes, et pourtant négligées jusqu'alors par vos devanciers ; puis employant à des entreprises utiles, les bras inoccupés ; et en organisant en dernier lieu, sans rien demander aux finances municipales, des fêtes qui, à raison de leur éclat extraordinaire et de leur grand caractère moral, littéraire et patriotique, n'avaient pas eu de rivales dans le passé le plus lointain de votre ville.

Telle a été votre carrière administrative, à vous que l'on appelait les administrateurs imposés de la cité, et qui en étiez les serviteurs les plus intelligents, les plus estimés et les plus fidèles.

Mais les préventions dont vous poursuivait la passion

politique allaient s'affaiblissant dans la masse, tout en persistant chez des adversaires plus remuants que nombreux, plus bruyants qu'écoutés. Votre jour est enfin venu, comme il vient inévitablement pour les bons ouvriers. Et votre jour, Messieurs, permettez-moi cet égoïsme, est aussi le mien, car nous sommes solidaires, et après avoir lutté en commun, nous pouvons, en ne pas franchissant l'horizon vauclusien, nous réjouir ensemble.

Le scrutin du 22 novembre, d'autant plus significatif qu'il a été plus rare dans les villes de l'importance d'Avignon, prouve que vous avez des racines profondes dans cette généreuse cité ; depuis longtemps on n'avait vu semblable majorité de suffrages acclamer un Conseil municipal et ratifier l'initiative hardie d'un administrateur.

Pour qui connaît le tempérament impressionnable, ardent, expansif des habitants de ce pays, des manifestations si consolantes n'ont rien qui étonne.

Laissez-moi vous faire un aveu. Messieurs, celui qui depuis 18 mois vit dans l'intimité active de ce département s'attendait au succès. Je caressais cet espoir, étant de ceux qui croient à la justice, qui aiment sincèrement et virilement le peuple, et qui le plaignent bien plus qu'ils ne l'accusent dans ses égarements.

Quand le peuple pense et agit mal, souvent c'est qu'il souffre et toujours c'est qu'il est détourné du droit chemin par ses courtisans, les plus dangereux et les plus méprisables de tous.

Le 22 novembre donc, le peuple avignonais a rendu son verdict et la commission qui tenait ses pouvoirs de l'autorité et de la loi les tient aujourd'hui du suffrage libre et reconnaissant de ses concitoyens.

Je vous disais, Messieurs, que je ne désespérais pas de la justice populaire qui arrive tôt ou tard. Voyez comme ici elle a été prompte et intelligente.

Le nom qui est sorti le premier de l'urne, est celui d'un homme qui, après avoir été dans des temps difficiles un maire éminent et courageux de sa ville et un des représentants les plus fermes de son département, qui après avoir occupé des postes élevés avait consenti, aussi modeste qu'énergique dans l'accomplissement du devoir, à enrichir la commission municipale de son autorité et de son dévouement. Aussi, avons-nous été heureux de voir la reconnaissance publique qu'avait devancée la nôtre, payer d'un juste retour une aussi noble abnégation.

Que celui qui en est l'objet me pardonne si, plus soucieux de ma gratitude que de sa modestie, j'ose me faire devant lui l'interprète et l'écho des sentiments qui sont dans toutes les âmes.

Cinq sièges étaient restés vacants dans la commission. Je me réjouis de les voir occupés à cette heure par ceux à qui ils étaient destinés et qui étaient si dignes de s'y asseoir. Les nouveaux venus en apportant leur précieux concours à leurs vingt-cinq collègues, ont achevé de cimenter l'union conservatrice municipale d'Avignon. Qu'ils en soient cordialement remerciés.

J'aurais à me reprocher une omission, Monsieur le Maire, si je ne proclamais pas bien haut la large part qui vous revient, ainsi qu'à vos excellents adjoints, dans l'éclatant et décisif succès du 22 novembre.

Inconnu de vos concitoyens, comme administrateur, la veille du 29 janvier, vous avez depuis le jour où le pouvoir municipal vous a été remis, fait preuve d'une activité constante, d'un dévouement infatigable, d'une remarquable aptitude pour les affaires, d'un esprit conciliant, ferme et libéral et d'un grand amour de la justice et de l'intérêt public.

Votre initiative a été féconde. Après avoir mérité l'estime et la sympathie des collègues qui vous voyaient à l'œuvre, et vous être montré digne de les présider, ce qui est le plus bel éloge que je puisse vous adresser, vous avez conquis la popularité, sans lui faire d'autre sacrifice que celui de votre temps et de vos efforts, vous l'avez conquis de la façon la plus noble, par l'accomplissement de tous vos devoirs de premier magistrat de la cité.

Maintenant qu'une consécration nouvelle vient s'ajouter à l'investiture que vous avait conférée le Gouvernement, vous n'avez qu'à continuer, en cette double qualité, ce que vous avez si bien commencé, n'oubliant jamais que le dévouement à l'illustre Maréchal, dont l'épée défend les intérêts de la Patrie et de la société française, est une des premières obligations de vos fonctions.

La vie de l'administrateur aujourd'hui n'est pas une vie oisive, c'est une lutte sans trêve pour le bien, vous le savez, et vous en avez déjà pris l'habitude.

Tous, nous n'avons d'autre ambition que d'être utile à notre pays. Prouvons à nos administrés et à nos concitoyens que nous savons les aimer d'un sincère amour.

Servons-les plus par nos actes que par notre langage. Agissons et soyons des hommes !

Là est le patriotisme, là est le devoir, et, pour les âmes élevées là est la récompense.

Au nom de la loi, je déclare le Conseil municipal d'Avignon installé dans ses fonctions.

M. le Maire a répondu en ces termes :

Monsieur le Préfet,

Vous venez d'exprimer dans un noble et chaleureux langage des sentiments qui trouvent toujours de l'écho dans nos cœurs.

Qui, mieux que vous pouvait nous parler de patriotisme et de devoir ?

Vous avez relevé ce pays généreux.

Vous avez rallié autour de vous le grand parti conservateur, et, le soutenant à la fois de vos conseils et de vos exemples. vous lui assuriez dans nos dernières luttes une victoire décisive.

C'est pour moi un devoir et un honneur de le proclamer bien haut, en mon nom, au nom du Conseil municipal et au nom de mes concitoyens.

Ce pays, croyez-le bien, est de ceux qui n'oublient pas les services rendus ; il honore tous les dévouements, et je suis sûr d'être son interprète fidèle, en vous témoignant le désir de vous conserver longtemps à notre tête, et de vous voir achever et consolider l'œuvre de régénération et d'apaisement que vous avez si bien commencée.

Pour vous, mes chers Collègues,

Après le témoignage si plein d'autorité et de justice qui vient de vous être rendu, il ne m'appartient pas de faire votre éloge ; mais je manquerais au plus doux de mes devoirs, si je ne vous exprimais de nouveau ma gratitude pour la constante bienveillance que vous m'avez témoignée. Cette bienveillance a été ma plus grande force ; elle le sera toujours.

C'est ainsi, qu'appuyés les uns sur les autres, et unis dans un même respect de la loi, dans un même amour de notre chère ville d'Avignon, nous continuerons ensemble à faire le bien et nous justifierons l'éclatante marque de confiance que nous avons reçue de nos concitoyens.

NOTE N° 3

Arrêté de suspension du maire Du Demaine

PRÉFECTURE DE VAUCLUSE

Nous, Préfet de Vaucluse,

Vu les décrets du 2 février 1852 et les instructions ministérielles des 17 février 1852 et 30 mai 1857 ;

Vu la loi du 5 mai 1855, article 2 ;

Vu les instructions adressées à Monsieur le Maire d'Avignon, par notre lettre en date du 4 mai, présent mois, portant que, si des barrières étaient reconnues indispensables pour le maintien du bon ordre aux abords du bureau, elles ne devraient pas être disposées de telle sorte que la généralité des électeurs ne puisse suivre aisément toutes les opérations du scrutin, et que dans aucun cas, elles ne devraient être un obstacle à la circulation autour de la table du bureau et être un moyen d'écarter de cette table ceux des électeurs qui manifesteraient le désir de contrôler les opérations du vote, pour s'assurer de la régularité des émargements et de la parfaite identité des votants, la dite lettre se terminant par ces mots : « Je tiens d'une manière essentielle à ce que mes instructions, sur les divers points que je viens de rappeler, soient ponctuellement suivies, et j'estime que ce serait faute grave que d'adopter d'autres dispositions. » ;

Vu la lettre de Monsieur le Maire d'Avignon, en date du 5 de ce mois, contenant accusé de réception de nos instructions sus énoncées, et portant : « Les présidents des sections de vote se conformeront scrupuleusement aux décrets organique et réglementaire du 2 février 1852, ainsi qu'aux circulaires ministérielles des 17 février 1852 et 30 mai 1857 explicatives de ces décrets. » ;

Vu les rapports de police en date des 5 et 6 mai, constatant que, dans toutes les sections de vote étaient établies des barrières à l'entrée de la plate-forme où se trouvait la table du bureau ; que dans plusieurs sections cette table était trop près du mur pour qu'il fut possible de circuler derrière les membres du bureau ; qu'en outre dans la plupart des sections où ce fait eût été possible, il était défendu de circuler autour de la table du vote ; et que, par suite, des électeurs ont été invités à quitter la plate-forme où ils se tenaient pour surveiller les opérations, et à se placer en

dehors des barrières, à une distance qui ne leur permettait
pas d'effectuer cette surveillance ;

Vu le procès-verbal dressé le jour de l'élection à la réquisition de M. des Isnards, président de la deuxième section, par M. le Commissaire Central d'Avignon, contre M.
François Edouard Blanchon qui se tenait adossé à la barrière et à une distance de trois mètres du bureau, pour lui
enjoindre d'avoir à quitter cette place, à descendre de la
plate-forme, et à se tenir en dehors de la barrière, ce qu'il
fut obligé de faire, malgré ses protestations et sa déclaration qu'il ne lui était pas possible à cette distance de contrôler les opérations électorales ;

Considérant que de tous ces faits, qui sont de notoriété
publique, il résulte que, malgré les instructions précitées,
acceptées tacitement, en apparence par M. le Maire d'Avignon, les opérations du bureau n'auraient pu être facilement contrôlées par ceux des électeurs qui l'auraient désiré
et même n'ont pu l'être par ceux qui en ont manifesté l'intention ;

Considérant que le droit des électeurs à ce sujet se trouve dans les termes et dans l'esprit de la loi et que le pouvoir des Présidents des bureaux de vote, pour la police de
la salle, n'a été institué qu'en vue d'en assurer l'exercice
et non pour l'entraver ; que les circulaires ministérielles
renferment à ce sujet des prescriptions qui ont été la cause
déterminante des instructions transmises par nous à Monsieur le Maire d'Avignon ; et que ces instructions prévoyant
les faits qui pouvaient se produire à l'encontre du droit des
électeurs dans les diverses sections de vote, devaient être
de la part de M. le Maire d'Avignon l'objet d'une attention
particulière et de recommandations toutes spéciales qui en
auraient assuré l'exécution ;

Considérant que de l'ensemble de tous ces faits, portés
à notre connaissance, résulte un parti-pris de méconnaître
les prescriptions légales et les instructions ministérielles
et préfectorales ; et qu'on ne saurait admettre que l'autorité municipale, malgré les avertissements les plus formels,
se substituât à la loi et à l'autorité supérieure, alors surtout qu'il devait en résulter des restrictions aux droits les
plus importants conférés aux citoyens.

ARRÊTONS :

ARTICLE PREMIER. — Monsieur le Comte Roger du Demaine, maire d'Avignon, est suspendu de ses fonctions
pour un mois, à partir de demain treize mai courant.

Art. 2. — Monsieur Zéphirin Silvestre, premier adjoint, devra exercer les fonctions de maire pendant le temps de cette suspension.

Art. 3. — Monsieur le Commissaire Central est chargé de la notification du présent arrêté qui sera inséré au Recueil des Actes Administratifs.

Avignon, le 12 mai 1878.

Signé : A. SPULLER.

Pour ampliation :

Le Secrétaire Général,

Signé : Illisible.

Troisième municipalité Paul Poncet

Maire : Poncet Paul, nommé maire provisoire par décret du 1er octobre 1878, installé le 5 octobre, nommé maire par décret du 19 novembre 1878.

Adjoints : Meynaud,

Abric, nommés et installés aux mêmes dates.

Valayer Louis, nommé le 19 novembre 1878.

Conseiller municipal faisant fonction de Maire : Favre de Thierrens, nommé par arrêté du 18 janvier 1881.

Brunel Léon, en vertu de l'arrêté du 23 janvier 1881 qui confie ces fonctions au premier conseiller inscrit..

Secrétaire en chef : Buisson.

Le décret du 1er octobre 1878 en même temps qu'il prononçait la dissolution du conseil municipal, nommait le maire et les adjoints provisoires, et une commission municipale. Lors de l'installation de cette administration nouvelle le 5 octobre, le préfet Spuller prononça une courte allocution où il flétrit les événements politiques qui avaient amené la révocation de la deuxième municipalité Paul Poncet et la dissolution de son conseil municipal (Note n° 1).

Les élections municipales eurent lieu le 20 octobre, quinze jours seulement après cette installation. Les candidats républicains furent élus sans concurrents (1).

____

(1) Après les élections, le conseiller Millo avait réclamé la révocation des employés municipaux nommés par la précédente administration et de ceux qui s'étaient compromis durant la campagne électorale (délib. du 16 novembre 1878).

La municipalité Poncet et son conseil firent rétablir dans le péristyle de l'Hôtel de ville la plaque en marbre rappelant la défaite de l'Empire, plaque qui avait été détruite le 29 janvier 1874, lors de l'avènement de la commission municipale conservatrice, mais la rédaction en fut modifiée (1). La rue et le cours Pétrarque reprirent leur nom de rue et cours de la République.

L'assemblée communale émit un vœu en faveur de la nomination du maire et des adjoints par le conseil municipal, insistant pour que cette réforme soit introduite dans la loi organique en préparation, de même que la publicité des séances et l'autorisation pour le conseil de siéger en dehors des sessions ordinaires (2).

Elle rétablit les quatre grandes commissions permanentes créées en 1871 (3).

La remise des drapeaux aux deux régiments en garnison à Avignon (141e de ligne et 1er régiment d'artillerie pontonnier) eut lieu le 14 juillet 1880 en présence des autorités, de la municipalité et du conseil municipal.

Paul Poncet réalisa l'acquisition de l'immeuble de la rue Dorée (4) ; fit poursuivre la percée de la rue de la Préfecture (rue Viala) (5) ; se préoccupa de combler le déficit des Hospices qui ne faisait que croître depuis 1869, tant à cause de la diminution des revenus des propriétés de ces établissements que du renchérissement des denrées et de l'insuffisance des subventions de la ville (6) ; contribua au dégagement des remparts, la ville s'étant rendue acquéreur de terrains en bordure de nos murailles entre la porte du Rhône et la porte de l'Oulle (7), et à droite en sortant de la porte St-Michel (8), et à la création de nouvelles écoles laï-

---

(1) Délib. du 11 novembre 1878.

(2) Délib. du 11 février 1879.

(3) Délib. du 12 août 1879.

(4) Délib. des 13 novembre 1878 ; 10 janvier et 29 août 1879. Cette transaction fut autorisée par la loi du 29 août 1879.

(5) Délib. des 12 et 26 mars et 22 avril 1879 ; 23 mars, 3 juillet et 15 octobre 1880. Le département avait acquis le 20 janvier 1875 d'un sieur Foulc, l'ancien Hôtel de Verclos pour y installer les archives départementales. Celles-ci furent transférées au Palais des Papes en 1880 dans le local des anciennes prisons départementales et l'Hôtel de Verclos libéré donna asile aux Bureaux de la Préfecture qui l'occupent encore aujourd'hui. Ils étaient alors installés dans l'Hôtel de Beaupré qui fut démoli.

(6) Délib. du 13 décembre 1878.

(7) Délib. du 14 janvier 1879.

(8) Délib. du 6 avril 1880.

ques (1) ; passa un traité avec l'autorité militaire pour l'occupation, par cette dernière, des bâtiments de l'ancienne douane dont la ville gardait la nue propriété (2) ; vit l'achèvement des restaurations du Pont St-Bénezet (3) ; demanda encore à la Compagnie P. L. M. de vouloir bien créer un passage, sous la voie, près la gare du Pontet (4) ; étendit l'éclairage au gaz aux boulevards extérieurs (5) ; réalisa l'assainissement de l'Hospice St-Louis et de la rue St-Charles par la couverture des canaux qui étaient encore à ciel ouvert (6), et l'agrandissement du square St-Martial (7). Il fit établir les escaliers St-Etienne entre la place de la Madeleine et la rue Petite-Fusterie (8).

Un emprunt de 3.000.000 francs, amortissable en trente ans, autorisé par la loi du 30 décembre 1879, et destiné à la réalisation d'un certain nombre d'importants travaux et aussi à la conversion de sa dette (pour 1.989.357 fr. 98) fut contracté par la ville. C'était là une heureuse opération qui permit de profiter de l'abaissement du taux de l'intérêt (9). Cet emprunt servit à payer les dépenses engagées pour les percées des nouvelles rues. rue Thiers (10), rue Viala, place Jérusalem (11), rue Buffon (710.600 fr. 13), les travaux de défense contre la Durance (77.500 fr.) (12), ceux du groupe scolaire de la rue Thiers dont les plans avaient été mis au concours (13) et plus tard, l'aménagement du collège de jeunes filles (188.704 fr. 58).

Un projet de nouvelle ouverture dans les remparts à la porte S-Lazare pour dégager la porte existante fut mis à l'étude et confié à l'architecte des Monuments historiques Revoil (14), tandis qu'une brèche était enfin pratiquée dans

(1) Délib. du 22 janvier 1879. Il y avait alors deux écoles laïques de garçons, l'une dans les locaux de St-Jean, l'autre rue Bourgneuf, et deux écoles laïques de filles, l'une rue Pétramale, et l'autre rue des Infirmières.

(2) Délib. du 26 mars 1879.

(3) Délib. du 6 avril 1880.

(4) Délib. des 18 novembre 1878 et 18 février 1879.

(5) Délib. du 12 novembre 1879

(6) Délib. du 21 juin 1880.

(7) Délib. du 3 juillet 1880 (coût 29.000 francs).

(8) Délib. du 15 octobre 1880.

(9) Délib. des 25 avril, 12 et 13 mai 1879 ; 6 et 13 janvier, 16 et 19 février, 24 mars, 21 juin, 3 juillet 1880.

(10) Délib. des 22 avril et 13 octobre 1879 ; 26 avril, 18 mai, 21 juin, 3 et 23 juillet, 13 août, 10 et 20 septembre, 8 et 10 octobre, 15 novembre, 8 et 15 décembre 1880.

(11) Délib. du 23 juillet 1880.

(12) Délib. du 15 décembre 1879.

(13) Délib. du 10 octobre 1880.

(14) Délib. des 27 septembre 1879 ; 10 mai et 15 novembre 1880.

le mur d'enceinte en face le débouché de la rue du Saule (rue Thiers) (1). Par arrêté du maire du 17 juin 1879, les rues du Saule et du Saule prolongée prirent le nom de rue Thiers et la brèche des remparts devint la porte de la Liberté.

On commença vers cette époque les travaux de la ligne du chemin de fer de la rive droite du Rhône (2). Après résiliation du bail, passé entre le département et la ville, l'Ecole normale fut transférée de St-Martial à l'ancien Hôtel de Laborde acquis par décision du conseil général (3), et le conseil envisagea le transfert des écoles municipales et du Temple protestant à St-Martial et la vente de l'immeuble de la rue Dorée (4).

Il s'était empressé de décider la suppression de la musique municipale créée par l'administration du Demaine (5), avait émis un vœu en faveur du transfert de la Cour d'assises de Carpentras à Avignon (6) et un autre pour réclamer, une fois encore, le rachat du droit de péage du Pont de Rognonas (7).

L'assemblée communale accorda une subvention de 1.000 francs pour l'érection du monument de Philippe de Girard (8) ; concéda pour dix ans un service d'omnibus en ville (9) ; porta de dix-sept à vingt le nombre des agents de police (10) et fit établir une fontaine wallace sur le cours de la République (11).

Les 9 et 16 janvier 1881, eurent lieu les élections municipales. Au premier tour de scrutin, deux listes républicaines furent en présence. La liste dite « d'Union républicaine » eut vingt-neuf élus, et le trentième arriva au second tour sans concurrent. Chacune de ces listes comptait parmi ses candidats un certain nombre de conseillers sortants. L'une, celle des élus, préconisait une politique républicaine plus accentuée, avec la libre discussion parmi les conseillers, l'autre avec Paul Poncet visait à la constitution d'un conseil municipal homogène.

(1) Délib. du 12 octobre 1878.
(2) Délib. du 29 avril 1879.
(3) Délib. du 6 février 1880.
(4) Délib. du 12 novembre 1879 et du 6 avril 1880.
(5) Lors de la discussion du Budget de 1879.
(6) Délib. du 13 mai 1879.
(7) Délib. du 5 novembre 1880.
(8) Délib. du 10 mai 1880.
(9) Délib. du 21 juin 1880.
(10) Délib. du 15 novembre 1880.
(11) Délib. du 8 décembre 1880.

Conseillers municipaux élus en vertu de la loi du 18 juillet 1837

Elections du 20 octobre 1878
Installation du 27 octobre 1878

Poncet Paul, Général Nicolaï, Abric Louis, Valayer Louis, Meynaud Léopold, Denis Edouard, Cremieu Léon, **Favre de Thierrens**, Escoffier, Michaëlis, Faure Silvestre, Terrasse Edouard, Joyeuse aîné, Deville Charles, Cappeau Anatole, Jacquet, Garde Benoit, Vidal, Jouve, Vernet Napoléon, François François, Caizergues, Reynaud aîné, Guibert Alfred, Achard Félix, Desfond aîné, Millo Eugène, Cartoux, Mounier Henri, Armand Paul.

Cappeau et Achard démissionnent le 28 avril 1880. Abric en mai 1880.

Elections des 9 et 16 janvier 1881
Installation du 23 janvier 1881

Brunel Léon, Mercier François, Brachet Frédéric, Mentasti Louis, Garde Benoit père, Deville Charles, Millo Eugène, Guilbert d'Anelle, Chapuis Théodore, Vidal Laurent, Mounier Henri, Paul Charles Louis, Bédouin fils, Grangeon Charles, Flandrin Barthélemy, Cartoux, Ayme Guillaume, Mollo Pierre, Robert Paul, Combe André Martin, Escoffier Alexis, Toussaint Louis, Moussier Auguste, Mouret Claude, Combe André Simon, Trouillas Clément, Baille Louis, Joyeuse Jacques, Breussen-Peyre François, Vissac Philippe.

Cartoux décédé, Brunel démissionne le 20 octobre 1881.

Démissionnaires le 17 novembre 1881 :

Mentasti, Mercier, Deville, Chapuis, Vidal, Bédouin, Grangeon, Mollo, Robert, Combe Martin, Toussaint, Moussier, Combe Simon et Joyeuse.

Note - Pièce justificative

NOTE N° 1

Séance du 5 octobre 1878

Allocution du Préfet

Vous avez sans doute déjà reconnu, Messieurs, que le Gouvernement par le choix de vos personnes et l'intention qu'il a de faire procéder dans le plus bref délai à de nouvelles élections municipales dans Avignon, a obéi à un double sentiment.

Il a voulu rendre à l'Administration municipale à laquelle vous avez tous appartenu, ce témoignage que, librement et honnêtement élue, elle n'avait pas démérité, et que sa disparition n'a été que la conséquence d'événements politiques, dont les effets n'ont été dans aucun autre département aussi désastreux que dans Vaucluse. Votre réinstallation apparaîtra donc à vos concitoyens comme un acte de réparation qui, longtemps attendu, est enfin justement et légitimement accompli.

Le court délai dans lequel vous devez appeler vos concitoyens à élire un nouveau Conseil municipal est un hommage que le gouvernement de la République entend rendre au suffrage universel. Le temps des Commissions municipales instituées pour violenter ou fausser la volonté des élections à tous les degrés soient loyales et libres ; c'est d'ailleurs répondre à votre désir que de vous inviter à faire ces élections dans des conditions qui en assurent la sincérité et qui, j'en suis convaincu, donneront à votre cité une représentation digne d'elle.

Vous rendrez ainsi à vos concitoyens le plus respectueux hommage et à la République le plus grand des services qu'elle attend de vous.

Municipalité Millo

Maire : Millo Eugène, nommé par décret du 7 février 1881.

Adjoints : Deville Charles,
Brachet,
Paul, nommés à la même date.
Deville démissionne de ses fonctions d'adjoint en octobre 1881.

Secrétaire en chef : Buisson.

Recensement de la population d'Avignon en **1881** :
37.657 *habitants.*

La municipalité Millo, municipalité éphémère puisque son mandat ne dura pas un an, marqua son passage à l'Hôtel de ville par la suppression des processions, conséquence d'un vœu émis à l'unanimité par le conseil municipal (1). Elle changea le nom de la rue Calade en celui de rue Joseph-Vernet (2) ; mit à l'étude un plan général d'alignement de la banlieue qui ne sortit jamais des cartons (3) et réclama la restauration des remparts (4).

A l'occasion du quatre-vingtième anniversaire du grand poète national, le conseil municipal fit tenir à Victor Hugo une adresse de félicitations (Note n° 1).

Millo poursuivit la construction du groupe scolaire de la rue Thiers, l'achèvement de la rue Thiers et l'établissement des rues nouvelles en bordure de cette artère (rue Buffon) (5), les pourparlers pour le dégagement de la porte St-Lazare (6) et la consolidation des digues de la Durance (7). Elle régla les litiges nés de la percée de la rue Via-

---

(1) Délib. du 16 février 1881.
(2) Délib. du 11 mai 1881.
(3) Délib. des 16 mai et 12 octobre 1881.
(4) Délib. du 16 mai 1881.
(5) Délib. des 14 et 21 février, 14 avril, 11 mai, 4 juin, 11 juillet et 16 août 1881.
(6) Délib. des 22 février et 7 novembre 1881.
(7) Délib. des 5 septembre et 7 novembre 1881.

la (1) ; amorça la création de la rue Guillaume-Puy (2) et fit procéder à l'installation du Temple protestant à St-Martial (3).

Des pourparlers s'engagèrent avec l'Etat, en vue de la création du cours secondaire de jeunes filles (4), tandis qu'on décidait avec de grosses réparations aux bâtiments scolaires de la rue des Ortolans (coût 48.000 francs) (5), l'acquisition de l'immeuble connu sous le nom d'école apostolique rue Bouquerie au prix de 90.000 francs pour y installer une école de filles (6) et celle de la maison Reynard-Lespinasse rue des Ortolans destinée à une école maternelle (coût 20.000 francs) (7).

Le maire Millo fit procéder à un premier élargissement de la voie publique dans la partie sud de la place de l'Hôtel de ville en reportant le terre-plein 4 m. 50 en arrière environ. Chacun des angls transformé en arc de cercle permit la conservation des arbres (8). Le terre-plein fut entouré d'un trottoir asphalté (9).

La banlieue bénéficia enfin de l'éclairage au gaz (10).

En 1881, le département créa une Ecole normale de filles dans la propriété Goudareau, sise rue de l'Hôpital, dont il fit l'acquisition (école normale actuelle) (11).

En vain, l'assemblée municipale avait réclamé un régiment de cavalerie à caserner au quartier St-Roch (12) ; et la subvention théâtrale pour la saison 1881-1882 fut portée à 30.000 francs (13).

Une scission n'avait pas tardé à se produire au sein du conseil municipal. Deux fractions de cette assemblée entrèrent en lutte. La cause avouée de leur désaccord fut la situation financière de la ville, les véritables motifs de cette division paraissent plutôt devoir être attribuées à des questions de personnes. L'un des partis se rangea derrière Deville qui donna sa démission d'adjoint fin octobre 1881, l'autre soutint le maire Millo.

---

(1) Délib. du 30 juin 1881.

(2) Délib. du 14 avril 1881.

(3) Délib. des 20 mai et 15 novembre 1881.

(4) Délib. des 16 février et 16 août 1881.

(5) Délib. du 12 août 1881.

(6) Délib. des 24 août et 15 novembre 1881.

(7) Délib. du 5 septembre 1881.

(8) Délib. du 2 avril 1881.

(9) Délib. des 11 et 16 mai 1881.

(10) Délib. du 15 novembre 1881.

(11) Délib. du 14 juin 1881.

(12) Délib. du 21 février 1881.

(13) Délib. du 2 avril 1881.

Les adhérents du premier parti, soit quatorze conseillers démissionnèrent le 14 novembre 1881. Cette défection amena des élections complémentaires le 27 du même mois, lesquelles furent favorables à ces dissidents. Les candidats soutenus par le maire ayant été battus ses amis du Conseil et lui-même donnèrent, à leur tour, leur démission (quatorze conseillers) les 1er et 3 décembre 1881. Et Deville assura provisoirement les fonctions municipales.

Conseillers Municipaux élus en vertu de la loi du 18 juillet 1837

Elections du 27 novembre 1881

Mentasti, Brunel, Mercier, Mollo, Deville, Chapuis, Grangeon, Bédouin, Joyeuse, Vidal, Moussier, Robert, Combe Martin, Combe Simon, Toussaint et Deniou.

Conseillers démissionnaires le 1er décembre 1881 :

Ayme, Baille, Brachet, Breussen-Peyre, Escoffier, Garde, Guilbert d'Anelle, Millo, Mounier, Mouret, Paul, Trouillas, Vissac.

Conseiller démissionnaire le 3 décembre 1881 : Flandrin.

Note - Pièce justificative

NOTE N° 1

Séances des 21 et 22 février

Adresse à Victor Hugo

Le Conseil municipal d'Avignon, au nom des habitants de cette ville, adresse l'hommage spontané de son admiration et de sa reconnaissance à Victor Hugo.

Au quatre-vingtième anniversaire d'une naissance doublement précieuse et féconde pour l'humanité, il n'est pas un seul Français qui ne paie un tribut d'enthousiasme au grand poète par qui notre siècle a rappelé les siècles les plus brillants de l'histoire ; il n'est pas un seul citoyen des Deux-Mondes qui ne soit heureux de saluer le grand patriote dont la pensée rayonne avec amour sur tous les peuples.

Puisse longtemps encore, le plus parfait génie de notre temps, multiplier ses œuvres glorieuses qui, d'applaudissements en applaudissements, se perpétueront parmi les générations de l'avenir.

Puisse longtemps encore l'âme la plus généreuse qui se soit révélée aux Nations contemporaines, répandre sur tout l'univers la semence bienfaisante et impérissable de la Liberté.

Municipalité Deville

Maire : Deville Charles, industriel, nommé maire provisoire par arrêté du 28 novembre 1881 ; nommé maire par décret du 28 janvier 1882 ; élu par le conseil municipal en conformité de la loi du 28 mars 1882, le 23 avril 1882, installé le 1er février 1882.

Adjoints : Brunel Léon,
Chabas,
Grangeon, nommés et installés aux mêmes dates.
Brunel et Grangeon élus le 28 mars 1882.
Brunel démissionnaire en février 1883.
Chabas démissionnaire en avril 1882.
Reynard-Lespinasse élu le 23 avril 1882, en remplacement de Chabas démissionnaire ; démissionnaire à son tour le 29 février 1884.
Conseillers remplissant les fonctions d'adjoints : Joyeuse,
Maillet,
Mollo, le 1er mars 1884.

Secrétaire en chef : Buisson.

Aux élections complémentaires des 15 et 22 janvier 1882, une seule liste républicaine aborda le premier tour de scrutin ; mais aucun de ses candidats n'obtint un nombre de suffrages supérieur au quart des électeurs inscrits. Il fallut

procéder à un second tour. Deux listes républicaines sollicitèrent alors les électeurs ; chacun d'elle eut des élus.

Dans la harangue qu'il prononça lors de l'installation de
la nouvelle municipalité le 1er février 1882, le Préfet de
Vaucluse Assiot affirma l'impartialité de l'administration
préfectorale dans le débat qui s'était ouvert dans la famille
républicaine (Note n° 1).

Mais des protestations s'étant produites devant le Conseil de Préfecture, tendant à demander l'annulation des
élections des 15 et 22 janvier, les quatorze élus donnèrent
leur démission et on procéda à une nouvelle consultation
électorale les 5 et 12 mars 1882. Deux listes républicaines
entrèrent dans l'arène au premier tour de scrutin. On leur
opposa une liste constituée par quatorze « cochers de fiacre » ! Au deuxième tour, la liste d' « Union républicaine »
l'emporta n'ayant plus pour concurrente que celle des cochers ; et conformément à la loi du 28 mars 1882, la première élection régulière du maire et des adjoints par le
Conseil municipal, eut lieu le 23 avril 1882.

L'administration Deville s'employa à poursuivre les alignements des rues Guillaume-Puy (1) et des escaliers Ste-
Anne (2) ; la construction du groupe scolaire de la rue
Thiers (3) ; la réalisation, qui ne put aboutir, du plan d'alignement de la banlieue (4). Elle fit opérer l'installation
du Temple protestant à St-Martial (5) ; la percée de la nouvelle porte dans les remparts à St-Lazare (6) et créa le cours
secondaire de jeunes filles dans l'immeuble de la rue Bouquerie (7).

On supprima l'école protestante de filles (8) et décida la
création des études surveillées du soir dans les écoles primaires (9), de la caisse des écoles (10), des bataillons sco-

---

(1) Délib. des 8 et 13 décembre 1882 et du 2 février 1883.
(2) Délib. des 17 et 29 avril et 29 mai 1882 ; 28 mars et 5 juillet
1883 ; 16 avril 1884.
(3) Délib. du 11 août 1882.
(4) Délib. du 28 décembre 1883.
(5) Délib. du 14 septembre 1883.
(6) Délib. des 17 et 29 avril, 7 août 1882 ; 7 mai 1883.
(7) Délib. des 24 mars, 11 août, 21 septembre, 18 octobre, 8 et 13
novembre 1882 ; 19 janvier, 2 février, 17 mars et 7 mai 1883 ; 15 février 1884.
(8) Délib. des 14 février et 26 mai 1882.
(9) Délib. du 11 août 1882
(10) Délib. du 14 septembre 1883 (approbation du règlement).

laires (1), des bains sur le Rhône (2) et des tramways à chevaux (3).

Un emprunt de 24.000 francs, amortissable en trente ans, autorisé par la loi du 8 avril 1882 et contracté à la caisse des Lycées, Collèges et Ecoles permit d'aménager le nouveau groupe scolaire de la rue des Ortolans (4).

Le conseil municipal consentit à l'annulation du traité passé avec la Compagnie du gaz le 24 décembre 1862 et de ses avenants et approuva un nouveau traité qui liait la ville pour une période de 36 ans (5).

Après la visite des archives communales par l'inspecteur général Lacombe, qui reconnut leur installation défectueuse (les documents anciens étaient déposés partie dans la tour de l'horloge, partie dans les combles de l'Hôtel de ville) on décida de les transporter au Palais des Papes où le Conseil général était prié de mettre à la disposition de la ville une salle à proximité de celles des archives départementales (6) ; mais ce transfert ne devait être réalisé que plus tard.

Tour à tour, le conseil municipal fit entendre ses protestations contre le projet de création d'un canal dérivé de la Durance pour l'irrigation et la submersion des terres de la vallée des Baux (7) et celui du déplacement de la prise d'eau du canal d'arrosage de Châteaurenard (8).

Dans un rapport remarquable, Reynard-Lespinasse envisagea la création d'une nouvelle caserne pour assurer la conservation du Palais des Papes, et sa transformation en un Palais des Belles Lettres et des Beaux-Arts (9). Cette idée ne devait être réalisée que plus tard par les municipalités Pourquery de Boisserin et Guigou.

Des inondations importantes apportèrent, une fois encore, la désolation dans nos campagnes en octobre, novembre et décembre 1882 et en janvier 1883 (10). Les eaux du Rhône

------

(1) Délib. des 8 août et 10 décembre 1883.

(2) Délib. du 13 avril 1884.

(3) Délib. des 14 septembre et 28 décembre 1883.

(4) Délib. du 17 avril 1882.

(5) Délib. des 2 février, 31 octobre, 7 novembre 1883 ; 11 février 1884. Le traité initial avec la Compagnie du Gaz du 16 juillet 1838 avec une concession de neuf années fut prorogé le 13 avril 1847 pour dix-huit années et remplacé le 24 décembre 1842 par une nouvelle convention d'une durée de vingt-cinq années qui devait expirer le 31 décembre 1892.

(6) Délib. du 5 juillet 1883.

(7) Délib. du 17 mars 1883.

(8) Délib. du 18 avril 1883.

(9) Délib. du 7 novembre 1883.

(10) Délib. du 13 février 1883.

LA PORTE LIMBERT AVANT SA DÉMOLITION

(Archives Iconographiques du Palais du Roure, Avignon)

atteignirent l'étiage de 6 m. 07 le 28 octobre et celui de 5 m. 07 le 31 décembre.

On fit des funérailles aux frais de la ville à l'adjoint Grangeon, décédé le 3 janvier 1883 (1).

Le concours régional agricole de mai 1882 fut agrémenté d'une exposition industrielle et des Beaux-Arts, d'un carroussel et d'un concours de musique (dépense 45.700 fr.), et de l'inauguration de la statue de Philippe de Girard (2).

Conseillers municipaux élus en vertu de la loi du 18 juillet 1837

Elections des 15 et 22 janvier 1882

Escoffier Alexis, Jullien, Chabas, Vernet, Billon, Domère, Douzet, Calvet, Garde, Escoffier Martial, Quérat, Maillet, Salamite, Dibon.

Tous démissionnaires le 15 février 1882.

Elections des 5 et 12 mars 1882

Maillet Bernard, Reynard-Lespinasse, Jullien Ernest, Escoffier Alexis, Guichard Germain, Faure Silvestre, Chassing Honoré, Michaëlis Paul, Vernet Eugène, Vernet Napoléon, Valayer Louis, Guibert Alfred, Jacquet Charles, Domère Jules.

---

(1) Délib. du 4 janvier 1883.

(2) Délib. du 1ᵉʳ septembre 1882. L'inauguration de la statue de Philippe de Girard eut lieu le 6 mai 1882. Ce monument est l'œuvre du sculpteur Eugène Guillaume. Il est dû à l'initiative du Conseil général de Vaucluse et à de nombreuses souscriptions particulières.

Conseillers municipaux élus en vertu de la loi du 5 avril 1884

Elections des 4 et 11 mai 1884
Installation du 18 mai 1884

Denis Edouard, Faure Sylvestre, Taulier Georges, Escoffier Alexis, Combe Martin, Guichard Germain, Maillet Bernard, Brunel Léon, Vidal Laurent, Robert Paul, Reynard-Lespinasse, Mentasti Louis, Bédouin Etienne, Poncet Paul, Valayer Louis, Cousin Charles, Achard Félix, Paul Charles Louis, Meynaud Léopold, Mounier Henri, Guibert Alfred, Trouillas Clément, Carcassonne Albert, Vissac Philippe, Bonnet Jean, Caizergue père, Deville Charles, Millo Eugène, Desfond Joseph, Mercier.

Mercier démissionne le 7 juillet 1884 pour cause de santé; Guichard nommé économe de l'asile de Montdevergues le 3 novembre 1884 ; Deville qui va se fixer à Paris le 11 mai 1885 ; Valayer adresse sa démission au Préfet le 31 décembre 1885.

Note - Pièce justificative

NOTE N° 1

Séance du 1er février 1882

Harangue du Préfet

J'ai tenu à installer moi-même la nouvelle municipalité dont le Gouvernement s'inspirant de vos désirs, vient de doter la ville d'Avignon.

Ce n'est pas à une vaine cérémonie que j'ai voulu prendre part. J'ai trouvé qu'il y avait utilité et convenance à saisir l'occasion qu'il dépendra de vous de faire souvent renaître, de me mettre en rapport direct avec les mandataires municipaux du chef-lieu.

Il n'est pas sûr que tout, dans le passé que vous êtes appelés à effacer, ait été profitable aux intérêts de la cité, ni que ces intérêts, qui doivent être votre constant, votre unique souci, n'aient été éclipsés par nombre de préoccupations que j'appellerais volontiers extra-municipales.

A ces préoccupations, l'Administration que j'ai l'honneur de représenter parmi vous, sans abdiquer le moins du monde le droit qui est celui de tout citoyen, d'en apprécier la valeur et le fondement au point de vue de l'intérêt public, à ces préoccupations, l'Administration entend aujourd'hui comme hier, rester complètement étrangère.

On s'est trompé, c'est le terme le plus adouci que je puisse employer en lui prêtant (presque toujours contre toute vraisemblance) telle opinion, telle critique, telle impulsion, telle arrière-pensée. L'impartialité est de tous ses devoirs le plus facile, je dirais volontiers le plus commode, et ce n'est pas quand le débat s'agite entre membres de la même famille, de la famille républicaine, qu'elle succomberait à l'absurde tentation de n'avoir pas pour tous une neutralité stricte et toujours bienveillante.

C'est pourquoi je n'ai aucun effort à faire pour souhaiter à votre Maire une bienvenue dont il était assuré d'avance, pour offrir à lui, à ses adjoints et à vous tous, Messieurs, tout mon concours et tout l'appui de mon Administration.

Très cordialement et très sincèrement vous pouvez y compter.

Il y a un an, presque jour par jour, je recevais le Conseil municipal nouveau-né de la ville d'Avignon. La plupart de ses membres, après deux renouvellements partiels qui équivalent à un renouvellement intégral, font encore partie du Conseil de la cité. Ce qui, par parenthèse, prouve que la démocratie avignonaise est moins mobile qu'on ne se plaît à le dire. Quelques-uns se souviennent peut-être de mes paroles d'alors. Je n'ai rien à y changer. Oui, il y va de l'honneur de la grande cause républicaine. Il faut que le fardeau des affaires municipales ne vous trouve, ni faibles, ni désunis. Il faut s'en saisir sans timidité comme sans forfanterie, assurer chaque pas et chaque progrès avant d'ébaucher les suivants. Il faut surtout éviter les surcharges parasites et laisser à la porte de cette enceinte tout ce qui ne saurait entrer, sans le briser, dans le cadre de l'activité municipale tel qu'il est sorti des travaux de la philosophie du xviii⁰ siècle et des mains de notre immortelle Révolution.

Cette belle et célèbre cité d'Avignon, ses intérêts, sa forlune et aussi ses souffrances valent bien, ce me semble, que trente citoyens s'y dévouent exclusivement, *Unguibus et Rostro*, selon votre énergique devise.

Je ne saurais vous proposer un plus noble but. J'ai la confiance que vous vous unirez tous dans un commun effort pour le plus grand bien d'Avignon et de la République

VII

La Troisième République

1884-1929

(Période Contemporaine)

La Troisième République (1884-1929) [1]

Municipalités de la loi du 5 avril 1884

Quatrième municipalité Poncet Paul

Maire : Poncet Paul, élu par le conseil municipal le 26 mai 1884.

Adjoints : Achard,
Paul,
Taulier, élus à la même date.

Secrétaire en chef : Buisson.

Recensement de la population d'Avignon en 1886 :
41.007 habitants.

Les élections municipales eurent lieu les 4 et 11 mai 1884. Au premier tour de scrutin seize candidats des deux fractions républicaines, dont l'ancien maire Poncet, furent élus contre la liste conservatrice. Le deuxième tour amena l'élection de quatorze candidats républicains contre quatorze candidats conservateurs, avec une majorité de 400 voix environ.

Conformément à la loi du 5 avril 1884 :

Les séances du conseil municipal sont publiques et nécessitent l'aménagement, à cet effet, de la salle des séances.

Création des commissions chargées d'étudier les questions soumises au conseil (art. 59).

Le Préfet de Vaucluse prend l'arrêté relatif à la sonnerie des cloches des églises (art. 100 et 101) (4 juillet 1885).

---

(1) Nous nous bornerons pour les municipalités de la période contemporaine à une énumération des travaux qu'elles ont réalisés et des événements qui ont marqué leur passage à l'Hôtel de ville.

Impression des séances du conseil (votée sur la proposition du conseiller Guibert).

Transfert des archives communales antérieures à 1789 aux archives départementales.

Alignements des rues Ste-Anne, Guillaume-Puy et Buffon.

Achèvement du groupe scolaire de la rue Thiers à l'aide d'un emprunt de 131.500 francs contracté auprès de la caisse des Lycées, collèges et écoles, autorisé par la loi du 27 mars 1885.

Construction de l'école maternelle de la rue des Ortolans. La dépense est couverte par un emprunt de 21.300 francs contracté auprès de la caisse des Lycées, collèges et écoles, autorisé par la loi du 25 juin 1886.

Transformation du cours secondaire de jeunes filles en collège.

Création de l'école de filles de Monclar.

Construction du lavoir de Monclar (70.000 francs) et suppression des lavoirs particuliers.

Travaux de défense contre la Durance. Convention avec M. des Isnards.

Projet d'installation sur la place des Corps-Saints de la Fontaine provenant du square St-Martial.

Ouverture du boulevard des Villas et amorce du boulevard Sixte-Isnard.

Vente de la partie de l'ancien Hôtel de Sade, située en bordure de la rue de la République (29 mètres de long sur 12 mètres de profondeur) et restauration et aménagement de cet immeuble, côté rue Dorée.

Construction du dépositoire au cimetière St-Véran et premières acquisitions de terrain pour le nouveau cimetière de Montfavet.

Tandis que sans succès, le conseiller Caizergues demande la démolition des remparts, dans leur partie sud, entre les portes St-Roch et St-Lazare, le conseil réclame la destruction des deux tours du châtelet, proposition repoussée par les Monuments historiques.

Acquisition d'un terrain appartenant à M Fabre Irénée, à droite en sortant de la porte St-Michel et de l'immeuble Granier contigu à nos vieilles murailles près la porte St-Lazare (9.500 fr.) en vue du dégagement des remparts.

Installation de la conciergerie du Pont St-Bénezet.

Restauration de la façade de l'église St-Pierre.

Exécution de la porte d'entrée du Musée Calvet par M. Biret, serrurier d'art, et agrandissement de cet établissement.

Construction du rideau métallique au théâtre.

Le plan d'alignement de la banlieue approuvé par le conseil ne fut jamais homologué par l'autorité supérieure et le plan général d'alignement de la ville est modifié en ce qui concerne le croisement des rues de l'Hôpital et Guillaume-Puy.

Le nombre des voitures de place est limité.

Ouverture du Bureau de Poste de la place Pie, dans les bâtiments de St-Jean.

Les rues St-Dominique et St-Marc deviennent respectivement rues Victor-Hugo et Théodore-Aubanel. La rue reliant la rue de l'Hôpital à la rue Thiers (rue Puy) est dénommée rue Guillaume-Puy.

En fin de mandat, le conseil décide le pavage en pavés de porphyre de St-Raphaël, de la rue Carreterie, de la rue de la République et de la traversée de la place de l'Hôtel de Ville (devis 123.000 francs).

Epidémie de choléra en juin-juillet 1884.

Inondations en octobre et novembre 1886. Le 27 octobre, à minuit, le Rhône atteint la côte de 6 m. 41. Le niveau des eaux baisse jusqu'au 7 novembre (1 m. 75). Une seconde crue se produit et fait côter à l'étiage 5 m. 25 le 9, puis 4 m. 87 le 10 et 6 m. 55 le 11, à minuit. La Durance côtait 5 m. 30 le 11 novembre.

Le conseil envisage la réalisation de mesures préservatrices (rapport Reynard-Lespinasse, 14 mars 1887).

Budget primitif de l'exercice 1888 :

Recettes	1.017.971	83
Dépenses	1.001.619	»
Reste pour les dépenses imprévues.......	16.352	83

Conseillers municipaux élus en vertu de la loi du 5 avril 1884

Denis Edouard, de Seyne Léonce, Méry Joseph, Escoffier Alexis, Vidal Laurent, Combe Martin, Brunel Léon, Maillet Bernard, Robert Paul, Bédouin Etienne, Garde Alexandre,

Gastin Louis, Besson Jean, Pourquery de Boisserin Gaston, Trouillas Clément, Jacob Joseph, Emery Pierre, Taulier Georges, Cosserat Léon, Renaud Etienne, Calvet André, Dabry Etienne, Dibon Alexandre, Desfond Eugène, **Bourdure Auguste**, Meynaud Léopold, Poncet Paul, Terrasse Edouard, Guigou Henri, Guibert Alfred.

Calvet démissionne le 17 mai 1889 pour des motifs particuliers ; Vidal le 5 novembre 1889 pour des motifs personnels ; Méry le 11 novembre 1889 sans motiver sa démission ; Cosserat est démissionnaire d'office le 11 novembre 1889 (censeur du Lycée, changé de poste, absent depuis plus d'un an).

Le 14 juin 1890, Brunel et Guigou, adjoints, et les conseillers Denis, Guibert, Meynaud, Poncet et de Seynes démissionnent pour des motifs politiques.

Municipalité Pourquery de Boisserin

Maire : Pourquery de Boisserin Gaston, avocat (1), élu par le conseil municipal le 20 mai 1888, le 15 mai 1892, le 18 février 1894, le 17 mai 1896, le 9 mai 1900, démissionnaire le 11 février 1903.

Adjoints : Brunel Léon,
Garde Alexandre,
Guigou Henri, élus le 20 mai 1888.
Terrasse,

---

(1) Pourquery de Boisserin est né le 8 juin 1852 à Largentière (Ardèche). Il termina ses études au Lycée d'Avignon ; son père était alors entreposeur des tabacs dans notre ville. Engagé volontaire au 11ᵉ hussards en 1870, pour la durée de la guerre, il ne fit pas campagne et acheva ses études de droit étant attaché au cabinet du Préfet de Vaucluse Poujade. Avocat peu après, inscrit au barreau d'Avignon en 1872, il fut élu bâtonnier et membre du Conseil de l'ordre.

Conseiller municipal et Maire d'Avignon en 1888, candidat républicain radical aux élections législatives contre le boulangiste Autchisky et le vieux républicain Ravaud, Pourquery de Boisserin fut élu au second tour de scrutin. Il siégea à la Chambre des députés, sans interruption jusqu'en 1902.

Il abandonna la mairie en 1903, redevint député de l'arrondissement d'Avignon en 1910, mais ne fut pas réélu en 1914.

Il mourut dans sa propriété de « Bramo-Set » à Villeneuve-les-Avignon le 11 août 1920.

Jacob, élus le 3 août 1890 en remplacement de **Brunel** et **Guigou**, démissionnaires.

Jacob,

Robert Paul, pour l'état-civil du Pontet,

Besson Jean, pour l'état-civil de Montfavet, élus le 6 août 1894, postes créés par décret du 27 avril 1891.

Garde Alexandre,

Terrasse, élus le 15 mai 1892, puis le 18 février 1894.

Jacob,

Garde Alexandre,

Dibon Alexandre,

Besson Jean (Montfavet),

Gondran Justin (Le Pontet), élus le 17 mai 1896, puis le 9 mai 1900 à l'exception de Gondran remplacé par Pascal.

Pascal Lucien (Le Pontet), élu le 9 mai 1900.

Conseiller remplissant les fonctions de maire : Luquin Charles, du 27 janvier 1894 au 18 février 1894.

Maire : Dibon Alexandre, élu le 13 mars 1893.

Adjoints : Chauvet Jules,

Lyon Paul,

Bertrand Sébastien, élus le 13 mars 1903.

Secrétaire en chef : Buisson, retraité le 1er juillet 1891.

Arnaud Honoré, secrétaire intérimaire puis secrétaire général le 17 juillet 1891.

Recensement de la population d'Avignon en 1891 :
43.453 habitants.

Recensement de la population d'Avignon en 1896 :
45.107 habitants.

Recensement de la population d'Avignon en 1901 :
46.896 habitants.

Les élections du 6 mai 1888 avaient donné une majorité de huit cents voix environ à la liste républicaine sur la liste conservatrice. Pourquery de Boisserin fut élu maire par 16 voix contre 14 à Poncet.

Remerciant le conseil, le nouveau maire dit qu'il ne fallait voir dans son élection qu'une victoire du parti radical et non un succès personnel. Il fit l'éloge de son prédécesseur : « C'est à son administration sage et habile, c'est au respect que M. Poncet, qui a tant souffert pour la cause républicaine, a su inspirer à tous, qu'est dû, en grande partie, le triomphe éclatant que la République a remporté aux élections municipales du 6 mai courant ».

La division persista cependant au sein de l'assemblée municipale et le 14 juin 1890, soit après deux ans de collaboration avec leurs collègues, sept conseillers et parmi eux MM. Brunel Léon et Guigou, adjoints, démissionnaires depuis quelques mois, abandonnèrent leur mandat. Quatre membres du conseil ayant déjà démissionné pour des motifs particuliers, des élections complémentaires destinées à pourvoir les onze sièges vacants eurent lieu les 20 et 27 juillet 1890. Le premier tour de scrutin ne réunit pas de candidatures sérieuses. Au second tour, la liste d'opposition qui, seule avait affronté le scrutin fut élue avec un moyenne de 1500 voix sur 9891 inscrits. Cinq parmi les anciens conseillers démissionnaires et six nouveaux prirent contact avec l'assemblée communale le 3 août 1890. MM. Terrasse et Jacob remplacèrent alors dans les fonctions d'adjoint MM. Brunel et Guigou.

Le 2 mars 1891, les conseillers Denis, Poncet, Folléat, Guigou, Richard, Meynaud, Paul, Riéty, Carcassonne, Guibert et Parceint adressèrent leur démission au Préfet sans la motiver. Taulier les imitait et donnait pour motif à la sienne, le déplacement de la statue de Crillon et l'édification du monument du Centenaire de Charpentier sur la place de l'Hôtel de Ville.

De nouvelles élections complémentaires s'imposèrent. Au premier tour de scrutin, le 12 avril 1891, aucune liste ne sollicita les suffrages des électeurs ; 197 citoyens seulement se présentèrent dans les bureaux de vote. La liste républicaine patronnée par la municipalité réunit au second tour le 19 avril, une moyenne de 2.400 voix et fut élue.

Une liste, dite de protestation, sur laquelle figuraient les noms de quatorze cochers de fiacre obtint 364 suffrages.

Lors du renouvellement des conseils municipaux des 1er et 8 mai 1892, deux listes républicaines étaient en présence. Le Bureau électoral proclama élus, au premier tour de scrutin, neuf candidats de la liste « républicaine radicale » (liste Pourquery de Boisserin) et six de la liste « républicaine indépendante ». Les quinze candidats de la liste « républicaine radicale » furent élus au second tour. Une contestation s'éleva sur les opérations du premier tour. Portée devant le Conseil de Préfecture, celui-ci, par son arrêté du 29 juin 1892, proclama quatre élus de plus au premier tour et, en conséquence, annula les opérations du second tour. Cet arrêté fut attaqué devant le Conseil d'Etat qui, le 27 janvier 1894, déclara deux élus de plus seulement au premier tour appartenant à la liste « républicaine indépendante » et annula les opérations du second tour.

Le Préfet, par son arrêté du 27 janvier 1894, investit M. Luquin des fonctions de Maire.

Et le 11 février 1894, eurent lieu des élections qui devaient pourvoir au remplacement de quatorze conseillers (treize dont l'élection avait été annulée par le Conseil d'Etat et M. Viau démissionnaire). La liste « républicaine radicale » de Pourquery de Boisserin l'emporta de sept cents voix sur la liste « républicaine indépendante ». Les conseillers de la minorité démissionnèrent et le 22 avril 1894, la liste républicaine des amis de la municipalité (dix candidats) triomphait sans concurrente.

Au renouvellement de 1896, le 3 mai, les candidats « radicaux socialistes » et Pourquery de Boisserin sont élus avec 4.250 voix. Une liste de « concentration républicaine » obtenait 900 voix, la liste conservatrice en ayant réuni 2.300.

Les élections du 6 mai 1900 mettent en présence la liste « radicale socialiste » de Pourquery de Boisserin qui est élue avec une moyenne de 4.600 voix. Trois listes composées chacune de vingt noms obtiennent respectivement : la liste « progressiste » 2.000 voix, la liste « républicaine socialiste » 500 voix et la liste des « républicains radicaux » 200 voix.

Aux élections législatives de mai 1902, Pourquery de Boisserin fut battu par M. Coulondre tout en conservant, dans Avignon. une imposante majorité. Dès octobre 1902, les attaques des adversaires du Maire se font chaque jour plus violentes ; la municipalité est formellement accusée d'avoir émis de faux mandats. Elle s'en défend avec énergie (Note n° 1) ; mais cette accusation amène la vérification de l'inspecteur des Finances Baudouin-Bugnet qui dans son rapport critique l'administration financière de Pourquery de Boisserin (1903).

L'année 1903 fut des plus mouvementées pour la municipalité. Ce fut d'abord la démission de l'adjoint Garde et sa fin tragique, puis le décès de l'adjoint Jacob. Enfin le 11 février, Pourquery de Boisserin abandonnait les fonctions de Maire, tout en conservant son mandat de conseiller municipal.

Le conseil municipal comptait quatre places vacantes par suite de décès ou démissions. Il fallut procéder à des élections complémentaires pour lui permettre d'élire le nouveau Maire. La consultation électorale du 8 mars 1903 amena l'élection des quatre candidats de l'opposition : MM. Paul, Ruat, Mortz et Puech qui n'avaient pas eu de concurrents.

Réélu maire le 13 mars 1903, Pourquery de Boisserin décline ces fonctions ; il est remplacé par Dibon Alexandre à cette même date et adresse au nouveau maire sa démission de conseiller municipal le 1ᵉʳ novembre 1903 (Note n° 2).

Le 11 novembre, les conseillers de l'opposition MM. Paul, Puech, Mortz et Ruat, et M. Gaud, conseiller de la majorité, démissionnaient à leur tour et leurs amis, que l'on qualifiait alors « d'antipourquerystes », par opposition aux partisans de Pourquery de Boisserin appelés « pourquerystes », arrivaient à l'Hôtel de ville le 8 mai 1904.

Projets mis à l'étude par les municipalités précédentes et achevés par l'administration Pourquery de Boisserin :

Nouveau cimetière de Montfavet.

Appropriation du bâtiment de la rue Dorée pour l'installation de l'Ecole Professionnelle et de l'école de filles.

Agrandissement du Musée.

Fontaine de la place des Carmes et bassin de la place des Corps-Saints.

Ecoles du Pontet. Un emprunt de 42.565 francs contracté à la caisse des Lycées, collèges et écoles, autorisé par la loi du 23 novembre 1888 permit la construction de ces écoles.

Boulevard des Villas et boulevard des Rotondes (boulevard Sixte-Isnard).

Plancher du théâtre.

Œuvre de la municipalité Pourquery de Boisserin (1) :

Pavage en porphyre des rues : Ste-Garde, Carreterie, des Lices, Petit-Paradis, croisement des rues Buffon et Thiers, rue de l'Hôtel de ville et le bas de la place de l'Horloge, cours et rue de la République, rue Victor-Hugo, rue et place Carnot, place Portail-Matheron, extrémité de la rue des Marchands, rue Thiers, rue Saint-Agricol, rues Petite-Meuse et Bonneterie (autour des Halles), etc.

Cimentage des rues de l'Officialité, de l'Ombre, Collège-de-la-Croix, Petit-Amouyer, Petite Crémade, Brouette, Roleur ; impasses Carreterie, Petit-Paradis, Limas, Four-de-la-Terre, Guillaume-Puy, Saint-Agricol, Portail-Magnanen, Annanelle, Corps-Saints, etc.

____

(1) Voir le procès-verbal de la séance du conseil municipal du 20 mai 1902.

Pavage du sol du marché aux bœufs.

Egouts rue Thiers, place des Trois-Pilats, rue Saint-Christophe, rue Saint-Charles, rue des Infirmières ; partie d'égout rue Vieux-Sextier ; part contributive de la ville pour la construction de l'égout de St-Ruf ; égouts devant la triperie (Bureau de Poste de la place Pie actuel), rue en prolongement de la rue Thiers à la rue des Marchands ; égouts rue Carreterie, rue Guillaume-Puy, rue Portail-Magnanen, rue Velouterie, rue Carnot, rue de la République, place Saint-Didier, place de la Madeleine, extrémité de la rue des Infirmières.

Assainissement du quartier de la Roquette.

Pavage en cailloux étêtés de nombreuses rues.

Alignements (en partie) de diverses rues : de la rue Saint-Jean-le-Vieux, de la rue et de la place Carnot, de la place des Carmes, de la rue des Lices, de la rue des Clés et élargissement du pont sur le Canal de Vaucluse ; alignements rue Saint-Christophe, rue Bonneterie et rue Philonarde ; prolongement de la rue Thiers avec percée de la rue partant du point d'intersection de la rue des Fourbisseurs et de la rue des Marchands ; alignement de la rue des Marchands et de la rue Saunerie (rue Carnot) à leur point de jonction, de la place Costebelle et de l'entrée de la rue Sainte-Garde ; élargissement de la rue Joseph-Vernet, entre la rue Crillon et la rue Saint-Étienne (immeuble Verchère) ; élargissement de la rue Colombe ; alignement de la rue des Lices et agrandissement du square Saint-Martial (immeuble Franquebalme) ; alignement de la rue Velouterie par la démolition du bâtiment nord-est de l'abattoir ; alignement de la rue des Marchands (immeuble Courbin) ; percée de la rue Carreterie à la rue St-Bernard (rue Taulier).

Ouverture de la rue de Provence entre le chemin de Monclar et le chemin de St-Ruf.

Ouverture du boulevard Raspail, par M. de Dianous.

Projets d'ouverture du boulevard Gambetta et du boulevard Jules-Ferry.

Agrandissement de la promenade de l'Oulle par la suppression des oseraies en bordure du Rhône.

Installation de deux urinoirs place des Carmes, d'un urinoir rue Molière, d'un urinoir à gauche de l'entrée du cimetière, d'un urinoir place de la Madeleine, d'un urinoir à la Belle-Croix, d'un urinoir porte de la Ligne, d'un urinoir rue Joseph-Vernet, d'un urinoir au Pontet, d'un urinoir au Rocher des Doms, de deux urinoirs cours de la République ; autorisation de construire des lieux d'aisance payants rue Corneille et place Pie.

Acquisition d'une balayeuse mécanique et de deux grands tonneaux d'arrosage.

Organisation d'un service journalier de désinfection des urinoirs et lieux d'aisance et d'un service de balayage et d'arrosage des rues.

Examen de divers projets d'assainissement.

Démolition du bâtiment de St-Jean et du marché couvert pour l'agrandissement de la place Pie ; transfert de cette halle métallique à la place des Carmes et construction du terre-plein destiné à la recevoir.

Construction des Halles centrales.

Aménagement de nouveaux terre-pleins sur la place Pie.

Construction de la chaussée à l'extrémité de la rue Thiers.

Construction du pont en pierres sur le bras mort du Rhône (avec participation de la ville).

Canalisations d'eau : boulevard Raspail ; route de Marseille pour desservir l'hospice Sixte-Isnard ; dans les rues autour du théâtre et de l'Hôtel de ville pour le service d'incendie.

Création du réseau des bouches d'incendie et acquisition d'un nouveau matériel.

Installation d'une nouvelle machine à l'usine des eaux et réfection de la chaufferie. Construction du logement du chef mécanicien et du concierge de l'usine.

Construction d'un nouveau réservoir des eaux au Rocher des Doms.

Agrandissement du square St-Martial et établissement de la grille de cette partie rue Joseph-Vernet et de celle de la rue Colombe.

Etablissement du jardin de réserves à l'est du Rocher des Doms en remplacement de celui établi sur l'emplacement du nouveau réservoir des eaux.

Réfection de la rocaille du lac du Rocher des Doms et mise en place de la « Vénus aux Hirondelles » de Charpentier (1). Eclairage au gaz de cette promenade.

Mise en place des « Lutteurs » de Charpentier et des statues décorant la balustrade et les arceaux au jardin St-Martial. Etablissement dans ce square des bouches d'arrosage et des conduites d'écoulement des eaux.

Grille en fer placée au devant du Petit Séminaire, exécutée aux frais de cet établissement.

Grille en fer et bascule de l'abattoir.

____

(1) Cette œuvre d'art d'abord édifiée sur le rond-point de la place Carnot, fut déplacée sur la demande du curé de Saint-Pierre et transférée au Rocher.

M. POURQUERY DE BOISSERIN
M. DIBON
M. GUIGOU
M. VALAYER

Ouverture de l'avenue ouest reliant le rond-point du cimetière et la route du Pontet.

Premier agrandissement du cimetière St-Véran ; installation de bancs au rond-point central ; acquisition d'une pompe-brouette ; installation de pompes ; restauration des monuments Requien et Geoffroy ; construction d'une croix monumentale dans la partie agrandie ; exécution du monument Gent à St-Véran et du tombeau de Saint-Prégnan au cimetière du Pontet ; mise en place de la « Sentinelle » de Charpentier au cimetière St-Véran.

Monument-fontaine Pamard rue de la République ; monument Puy, place Guillaume-Puy ; monument Requien, au square St-Martial ; monuments Aubanel, place St-Didier, et Roumanille, au square St-Martial sur l'initiative des Félibres.

Transfert de la statue du « Brave Crillon » place du Palais.

Monument du Centenaire de la réunion du Comtat Venaissin à la France, place de l'Hôtel de ville (Charpentier sculpteur, Férigoule architecte).

Vote d'une subvention pour le monument Agricol Perdiguier.

Installation de quatre candélabres électriques sur la place de l'Hôtel de ville ; d'un candélabre à cinq branches (gaz) avec horloge à deux cadrans place Carnot ; éclairage à l'aide de becs à incandescence de la rue et du cours de la République, de la place de l'Horloge et des bâtiments communaux ; éclairage électrique de Montfavet et du Pontet.

Transfert de l'Ecole des Beaux-Arts dans l'aile droite de la caserne des passagers aménagée à cet effet.

Démolition des bâtiments en courtine de la caserne communale sur la rue des Lices et construction des pavillons et de la grille ; démolition de l'aile ouest et restauration des façades.

Achat de l'Ecole de Montfavet (immeuble Seytour) ; construction de l'école de la Barthelasse ; acquisition de la maison Romagnoli, rue des Infirmières (école de filles) (transaction par la municipalité Valayer) ; acquisition du terrain et construction de l'école de St-Ruf ; création de l'école maternelle rue des Lices (immeuble Mouzin) ; mise à l'étude du projet de construction du groupe scolaire des Rotondes.

Installation du Musée Requien dans les dépendances du Musée Calvet.

Installation de l'Hôtel des Postes cours de la République (ancien Musée Requien).

Aménagement du bureau de poste de la place **Pie et d'un** bureau de police dans l'ancien immeuble Barrière (acquisition), rue Thiers.

Acquisition de la maison Batallier, place de l'Horloge, et création de la recette auxiliaire des Postes.

Reconstruction du magasin des décors du théâtre et réfection des décors ; restauration de la toiture au-dessus du foyer ; exécution de travaux extérieurs pour le sauvetage en cas d'incendie ; exécution de consoles monumentales en fer et pose de lanternes à éclairage intensif sur la façade; installation de l'éclairage électrique dans la salle (procès avec la Compagnie du Gaz) et du chauffage à vapeur à basse pression ; décors de « La Bohème », « Thaïs » et « Louise ».

Décoration de la salle des fêtes et deux salons annexes, à l'Hôtel de ville. Mise en place dans cette salle du groupe « les Lutteuses » de Charpentier. Dépôt dans l'antichambre du conseil de « la Chanson », « l'Etoile filante » et « le Nègre » de Férigoule.

Installation d'un réseau téléphonique reliant la mairie aux bureaux extérieurs de l'octroi, au Poste des Pompiers, au bureau de l'Etat-civil du Pontet, au bureau de l'Etat-civil de Montfavet et aux écoles de la Barthelasse.

Création d'une salle de bains à l'Hospice Saint-Louis ; acquisition d'une étuve de désinfection à l'Hôpital ; construction de la Maternité avec participation de la ville.

Acquisition d'un matériel de fêtes.

Installation de la Caserne des Sapeurs-Pompiers rue Carreterie, 116, dans l'immeuble Bony (acquisition).

Installation des horloges de l'Hôtel de ville, des Augustins et de Saint-Jean.

Acquisition et aménagement de l'usine Perre pour les services du Génie.

Traité passé avec l'Etat pour la suppression du Pénitencier militaire, l'aménagement des locaux pour le Génie, l'occupation du chemin de ronde des remparts entre le cours de la République et la rue Saint-Michel.

Démolitions de la porte de l'Oulle et de la porte Limbert; ouverture de brèches dans les remparts à la porte St-Charles et à la porte Magnanen ; ouverture (par l'Etat) d'une porte au devant des nouvelles casernes ; réparation de la porte Saint-Michel ; acquisition de la maison Mayeur, boulevard St-Michel pour le dégagement des remparts.

Construction de la grille en façade de l'église Saint-Pierre.

Restauration du Palais des Papes et construction d'une nouvelle caserne ; convention passée entre l'Etat et la ville du 15 janvier 1901 approuvée par la loi du 14 avril 1902 (Note n° 3). Cette caserne fut établie dans le terrain de Sinéty, boulevard Limbert, acquis par la ville. Sa construction imposa la couverture du canal de ceinture en façade et l'occupation par l'autorité militaire du chemin de ronde des remparts entre la porte de la Liberté et les bâtiments de l'ancienne douane, alors occupés par le Génie et qui furent cédés au régiment d'infanterie.

Création et mise en exploitation du réseau des tramways électriques.

La Compagnie P. L. M. fit jeter sur le Rhône, en aval de l'île Piot, le pont métallique qui met en communication les lignes de la rive droite et de la rive gauche du fleuve.

Le Conseil général cède gratuitement à la ville l'ancienne chapelle Sainte-Garde désaffectée pour s'associer à la pensée du conseil municipal d'installer dans cet immeuble les syndicats ouvriers (Bourse du Travail) et les sociétés de secours mutuels.

Inondations importantes en :
Janvier 1889. Rhône : 5 m. 35 le 1er janvier.
Septembre 1890. Rhône : 5 m. 43 le 23 septembre.
Octobre 1891. Rhône : 5 m. 55 le 22 octobre.
Novembre 1896. Rhône : 6 m. 64 le 2 novembre.
Septembre 1900. Rhône : 6 m. 94 le 29 septembre.
Avril 1902. Rhône: 5 m. 09 le 2 avril.

Fêtes :
Juillet 1889, le 14, fêtes du centenaire de 1789.
Mai 1890, le 22, visite du Président de la République Sadi Carnot (Note n° 4).
Juillet 1891, le 19, inauguration du monument du Centenaire par le ministre Constans.
1891, Concours régional agricole et exposition industrielle.
Juin 1895, le 9, Cavalcade de charité au bénéfice des blessés de l'expédition de Madagascar organisée sous les auspices de la Croix Rouge Française.
Novembre 1898, du 6 au 13, exposition vinicole dans une salle de la mairie.
Mai-juillet 1907 : Exposition industrielle et horticole.
Exposition des Beaux-Arts à l'Hôtel de ville.
Inauguration de l'Hôtel des Postes et des Halles centrales.
Concours fédéral de gymnastique.

Emprunts.

Pour faire face aux dépenses nombreuses nécessitées par les travaux qu'elle avait entrepris, l'administration Pourquery de Boisserin dut avoir recours à de très gros emprunts :

Emprunt de 1.335.000 francs, autorisé par la loi du 11 avril 1892 : Etablissement des balcons extérieurs du théâtre, 7.024 fr. 18. Construction de l'Ecole de la Barthelasse, 19.812 fr. 80. Acquisition de l'immeuble Seytour à Montfavet à destination d'école, 24.000 fr. Agrandissement de la rue Barailleric et prolongement de la rue Guillaume-Puy, 495.185 fr. 51. Alignement des rues Saunerie et des Marchands, 197.790 fr. 70. Agrandissement de la rue Petite-Meuse, 83.532 fr. 21. Agrandissement de la place des Carmes, 149.027 fr. Bouches d'incendie et réseau téléphonique, 65.090 fr. 11. Aménagement du Poste des Pompiers, 14.600 fr. 75. Agrandissement du cimetière St-Véran, 61.620 fr. 71. Assainissement du quartier de la Roquette, 33.607 fr. 05. Couverture des Sorguettes, 13.888 fr. 27. Divers, 31.939 fr. 83. 136.869 fr. 83 furent annulés pour être employés à l'ouverture de la rue Raspail (novembre 1905 et février 1906).

Emprunt de 1.600.000 francs, autorisé par la loi du 30 juillet 1894 : Construction de l'école de la Barthelasse, 11.118 fr. 78. Nouvelle horloge de Jaquemart, 10.000 fr. Restauration de la salle des fêtes de l'Hôtel de ville, 80.000 fr. Construction de la Maternité, 30.000 fr. Agrandissement du square St-Martial et construction de la grille, 38.196 fr. 80. Alignement des rues Joseph-Vernet et Crillon, 40.000 fr. Fourniture et transport de pavés, 295.328 fr. 50. Monument du centenaire (solde) et grille du monument, 44.641 fr. 28. Prolongement de la rue Thiers jusqu'à la rue des Marchands, alignement des rues des Marchands et Saunerie, régularisation de la place Costebelle, 868.010 fr. Pavage de la rue Guillaume-Puy et diverses autres rues, 51.945 fr. 96. Percée de la rue Carreterie à la rue St-Bernard, 32.485 fr. 38. Assainissement du quartier de la Roquette, 5.680 fr. Egout de St-Ruf (part de la ville), 20.000 fr. Monument érigé au cimetière « la Sentinelle », 8.588 fr. 30. Grille de l'abattoir, 7.511 fr. 51. Divers, 5.501 fr. 23. 34.000 fr. furent annulés pour être employés à l'ouverture de la rue Raspail (novembre 1905 et février 1906) et 16.444 fr. 52 pour être employés partie, 10.000 fr. à la taxe militaire et partie aux dépenses occasionnées par la guerre, 6.444 fr. 52 (novembre 1914).

Emprunt de 8.000.000 de francs, amortissable en cinquante ans, autorisé par la loi du 22 juillet 1895 : conversions d'emprunts 4.953.053 fr. 54. Elargissement de la rue Abraham (place Carnot), 214.000 fr. Pavage autour des halles, 30.613 fr. 18. Acquisitions de maisons, indemnités locatives et mise au concours de la construction des halles, 2.757.827 fr. 72. Divers, 35.505 fr. 56.

Emprunt de 700.000 francs, autorisé par la loi du 24 juillet 1897 : Ecole de St-Ruf, 82.602 fr. 25. Aménagement de l'Hôtel des Postes, 85.375 fr. 86. Agrandissement du Musée, 33.837 fr. 99. Acquisition de maisons pour l'école de la rue des Infirmières, 12.645 fr. Prolongement de la rue Thiers à la rue des Marchands, 180.000 fr. Alignements rue Bonneterie et St-Jean-le-Vieux, 218.500 fr. Chemin reliant la route n° 7 au rond-point du cimetière (boulevard Stuart-Mill), 10.000 fr. Pavage de la rue Thiers, 35.711 fr. 22. 12.269 fr. 98 annulés (1911) et 22.355 fr. pour servir au paiement de l'immeuble Romagnoli (1919).

Emprunt de 1.000.000 de francs, autorisé par la loi du 21 juin 1901 : fonds de concours pour la construction des nouvelles casernes, 400.000 fr. Acquisition de terrains pour les nouvelles casernes et couverture des canaux et fossés, 915.793 fr. 35. 36.130 fr. 17 annulés pour être employés aux travaux de viabilité du boulevard Raspail (1907) et 48.076 fr. 48 (1911).

Emprunt de 120.000 francs autorisé par décret du 14 novembre 1903 : subvention à l'Etat pour la construction du pont en pierres sur le bras mort du Rhône.

Emprunt de 486.500 francs voté en suite de l'Inspection des finances autorisé par décret du 27 mai 1904 : acquisition d'une maison pour le dégagement des remparts, 7.550 fr. Boulevard Raspail, 116.020 fr. 66. Boulevard Gambetta, 16.787 fr. 17. Boulevard Jules-Ferry, 20.341 fr. 42. Fournitures pour construction de trottoirs, 774 fr. 16. Alignement des rues Saunerie, des Marchands, St-Jean-le-Vieux, Portail Magnanen, Philonarde (restes à payer), 235.996 fr. 50. Chemin de la route du Pontet au rond-point du cimetière (reste à payer), 6.750 fr. 30. Calorifère du théâtre (reste à payer), 5.800 fr. Salle des fêtes de l'Hôtel de ville (reste à payer), 27.080 fr. 33. Aménagement de la Bourse du Travail (reste à payer), 10.638 fr. 12. 34.623 fr. 73 annulés (1913) et 1.285 fr. 80 diminués (par délibération du 13 décembre 1909) des mandats de pareille somme ayant été payés en 1906, sur un autre crédit.

Budget primitif de l'exercice 1903 :

Recettes	1.588.679 31
Dépenses	1.724.365 22
Déficit	135.691 91
à ajouter au déficit du budget supplémentaire du même exercice.................	317.902 99
Total.....................	453.588 90

Budget primitif de l'exercice 1904 :

Recettes	1.690.939 46
Dépenses	1.502.069 46
Excédent de recettes.................	188.870 »
mais le budget supplémentaire du même exercice présentant un déficit de...........	630.663 67
Déficit de l'exercice 1904...	441.793 67

Conseillers municipaux élus en vertu de la loi du 5 avril 1884

Elections du 27 juillet 1890
Installation du 3 août 1890

Denis Edouard, Paul Chabas, Poncet Paul, Meynaud Léopold, Carcassonne Albert, Guigou Henri, Parceint Pierre, Richard Henri, Folléat Gabriel, Rietty Louis, Guibert Alfred.

En 1890, décès du conseiller Escoffier.

Tous ces conseillers démissionnent le 28 février 1891 avec Maillet et Meynaud.

Elections du 19 avril 1891
Installation du 28 avril 1891

Commandant Gavelle Pierre, Maurin Joseph, Docteur Alfred Larché, Viau Etienne, Emery François, Narbonne **Paul**, Deyber Léon, Brun Auguste, Chaine François, Corand François, Odier François, Mouret Claude, Aubert Louis, Tirent Jean-Baptiste.

Elections du 1ᵉʳ et 8 mai 1892
Installation du 15 mai 1892

Commandant Luquin Charles, Commandant Gavelle Pierre, Docteur Alfred Larché, Combe Martin, Deyber Léon, Maurin Joseph, Viau Etienne, Brasier Joseph, Escoffier Marius, Denis Edouard, Meynaud Léopold, Lespérance J., Brunel Léon, Guigou Henri, Verdet Maurice, Garde Alexandre, Jacob Joseph, Pourquery de Boisserin Gaston, Cayrol Horace, Emery Pierre, Besson Jean, Gastin Louis, Brun Auguste, Robert Paul, Terrasse Edouard, Corand François, Dibon Alexandre, Dabry Etienne, Odier François, Chaine François.

Une décision du Conseil d'Etat en date du 27 janvier 1894 déclare élus Chay et Riély et prononce l'annulation de l'élection de Garde et Roux et du scrutin de ballottage.

Viau démissionne en 1893.

Luquin, Denis, Meynaud, Brunel, Lespérance, Guigou, Verdet, Chay, Riély et Gavelle démissionnent en mars 1894.

Elections du 11 février 1894
Installation du 18 février 1894

Pourquery de Boisserin Gaston, Garde Alexandre, Jacob Joseph, Emery Pierre, Gastin Louis, Robert Paul, Dibon Alexandre, Besson Jean, Corand François, Chaine **François**, Dabry Etienne, Odier François, Terrasse Edouard, Brun Auguste.

Elections du 22 avril 1894
Installation du 7 mai 1894

Montserret André, Bertrand Denis, Barre Emile, **Challe** Antoine, Gondran Justin, Chave Jules, Malen Joseph, **Gaffet** Sébastien, Bertrand Sébastien, Dibon Ulysse.

Elections du 3 mai 1896
Installation du 17 mai 1896

Jacob Joseph, Combe Martin, Garde Alexandre, Chauvet Jules, Emery Pierre, Montserret André, Philibert Pierre, Chave Jules, Quérat Félix, Deyber Léon, Escoffier Marius, Challe Antoine, Odier François, Poncet Paul, Pourquery de Boisserin Gaston, Besson Jean, Pascal Lucien, Barre Emile, Chaine François, Malen Joseph, Dibon Alexandre, Gondran Justin, Michel Henri, Bertrand Sébastien, Brun Auguste, Corand François, Dibon Ulysse, Roque Gustave, Lyon Paul, Mantel Louis.

Poncet Paul décédé en 1898.

Elections du 6 mai 1900
Installation du 9 mai 1900

Jacob Joseph, Combe Martin, Garde Alexandre, Chauvet Jules, Emery Pierre, Montserret André, Escoffier Marius, Goutarel Gustave (démissionnaire pour cause de parenté avec un de ses collègues, mai 1901), Challe Antoine, Odier François, Pourquery de Boisserin Gaston, Besson Jean, Pascal Lucien, Dibon Alexandre, Bertrand Sébastien, Brun Auguste, Lyon Paul, Mantel Louis, Chabert Jules Léon, Camps Félix, Guilhon Félix, Méry Louis, Turin Henri, Dibon Henri, Donadieu Jean-Louis, Vissac Philippe, Lambert Paul-Eugène, Ramel Jean-Baptiste, Desfond Marcel, Gaud Jules.

Chabert démissionne en 1903.

Garde, adjoint, démissionne le 12 janvier 1903.

Jacob, adjoint, décède en février 1903.

Elections du 8 mars 1903
Intallation du 13 mars 1903

Paul-Henri, Ruat Gabriel, Mortz Henri, Puech Jules.

Ces quatre conseillers démissionnent le 11 novembre 1903.

Elections des 1er et 8 mai 1904
Installation du 15 mai 1904

Paul Henri, Mercier François, Guigou Henri, Bouvier Victor, Combe Marius, Serre Louis, Faure Joseph, Honoré

Charles, Gaillard François, Arlaud Jacques, Rogier Félix, Goubert Auguste, Blache Frédéric, Lazaires Fulcran, Marbaud Joseph, Gay Etienne, Gleyze Pierre, Docteur Laval Victorin, Clastre Alexis, Chavillon Pierre, Fradetal Jules, Turion Jules, Lambert Joseph, Cartoux F.-D., Guez Etienne, Prévot fils, Verdet Maurice, Vialès Marius, Brunel Edmond, Mortz Henri, Carcassonne Albert, Puech Jules.

Paul décède en juin 1905.

Verdet démissionne le 20 mai 1904.

Rogier décède le 11 avril 1906.

Gaubert, Lazaire, Marbaud, Lambert, Cartoux, Carcassonne démissionnaires en novembre 1906.

Notes - Pièces justificatives

NOTE N° 1

Séance du 19 novembre 1902

Ordre du jour de confiance

M. Paul Lyon. — M. le Maire, voulez-vous nous donner quelques explications sur les attaques dont vous êtes l'objet ?

M. Pourquery de Boisserin, Maire-Président. — On dit qu'une plainte est déposée. Attendons son résultat.

M. Jacob, Adjoint. — Il m'est impossible de partager la pensée de M. le Maire. Ma conscience tranquille me fait un devoir de parler en présence des attaques dont il est l'objet.

Mes Collègues de la Municipalité m'ont accordé, depuis longtemps, leur confiance que justifie ma bonne volonté, plus que mes aptitudes. Je ne suis qu'un ancien ouvrier et m'en honore.

J'ai la conviction absolue de n'avoir jamais trompé cette confiance et démérité envers moi-même et envers vous.

C'est moi qui signe, d'ordinaire les mandats. C'est donc moi seul qui ai signé les deux auxquels on veut faire allusion.

Lorsqu'on m'a demandé des employés supplémentaires momentanés, j'ai chargé les services de les prendre. On m'a présenté ensuite les états réguliers pour le mandatement ; j'ai mandaté.

Avant l'arrivée de M. le Maire qui restait à Paris pour obtenir le vote de la Caserne, des employés municipaux ont spontanément offert leur concours. Ils ont alors fait des bandes pour les circulaires en dehors des heures de service et je ne leur ai attribué pour ce concours de reconnaissance et d'affection, aucune rétribution.

Vous me connaissez tous ; ma vie s'est écoulée entre le travail et ma famille. Ce n'est pas à 65 ans, que j'aurais terni un passé d'honneur et de probité dans de pareilles conditions.

Laissez-moi vous dire, Monsieur le Maire, que je suis très profondément affecté de voir mes actes accomplis avec loyauté, servir de prétexte à l'assouvissement des haines qui vous entourent et favoriser les espérances et les convoitises de la Réaction sur la Mairie.

M. G. Pourquery de Boisserin, Maire-Président. — Mon cher Collègue, la considération dont vous jouissez, l'estime dont vous êtes entouré, ne sauraient être diminuées par personne.

La confiance que j'ai eue et que nous avons tous en vous, vous reste entière, et ce qui est pour moi le meilleur gage de l'inanité des attaques que vous regrettez, c'est la connaissance parfaite que nous avons de votre loyauté et de votre bonté.

Je sais qu'au poste où vous êtes et que vous avez honoré depuis quatorze ans, je peux, sans crainte d'abriter une indélicatesse, accepter la responsabilité de votre collaboration.

La peine que vous avez éprouvée doit être dissipée et tout en regrettant que vous l'ayez eue, je tiens à dire que ce sentiment est pour moi un nouveau témoignage d'une affection dont je suis fier.

M. Garde, Adjoint. — Je tiens à confirmer ce qui a été dit par M. Jacob. Vous avez conservé pour vous, Monsieur le Maire, les plus importantes questions et notamment celles des travaux. Nous pouvons dire avec quelle énergie et quel dévouement vous avez consacré votre temps et votre intelligence aux intérêts de la République et de vos concitoyens. Vous nous avez confié tout l'ensemble des autres services et nous avons eu à cœur de faire de notre mieux.

Plus que vous, certainement, nous avons souffert pour vous des attaques dont vous avez été l'objet, et dont plus qu'aucun, nous pouvions mesurer l'injustice et la fausseté.

Lorsque, pour la première fois, les attaques qui ont motivé la déclaration de M. Jacob, se sont produites, j'ai, d'accord avec lui, ordonné une enquête et les pièces qui m'ont été présentées, comme les déclarations qui m'ont été faites, confirment ce que M. Jacob vient de dire.

Tout s'est fait en dehors de vous, avec loyauté, et vous pouvez, sans hésitation, remercier M. Jacob, de sa précieuse collaboration, comme vous pouvez, sans crainte, vous associer à la responsabilité de tous nos actes.

M. A. Dibon, Adjoint. — Je m'associe aux paroles de M. Garde.

M. Chauvet. — Je remercie messieurs Garde et Jacob des explications loyales qu'ils ont données. Au nom de tous mes Collègues, je propose l'ordre du jour suivant :

« Le Conseil Municipal, après avoir entendu les déclara-
« tions loyales et précises de M. Jacob, deuxième adjoint,
« tient à exprimer à nouveau, à toute la municipalité, qui
« a donné, depuis quinze ans tant de preuves de son dé-
« vouement à la République et à la Ville, son entière con-
« fiance et regrette que des haines personnelles tendent à
« diviser si profondément le parti républicain au profit de
« la réaction qui guette. »

M. Garde, Adjoint. — Je mets aux voix l'ordre du jour présenté par M. Chauvet.

Cet ordre du jour à l'unanimité des membres présents est adopté.

NOTE N° 2

Lettre de démission de Pourquery de Boisserin

1ᵉʳ novembre 1903.

Monsieur le Maire,

La Caserne est faite, le Conseil municipal a bien voulu sur ma proposition voter la restauration du Palais des Papes. Telles étaient les dernières œuvres que je tenais à mener à bonne fin. Elles sont réalisées.

J'attendais ce moment pour prendre un repos que je considère comme bien mérité. J'ai l'honneur de vous adresser ma démission de Conseiller municipal. Je reste toujours profondément dévoué à mon parti et à cette belle ville d'Avignon. A l'un et à l'autre j'ai donné de tout mon cœur ma jeunesse, ma force et ma santé.

Continuez à travailler pour la République, son succès et sa défense. C'est ce qui nous tient le plus à cœur.

Veuillez transmettre ma lettre à Monsieur le Préfet et croire, Monsieur le Maire, à mes sentiments dévoués.

Signé : G. Pourquery de Boisserin,

NOTE N° 3

Convention réglant les conditions de l'abandon par l'Etat de l'usufruit qu'il possède sur le Château des Papes, à Avignon.

L'an mil neuf cent et le douze avril,

Entre les soussignés,

Mourral, Capitaine chef du Génie à Avignon, stipulant au nom et pour le compte de l'Etat, d'une part ;

Et M. Pourquery de Boisserin, Député de Vaucluse, Maire de la Ville d'Avignon, stipulant au nom et pour le compte de la Ville, d'autre part,

Vu l'accord intervenu entre l'Administration de la Guerre et la Municipalité d'Avignon au sujet de l'abandon que l'Etat consent à faire de l'usufruit qu'il possède sur le Château des Papes, en échange d'une contribution à fournir par la Ville pour la construction d'une caserne neuve pour un régiment d'infanterie à trois bataillons,

Il a été passé la convention suivante qui devra être soumise à la sanction du Conseil Municipal d'Avignon et qui ne sera valable qu'après l'approbation du Ministre de la Guerre.

Art. 1er. — La Ville s'engage à céder à l'Etat en toute propriété le terrain nécessaire à l'assiette d'une caserne neuve pour un régiment d'infanterie à trois bataillons avec tous ses accessoires. Ce terrain aura une superficie de six hectares.

Art. 2. — Le choix de l'emplacement sera déterminé par le Ministre de la Guerre sur les propositions de la Municipalité et fera l'objet d'une convention annexe à la présente à arrêter ultérieurement.

Art. 3. — La Ville s'engage, en outre, à verser dans la caisse du Trésor public la somme de 400.000 francs à titre de subvention à la construction de la caserne ci-dessus prévue.

Art. 4. — Cette somme sera exigible dans le délai d'un an à dater de l'approbation définitive du présent contrat.

Art. 5. — La Ville prendra à sa charge le prolongement jusqu'à proximité de la dite caserne des conduites d'eau et de gaz et des égouts nécessaires à l'évacuation des eaux-vannes.

Art. 6. — En échange des contributions spécifiées aux articles 1 à 5 qui précèdent, l'Etat fait abandon à la Ville de l'usufruit qu'il possède sur la partie du Château des Papes actuellement occupée par le régiment d'infanterie à Avignon. Cette partie comprend les bâtiments marqués par une teinte rose sur le plan ci-joint, à l'exception des bâtiments teintés en bleu sur le dit qui ne faisaient pas partie du Château des Papes et ont été successivement installés pour le service de l'infirmerie et de la Manutention militaire.

Art. 7. — Cet abandon d'usufruit est consenti sans aucune restriction de la part de l'Administration de la Guerre en ce qui concerne la destination à donner aux locaux remis à la Ville, mais sous la réserve ci-après en ce qui concerne l'établissement contigu de la Manutention militaire. L'Etat aura l'usage de la canalisation d'eau qui traverse la cour du gymnase et dessert la Manutention. Toutefois, la Ville aura la faculté de se décharger de cette servitude en établissant à ses frais une canalisation équivalente pour desservir directement les prises d'eau qu'elle alimente.

Art. 8. — L'usufruit dont il s'agit et l'occupation qui en est la conséquence prendront fin six mois après l'entier achèvement des travaux de construction de la caserne à édifier.

Art. 9. — Les locaux abandonnés seront livrés en l'état où ils se trouvent. Toutefois, l'Administration de la Guerre se réserve d'enlever tout le mobilier fixe ou fixé à demeure ayant servi tant au casernement qu'à divers accessoires, tels que lits de camp, matériel d'écurie, de sellerie, de gymnastique, d'éclairage, lavabos, appareils de cuisine, de balnéation, de robinetterie, et, d'une manière générale, toutes installations faites par l'Etat pour le service des troupes et susceptibles d'être réemployées. Toutefois, l'Etat prendra à sa charge le rebouchage des trous nécessités par l'enlèvement de ces divers accessoires.

Ainsi fait et convenu, à Avignon, les jour, mois et **an** que dessus.

Le Chef du Génie,
MOURRAL.

Le Maire de la Ville d'Avignon,
G. POURQUERY DE BOISSERIN.

<hr>

NOTE N° 4

Proclamation du Maire à l'occasion du voyage

présidentiel (20 mai 1890)

Chers Concitoyens,

Le Chef de l'Etat nous fait l'honneur de s'arrêter à Avignon le 22 mai.

Le Conseil municipal fait tous ses efforts pour le recevoir dignement. A chacun d'imiter cet exemple.

Il vous appartient à tous de témoigner par une enthousiaste réception votre reconnaissance, votre respect, votre dévouement au Président de la République, représentant la Patrie française.

Avignon, le 20 mai 1890.

Le Maire,
G. POURQUERY DE BOISSERIN.

Le Président Carnot, en souvenir de la réception grandiose qui lui fut faite à Avignon, offrit à la municipalité son buste en pâte de Sèvres qui a été placé dans la salle des délibérations du Conseil municipal.

Programme des fêtes de la visite présidentielle

PROGRAMME DES RÉCEPTIONS

Le 22 mai, arrivée du train présidentiel à 11 heures 55'.
Sur le quai de la gare : le Maire, l'Adjoint, le Président et le Bureau du Conseil Général.

Dans la salle d'attente : le Conseil municipal, le Conseil Général, les Autorités civiles et militaires composant le cortège.

Départ des voitures (chaque invité sera porteur d'un ticket portant le n° de la voiture qui lui est réservée).

Arrivée à la Préfecture. Les 3 premières voitures entreront seules dans la cour ; les autres attendront sur la place de la Préfecture. Pendant ce temps, MM. les Conseillers municipaux se rendront à la mairie où ils attendront, en corps, sous le péristyle, l'arrivée de M. le Président. A son arrivée, une cantate sera chantée par les élèves du Conservatoire.

Les réceptions officielles auront lieu dans la salle du Conseil et le Conseil municipal sera introduit dans l'ordre des préséances qui lui est attribué par le décret de Messidor.

Après les réceptions, le cortège se formera pour la visite aux Hospices, chacun reprenant sa place dans la voiture dont il aura le numéro.

A l'arrivée à la Préfecture, M. le Président et sa suite entreront seuls, les invités pourront se retirer et devront se rendre à la mairie à 6 h. ½ du soir pour le Banquet.

A l'issue du Banquet, rentrée à la Préfecture de M. le Président et de sa suite.

Le 23 mai. Départ de la Préfecture à 7 h. ½ du matin. Arrêt aux allées de l'Oulle pour assister à la construction et à la dislocation du pont de bateaux. Départ pour la gare du Pont d'Avignon.

MM. les conseillers municipaux sont priés de conserver leur ticket, ce jour-là, les voitures qui seront mises à leur disposition étant les mêmes que celles de la veille.

Municipalité Guigou

Maire : Guigou Henri, élu le 5 mai 1904, le 17 mai 1908, le 15 octobre 1909.

Adjoints : Mortz Henri, élu le 5 mai 1904, le 17 mai 1908.

Bouvier Victor, élu le 5 mai 1904 démissionne le 19 août 1907, après son élection au Conseil général (6 août 1907).

Arlaud Jacques, élu le 5 mai 1904, le 17 mai 1908, le 15 octobre 1909.

Serre Louis, élu le 30 août 1907.

Chavillon (Montfavet), élu le 5 mai 1904, le 17 mai 1908, le 15 octobre 1909.

Clastre (Le Pontet), élu le 5 mai 1904, le 17 mai 1908, **le** 15 octobre 1909.

Mercier, élu le 15 octobre 1909.

Conseiller faisant fonction de maire : Vialès, le 29 juin 1910.

Délégation spéciale municipale : Mouzin Alexis, ancien receveur municipal, président.

Laurent, ancien chef de division à la Préfecture.

Busquet, ancien directeur du service des eaux de la ville.

Bonnet Auguste, ancien chef de Bureau à la mairie.

Meissonnier Paul.

Secrétaire en chef : Arnaud Honoré.

Recensement de la population d'Avignon en **1906** :
48.312 habitants.

Cinq listes entrèrent en lutte, aux élections municipales (premier tour de scrutin) du 1er mai 1904. La liste « d'Union républicaine » qui obtint une moyenne de 2.600 voix, M. Paul arrivant en tête avec 3.722 voix ; la liste de « Concentration républicaine » 2.100 voix, M. Valayer premier avec 2.782 voix ; la liste du « Bloc radical et radical socialiste » 2.100 voix, M. Maureau premier avec 2.353 voix ; la liste « Républicaine radicale socialiste » 600 voix, M. Dibon, maire sortant premier avec 802 voix ; la liste du « Parti socialiste français » 550 voix, M. Vaillandet premier avec 1.080 voix.

M.F. BEC
M.MOURET
M.BENOD
M. CHARAVIN

Au second tour (8 mai 1904), la liste « d'Union républicaine » restée seule en présence de la liste du « Bloc radical et radical socialiste » triompha avec une moyenne de 4.500 voix.

La municipalité se constitua à la première séance du conseil municipal, le 15 mai 1904. Le nouveau maire, M. Guigou Henri, après avoir remercié ses collègues, déclara oublier les incidents de la période électorale et déplora l'absence de M. Paul que la maladie tenait éloigné de l'assemblée et à qui était destinée la première magistrature de la ville (Note n° 1).

Le 9 décembre 1906 on procéda à des élections complémentaires pour pourvoir les mandats laissés vacants par neuf conseillers municipaux décédés ou démissionnaires (1). Les candidats amis de la municipalité furent élus avec une moyenne de 3.250 voix, M. Bec arrivant en tête avec 3.385 voix.

M. Bouvier, adjoint, donne sa démission le 19 août 1907 ayant été élu conseiller général du canton nord d'Avignon le 6.

Le renouvellement des conseils municipaux, des 3 et 10 mai 1908, met en présence trois listes au premier tour de scrutin ; la liste « d'action et d'union républicaine » (liste de la municipalité sortante), la liste « d'union et de concentration républicaine » (avec MM. Pourquery de Boisserin et Valayer) et la liste « socialiste ». La première a dix élus. Elle complète son succès au second tour avec une moyenne de 5.100 voix, tandis que la liste de Pourquery de Boisserin n'en obtient que 3.900. Et M. Guigou réélu maire le 17 mai, enregistrant ce brillant succès, constate « que le terrain municipal maintenant déblayé des ruines qui l'encombraient, c'est l'ère des grands travaux qui va s'ouvrir. » (Note n° 2).

Mais des scènes de désordre s'étaient produites à la 7e section (Tribunal de Commerce) lors du dépouillement le 3 mai, et l'urne renversée n'avait pas été dépouillée. Le Conseil de Préfecture, chargé par arrêté du Préfet, de procéder au recensement général des votes ne put pas effectuer le dépouillement de cette urne, et, sans tenir compte des suffrages exprimés dans le 7e bureau électoral, avait proclamé élus dix candidats de la liste de la municipalité.

---

(1) MM. Paul et Rogier décédés : Gaubert, Lazaires, Marbaud, Lambert, Cartoux, Verdet et Carcassonne, démissionnaires.

Le Conseil d'Etat, par son arrêt du 26 juillet 1909, annula les élections du premier et du second tour.

De nouvelles élections municipales eurent lieu les 3 et 10 octobre 1909. Les électeurs eurent à choisir entre les candidats de trois listes au premier tour de scrutin : la liste « d'action et d'union républicaine » (liste de la municipalité), la liste « d'union républicaine » adhérente à la représentation proportionnelle » (liste Pourquery-Valayer) et la liste « socialiste ». Avec une moyenne de 4.200 voix, la liste de la municipalité eut vingt-neuf élus, trois de ses candidats restant en ballottage. La liste de Pourquery de Boisserin obtint 3.650 voix et la liste socialiste 380. Au deuxième tour, Pourquery de Boisserin et son ami Paul Chabas sont élus avec 4.000 et 3.800 voix, tandis que leur colistier le socialiste Gourdeaux avec 3.762 voix est battu par un candidat de la liste de la municipalité M. Ferréol qui obtient 3.796 voix.

Lors des élections législatives de mai 1910, M. Guigou, maire d'Avignon, candidat contre Pourquery de Boisserin, au second tour de scrutin échoue ; il est mis en minorité, dans Avignon, de 1.400 voix environ. M. Guigou démissionne avec l'un de ses adjoints, M. Mercier. Les adversaires de la municipalité organisent de bruyantes manifestations dans la rue et des réunions publiques. Le 11 juin 1910, à l'occasion de l'une de ces réunions tenue dans la remise des Trois Mulets, rue Carreterie, M. Belleudy, préfet de Vaucluse, recourt à la force armée, police, gendarmerie et troupes de la garnison, pour barrer les rues aux manifestants. Quelques collisions se produisent et M. Belleudy est mis en disponibilité par le ministre Briand, le 17 juin.

Des élections complémentaires pour pourvoir au remplacement de cinq conseillers (1), quatre démissionnaires et un décédé, ont lieu les 19 et 26 juin 1910. 250 citoyens seulement expriment leur vote au premier tour de scrutin. La liste « socialiste » qui seule se met sur les rangs, au second tour, est élue avec 270 voix sur 336 votants.

C'est alors qu'intervint, le 29 juin 1910, le décret qui prononçait la dissolution du conseil municipal d'Avignon et nommait une délégation municipale spéciale. Celle-ci fut installée le 30 juin par M. Vialès, conseiller municipal.

---

(1) Pourquery de Boisserin, Chabas, Guigou et Mercier, démissionnaires ; Honoré, décédé.

Œuvre de la municipalité Guigou :

La municipalité Guigou et son conseil avaient été élus sur un programme précis : le relèvement des finances communales. C'était une tâche difficile.

Quelle était donc la situation financière de la ville ? L'inspecteur des Finances Baudouin-Bugnet écrivait dans son rapport en 1903 :

« La situation financière de la ville est donc lourdement grevée, et, pour longtemps, difficilement réalisable tout projet d'embellissement exigeant des contribuables des charges nouvelles. »

Le déficit de 453.588 fr. 90 accusé par le budget supplémentaire de l'exercice 1903 était ramené à 147.090 fr. 43 lors de l'établissement du budget supplémentaire de l'exercice 1909.

Restauration du Palais des Papes d'après un programme dressé par M. Nodet, architecte des Monuments historiques, et approuvé par le conseil municipal.

Restauration des remparts. Sur la proposition du conseil municipal (29 février 1900) les remparts, dont une partie avait été déclassée, sont reclassés « monument historique » dans leur entier (arrêté ministériel du 19 avril 1901). Pour leur dégagement, la ville acquiert l'îlot de maisons encore debout entre la porte de l'Oulle et la porte du Rhône, la maison Samuel entre le Pont St-Bénezet et la porte de la Ligne, et la maison Coulet à l'intérieur de la porte du Rhône. Renouvellement des traités pour droits d'appui contre les remparts (15 décembre 1908). Elargissement de la brèche de la porte de la Liberté (porte Thiers), dont la largeur est portée de 5 mètres à 8 mètres.

Boulevard Gambetta. Boulevard Jules-Ferry. Boulevard Stuart-Mill.

Egouts de la banlieue sud.

Travaux de voirie, pavages et asphaltages.

Réfection en asphalte du terre-plein de la place de l'Horloge.

Le département fait paver (pavés en grès) la route de Tarascon (St-Ruf) avec part contributive de la ville.

Création du service de nettoyage des ruisseaux.

Plantations sur la place du Palais et place St-Jean.

Etablissement de la canalisation d'eau pour les nouvelles casernes.

Etude d'un projet d'adduction d'eau à capter aux abords de la prise du canal Puy.

Examen de divers projets d'assainissement.

Edification de water-closets à St-Martial et au cimetière.

Transformation générale de l'éclairage public (becs Auer). Suppression des derniers becs temporaires. Le conseil municipal décide d'éclairer les impasses, à la demande des propriétaires.

Eclairage de la salle des fêtes (gaz).

Nouvelle installation d'eau et nouvelles cuisines à l'Hôpital.

Aménagement de la Bourse du Travail dans la chapelle Ste-Garde.

Aménagement de la tuerie des chevaux et d'un bâtiment annexe à l'abattoir.

Aménagement du marché aux bestiaux (sans la couverture).

Transfert et aménagement de la triperie dans les Halles centrales.

Construction du bureau de Poste de la place Pie sur l'emplacement de l'ancienne triperie.

Agrandissement des cimetières de la Barthelasse et du Pontet.

Acquisiton de l'immeuble Bollack à Montfavet et aménagement, dans cet immeuble, de l'école de filles. Création de l'école de Cantarel.

Acquisition de l'immeuble du Sacré-Cœur et aménagement, dans cet immeuble, du collège de jeunes filles. On envisage le transfert du Lycée de garçons au Grand Séminaire St-Charles.

Création de l'école primaire supérieure et aménagement, à cet effet, de l'ancien petit séminaire (Petit Palais) attribué à la ville, en vertu de la loi du 13 avril 1908.

Transfert de l'école de filles de la rue des Infirmières dans des locaux de l'immeuble du Sacré-Cœur aménagés rue Pouzaraque. Construction du groupe scolaire des Rotondes.

Acquisition et aménagement du Bureau de l'Etat-civil et du Bureau de Poste du Pontet. Création d'une place publique au Pontet (cession gratuite du terrain par M. Thomas).

Au Rocher des Doms, monument Félix Gras (œuvre de son fils Jean-Pierre Gras), 6 août 1905, et monument de Paul Saïn (œuvre de Charpentier), 1er novembre 1909.

Acquisition d'une moto-pompe pour le service des sapeurs-pompiers.

Premier traité de concession de l'affichage sur les emplacements communaux.

La Compagnie P. L. M. construit un passage souterrain à la gare, pour satisfaire au vœu plusieurs fois émis par le conseil municipal.

Réorganisation du Bureau municipal d'hygiène. Règlement sanitaire de la ville.

Premier règlement accordé au personnel des services municipaux. Admission du personnel des Hospices au bénéfice de la caisse de retraite des employés communaux.

Augmentation du nombre des agents de police.

Concession du monopole des Pompes funèbres par application de la loi du 28 décembre 1904.

Les fournitures scolaires sont distribuées gratuitement à tous les enfants des écoles laïques communales primaires et la Caisse des Ecoles cesse de fonctionner. Les distributions des prix dans les écoles communales sont supprimées.

Le marché aux raisins transféré sur le terre-plein de St-Lazare est ramené au boulevard Limbert, devant l'insuccès notoire de ce déplacement.

Le conseil municipal proteste (21 avril 1909) contre le projet d'aménagement du lac d'Allos et contre tout projet de dérivation, directe ou indirecte, des eaux de Fontaine-l'Evêque.

La ville d'Avignon est représentée aux fêtes du VIe centenaire de la naissance de Pétrarque à Arrezo (Italie) par le docteur Laval, conseiller municipal.

Organisation du concours régional agricole, visite de M. Pams, ministre de l'Agriculture, et exposition industrielle au Palais des Papes (mai-juillet 1907).

Le congrès des Sapeurs-Pompiers de France se tient à Avignon le 15 août 1910.

Création de la kermesse foraine de février.

La municipalité Guigou dut liquider les nombreux procès engagés par la précédente administration dont les plus importants furent ceux du Musée Calvet et de la Compagnie du Gaz, pour lesquels la ville se désista des pourvois en cours, le procès Battalier-Olagnier (immeuble rue des Marchands) et le procès de Dianous (boulevard Raspail).

La ville se vit dans l'obligation d'accorder aux Hospices d'importantes subventions extraordinaires pour leur permettre d'équilibrer leurs budgets.

Le Rhône déborda en octobre et novembre 1907 (6 m. 83 le 10 octobre, 6 m. 18 le 18 octobre et 6 m. 09 le 10 novembre).

En octobre 1909, un certain nombre de cas de fièvre typhoïde furent constatés parmi la population civile et les militaires de la garnison. L'administration de la guerre réduisit les effectifs d'Avignon et dirigea sur les villes avoisinantes les recrues de nos régiments. Sur la promesse formelle de la municipalité de mettre en œuvre tous les moyens possibles en vue d'assurer, d'une façon constante, la bonne qualité des eaux d'alimentation, le ministre rapporta ces mesures peu après.

Emprunts :

Emprunt de 146.600 fr., autorisé par décret du 27 mars 1908 : acquisition de l'immeuble de la rue des Lices destiné à une école maternelle (immeuble Mouzin) 40.000 fr., et groupe scolaire des Rotondes, acquisition de terrain et construction 134.500 fr. (subvention de l'État 27.840 fr.).

Emprunt de 221.000 francs, autorisé par décret du 19 novembre 1908 : acquisition de l'immeuble du Sacré-Cœur destiné au collège de jeunes filles.

Emprunt de 34.055 francs, autorisé par décret du 3 avril 1909 : acquisition et aménagement de l'école de filles de Montfavet (immeuble Bollack).

Emprunt de 330.000 francs, autorisé par décret du 8 août 1909 : travaux d'assainissement de la banlieue sud (subvention de l'Etat 100.000 francs). Par délibération du 27 juillet 1923 le solde de cet emprunt, soit 70.322 fr. 17 a été affecté à l'assainissement du quartier de la Synagogue et Bonaventure. Le solde de la subvention de l'Etat, soit 25.000 francs, n'a pas été versé par suite de l'arrêt des travaux prévus au projet primitif. En effet il reste à réaliser les égouts des chemins de l'Arousaire, de la Bousace et des Sources. Les lavoirs particuliers établis sur les fossés en bordure de ces chemins, dont il aurait fallu envisager la suppression, a nécessité la suspension des travaux.

Emprunt de 150.000 francs, autorisé par décret du 16 juin 1910 : aménagement du Collège de jeunes filles (subvention de l'Etat 130.000 francs).

Budget primitif de l'exercice 1909 :

Recettes	1.866.230 49
Dépenses	1.746.230 49
Excédent de recettes..................	120.000 »

Le budget supplémentaire du même exercice accusait un déficit de 147.090 fr. 43, le déficit de l'exercice 1909 était de 27.090 fr. 43.

Conseillers municipaux élus en vertu de la loi du 5 avril 1884

Elections du 9 décembre 1906
Installation du 14 décembre 1906

Bec Ferdinand, Faure Charles, Fuzat J.-P., Pascal Jean, Bayol Alfred, Droin Emile, Dampt Félix, Capdevila Dominique, Bonnard Auguste.

Elections des 3 et 10 mai 1908
Installation du 17 mai 1908

Guigou Henri, Bec Ferdinand, Arlaud Jacques, Mercier François, Honoré Charles, Pascal Jean, Faure Joseph, Chavillon Pierre, Combe Marius Octavien, Gay Etienne, Gaillard François, Blache Frédéric, Faure Charles, Clastre Alexis, Gleyze Pierre, Droin Emile, Guez Etienne, Fradetal Jules, Dampt Félix, Bayol Alfred, Brunel Edmond, Serre Louis, Turion Jules, Vialès Marius, Joly Antonin, Vigne Henri, Capdevila, D., Maurand Philippe, Galiny Charles, Puech Jules, Mortz Henri, Chauvet Jules.

Un arrêt du Conseil d'Etat du 26 juillet 1909 annule les élections des 3 et 10 mai 1908.

Elections des 3 et 10 octobre 1909
Installation du 15 octobre 1909

Bec Ferdinand, Guigou Henri, Arlaud Jacques, Honoré Charles, Mercier François, Pascal Jean, Chavillon Pierre, Combe Marius Octavien, Clastre Alexis, Gleyze Pierre, Serre Louis, Faure Charles, Bayol Alfred, Faure Joseph, Blache

Frédéric, Gay Etienne, Gaillard François, Taillefer Auguste, Guez Etienne, Vialès Marius, Droin Emile, Brunel Edmond, Fradetal Jules, Turion Jules, Maurand Philippe, Joly Marius, Vigne Jean, Dampt Félix, Galiny Charles, Pourquery de Boisserin Gaston, Chabas Paul, Ferréol.

Honoré décédé, Pourquery de Boisserin et Chabas démissionnent en octobre 1909, Guigou et Mercier démissionnent en mai 1910.

———

Elections des 19 et 26 juin 1910

élus non installés

Galas, Gourdeaux, Hébrard, Pical, Rieubon.

———

Elections du 21 août 1910

Installation du 28 août 1910

Caizergues Albert, Guilhon Félix, Hermitte François, Emery Pierre, Goutarel Gustave, Bachelard Edouard, Besson Jean, Combes Jacques Xavier, Brun Auguste, Desfons Marcel, Delorme Théophile, Requin Henri, Turion Léon, Agier Calixte, Settier Emile, Ayme Aimé, Dibon Louis, Patras Adrien, Billard Maurice, Jacquet Marius, Kasler Emile, Marbaud Joseph, Neuvialle François, Font François, Guichard Ernest, Machard Louis, Nouveau Louis, Renaudat Horace, Miaille Marcel, Valayer Louis, Tavan Emile, Yol Paul.

———

Notes - Pièces justificatives

NOTE N° 1

Séance du 15 mai 1904

Allocution du maire Guigou

Mes chers Collègues,

Je suis profondément touché du grand honneur que vous venez de me faire en m'élisant comme chef de la municipalité avignonaise et je vous en exprime ici toute ma reconnaissance. Mais ce n'est pas sans une véritable crainte que j'entrevois les devoirs impérieux et les graves responsabilités que votre confiance m'impose.

Sans nous arrêter à des récriminations superflues et peut-être peu généreuses, il nous est permis de constater que les circonstances actuelles sont exceptionnellement difficiles ; la tâche qui nous incombe sera rude et il ne sera pas trop de la bonne volonté de tous pour la mener à bonne fin.

La mienne vous est acquise sans réserve et je sais que l'on peut compter absolument sur la vôtre.

Nos concitoyens attendent de nous la réalisation des promesses que nous avons faites et auxquelles ils ont ajouté foi. Leur attention ne sera pas déçue, et dès nos premières séances, nous commencerons l'exécution du programme que nous avons élaboré.

Dans cette œuvre commune, vous aurez la plus large part de besogne et d'initiative, car il ne faut plus que la gestion des affaires municipales soit abandonnée à quelques-uns, sinon à un seul.

A nous tous, nous aurons à justifier la confiance que le corps électoral a mise en nous.

Comme nous l'avons dit dans notre lettre de remerciements, les incidents de la période électorale sont, dès maintenant, oubliés. Nous devons à nos concitoyens une administration juste et prudente, économe des deniers publics, respectueuse des droits de chacun.

C'est bien ainsi que nous entendons administrer et nous nous estimerons largement payés de nos soucis et de nos peines, si, après nous avoir vus à l'œuvre, nos concitoyens jugent que nous nous conduisons en bons avignonais et en excellents républicains.

Il me reste maintenant à adresser toute l'expression de notre reconnaissance et nos plus vifs souhaits de rétablissement à l'ami cher, qu'un mal impitoyable est venu terrasser au début de la période électorale ; à celui qui, tout malade qu'il fût, a tant contribué à nous attirer les sympathies de nos concitoyens.

Les fonctions que j'occupe lui étaient destinées ; on peut même dire qu'elles lui revenaient de droit, tant à cause de son passé que de ses aptitudes et de son caractère. Vous étiez unanimes à voir en lui le futur Maire d'Avignon et la population entière l'avait désigné à votre choix.

La maladie est venue renverser ces projets, et les exigences de la vie municipale vous ont fait porter sur un autre, beaucoup moins qualifié et beaucoup moins compétent, les suffrages que vous réserviez à Henri Paul ; mais, chaque jour, la santé de notre ami s'améliore, et l'on peut envisager dès maintenant, l'éventualité d'une guérison prochaine.

Si nos espérances se réalisent, comme nous le souhaitons ardemment, Henri Paul pourra, quand il le jugera possible, reprendre cette place qui est la sienne. Je la lui remettrai de grand cœur, sûr de répondre à vos désirs et aux vœux de toute la population avignonaise.

NOTE N° 2

Séance du 17 mai 1908

Allocution du Maire

Mes chers Collègues, la Municipalité avignonaise est donc entièrement constituée.

En ce qui me concerne, je vous suis profondément reconnaissant du grand honneur que vous venez de me faire en me réélisant Maire d'Avignon, mais cet honneur n'est pas sans quelque péril, et la satisfaction que j'en éprouve est mêlée de quelque crainte et d'appréhension. Sans doute la situation actuelle est autrement favorable qu'en 1904 ; si toutes les difficultés n'ont pas disparu, beaucoup ont été applanies ; bien des écheveaux ont été débrouillés.

Le corps électoral en dépit des prédictions les plus sinistres et malgré les manœuvres perfides et violentes que vous connaissez, s'est prononcé en notre faveur, dans des conditions particulièrement honorables pour nous.

Tout devrait donc nous apparaître sous les couleurs les plus riantes, les plus agréables. Mais depuis que votre confiance m'avait appelé pour la première fois à ce poste il y a quatre ans, j'ai vu disparaître quelques-unes de mes illusions, et je me sens tous les jours capable d'un peu moins d'efforts.

Plus que par le passé, je vais avoir besoin de votre concours et de votre bienveillance, je sais que vous ne me marchanderez ni l'un ni l'autre ; c'est pourquoi j'ai accepté, encore une fois, la présidence de vos travaux.

Comme l'a si bien dit notre doyen d'âge, M. Mercier, nous allons maintenant entrer dans la période efficace de notre vie municipale. C'est l'ère des grands travaux qui va s'ouvrir pour nous. Le terrain municipal est maintenant déblayé des ruines qui l'encombraient.

Nous allons poursuivre, avec ardeur, l'exécution de notre programme ; de même que nous avons exécuté, quoi qu'on en ait dit celui de 1904. Nous assainirons notre ville et la banlieue ; nous modifierons nos écoles, nous en construirons d'autres. Certaines sont en cours actuellement ; d'autres vont suivre. Nous aurons besoin de toute notre activité pour mener à bien l'exécution de toutes nos promesses. Nous doterons notre ville d'une eau incontestablement pure, depuis si longtemps réclamée. Enfin tous nos efforts tendront toujours à administrer avec impartialité, avec justice, avec désintéressement ; voilà ce que je tenais à vous dire, mes chers Collègues, et à dire devant nos concitoyens qui assistent à nos séances. Ce sera la meilleure réponse que nous puissions faire à nos calomniateurs. C'est aussi la meilleure façon, je crois, de servir notre chère ville d'Avignon et la République.

Vive Avignon, vive la République.

———

Municipalité Valayer

Maire : Valayer Louis, propriétaire, élu le 28 août 1910 et le 19 mai 1912.

Adjoints : Guichard Ernest,
Guilhon Félix,
Machard Louis, élus le 28 août 1910.
Goutarel Gustave (Le Pontet),
Besson Jean (Montfavet), élus le 28 août 1910 et le 19 mai 1912.
Guilhon Félix,
Yol Paul,
Renaudat Horace, élus le 19 mai 1912.

Secrétaire général : Arnaud Honoré, admis à faire valoir ses droits à la retraite le 31 décembre 1910.

Flusin Armand (sous-préfet honoraire), nommé le 16 septembre 1910, démissionnaire le 15 octobre 1910.

Lechalier Marius, nommé le 1er novembre 1910.

Recensement de la population d'Avignon en 1911 :
49.304 habitants.

Les élections municipales du 21 août 1910 avaient fait entrer à l'Hôtel de ville la liste « républicaine radicale et radicale socialiste » élue par 4.200 voix. La liste dite de représentation proportionnelle composée de républicains, de socialistes et de conservateurs obtint 3.400 voix. M. Valayer élu maire le 28 août, se félicitait de la victoire républicaine « indépendante » remportée par le suffrage universel (Note n° 1).

Au renouvellement général des conseils municipaux, le 5 mai 1912, la liste « républicaine radicale socialiste » du maire sortant était élue avec 4.800 voix. La liste qui lui était opposée (républicains et socialistes unis) n'avait obtenu que 4.070 suffrages.

(1) M. Valayer Louis, né le 18 novembre 1845 à Avignon, décédé le 18 février 1921, capitaine des mobiles de Vaucluse fit la campagne de 1870 à l'armée de la Loire, adjoint au Maire en 1878, président de la Société d'Agriculture de Vaucluse, artiste, lettré et érudit, s'est consacré surtout à l'étude des questions agricoles.

M. Valayer était confirmé dans les fonctions de maire le 19 mai 1912 et son mandat fut prolongé, par la guerre, jusqu'en novembre 1919.

OEuvre de la municipalité Valayer :

Achèvement des travaux d'assainissement de la banlieue sud (construction des trottoirs).

Aménagement de la recette des Postes et du Bureau de l'état-civil du Pontet.

Achèvement des travaux du collège de jeunes filles.

Réfection des terrasses de l'Hôtel de ville.

Travaux de viabilité du boulevard Raspail.

Dégagement des remparts par la démolition des immeubles Samuel, Sabon et Jean.

Restauration de la façade de l'ancien Hôtel des Monnaies.

Cet ensemble de travaux avait été décidé ou même commencé par la précédente administration.

Continuation des travaux de restauration des remparts et du Palais des Papes. La commission consultative du Palais des Papes est constituée. L'abbé Requin nommé conservateur de ce monument, décède et lègue à la ville d'Avignon pour le Musée du Palais des objets et documents anciens du plus haut intérêt. Il est remplacé dans ses fonctions par M. le docteur Colombe, un archéologue des plus distingués. Le Musée des moulages dont la création est décidée reçoit un premier don de la famille Colombe.

Acquisition du rez-de-chaussée de la Tour des Augustins dont la partie supérieure appartenait déjà à la ville et consolidation de ce monument.

Restauration de l'ancienne chapelle de St-Martial.

Don de la célèbre collection Biret (ferronnerie) au Musée Calvet.

Erection du monument Paul Vayson au Rocher des Doms et J.-Henri Fabre dans le jardin de l'Ecole normale, avec participation de la ville.

Refonte des cloches de la tour des Augustins et de la tour de la place Pie.

Réfection de la toiture du théâtre et de l'orchestre. Par suite de la faillite du directeur du théâtre, la ville dut assumer la régie directe de l'entreprise pendant un mois (saison 1912-1913).

Construction de deux pavillons pour buvettes à l'entrée de la cour de la gare.

Eclairage à l'électricité du Pont en pierres.

Réfection du pavage de nombreuses rues et repurgement de canaux et fossés. Couverture du fossé en bordure de la place de Montfavet.

Etablissement d'urinoirs rue **Petite Fusterie et sur le ter**re-plein de St-Lazare.

Création de l'école mixte de St-Gabriel. **Transfert de** l'école de filles de la rue Dorée dans l'ancien immeuble du Collège rue Bouquerie.

Négociations entamées pour la transformation du Collège de jeunes filles en lycée. Liquidation des procès nés de la construction du Collège de jeunes filles.

Transaction pour l'acquisition et la mise en vente de l'immeuble Romagnoli, rue des Infirmières (ancienne école).

Projet de construction d'écoles rue Pouzaraque, à Bonpas et à l'Oseraie dont la réalisation fut empêchée par la guerre.

Projet d'acquisition de l'ancien Grand Séminaire St-Charles pour y transférer le Lycée puis en vue de sa transformation en caserne (pour y loger un deuxième régiment du génie). Traité avec l'administration des Domaines pour l'occupation immédiate et cession gratuite à l'autorité militaire.

Acquisition de l'immeuble appartenant à la liquidation des Frères des Ecoles chrétiennes, rue Joseph-Vernet (150.500 fr.) par jugement d'adjudication.

Réparation des digues de Bonaventure.

Couverture du marché aux bestiaux.

Deuxième agrandissement du cimetière St-Véran.

Travaux de transformation à l'abattoir.

Grilles de fermeture de la promenade du Rocher des Doms.

Aménagement de la Maison de la Mutualité, rue Dorée.

Acquisition d'une voiture ambulance hippomobile pour le transport des malades et des blessés.

Plaques commémoratives des Enfants d'Avignon morts pour la France dans le péristyle de l'Hôtel de ville.

Transformation des terre-pleins de la place Pie et de la place St-Jean.

Création d'un marché de gros pour les choux et les salades pendant les mois de mars, avril et mai (1911), puis d'un marché bi-hebdomadaire les mardis et vendredis de chaque semaine, transformé en marché quotidien pendant les mois de mars, avril et mai entre les portes Limbert et Magnanen (1912).

Réduction à quinze jours de la kermesse foraine de février (1914).

La ville dut faire face à des déficits importants des budgets des Hospices. Décision d'attribuer du lait sur ordonnance du médecin aux malades inscrits à l'assistance médicale gratuite (par les soins du Bureau de Bienfaisance). Installation du Dispensaire d'Hygiène sociale subventionné par le département et par la ville.

L'œuvre des « Enfants de Vaucluse » s'installe dans les locaux de l'ancienne école d'agriculture.

Organisation du service des Retraites ouvrières.

En octobre 1919, la ville fait éditer la codification des arrêtés municipaux (Lechalier, secrétaire général de la Mairie).

Deux règlements du personnel des services municipaux sont successivement élaborés, le second en conformité de la loi du 23 octobre 1919 imposant le statut des employés communaux.

Nouveau règlement de la Caisse des retraites des employés communaux.

Création de la Brigade des agents cyclistes.

Le conseil municipal émit un vœu en faveur du projet de construction du barrage de Gréoulx, sur la Durance.

Une épidémie de fièvre typhoïde, d'une exceptionnelle gravité sévit à Avignon en juillet et août 1912. L'autorité militaire s'émeut et après avoir interdit l'accès des débits de boissons de la ville aux soldats, envoya les recrues de la garnison dans des camps d'instruction et interdit aux militaires de pasage en gare d'Avignon de pénétrer en ville. La municipalité prit les mesures d'hygiène nécessaires et indispensables. L'eau de la distribution fut tout d'abord stérilisée par le procédé de la « javélisation » et débarrassée de la présence constatée du collibacile. La stérilisation par l'ozone acceptée par le Conseil supérieur d'hygiène de France remplaça peu après, à l'usine des eaux, le procédé primitif (coût 115.000 francs). Une démarche de la municipalité auprès du ministre de la Guerre, appuyée par l'action des parlementaires de Vaucluse le 21 octobre 1913, amenait l'autorité militaire à rapporter, peu après, les mesures prises par elle, concernant la garnison d'Avignon.

Un projet d'adduction d'eau mis à l'étude après des sondages successifs, effectués à la grange Lagier, près de Sorgues, au quartier de la Roquette, à la Barthelasse, et finalement au quartier de la Signone sur les bords de la Durance. Et les analyses des eaux prélevées à la Signone donnent satisfaction au Conseil supérieur d'hygiène de France qui approuve le projet présenté par le conseil municipal d'Avignon.

Un concours est ouvert en vue de l'établissement d'un

projet général d'assainissement d'Avignon et de sa banlieue (tout à l'égout). Les pourparlers entrepris pour l'exécution avec les auteurs du projet classé n° 1, qui cependant doit être modifié, selon les indications données par les techniciens composant le jury extra-municipal du concours, sont interrompus en juillet 1914 et repris en 1919.

La grippe décima la population civile et militaire d'Avignon du mois d'octobre 1918 au mois de février 1919.

Création d'un comité permanent des Fêtes (1911).

A l'occasion du centenaire de la création du Musée Calvet, organisation d'une exposition d'art provençal au Palais des Papes inaugurée par M. Dujardin-Beaumetz, sous-secrétaire d'Etat aux Beaux-Arts (1911).

Premier meeting d'aviation et Course Paris-Rome avec escale à Avignon (en Courtine) (1911).

Concours de bœufs gras et inauguration du marché aux bestiaux (avril 1912).

Visite de M. Thierry, ministre des Travaux publics (août 1913).

Exposition de tapisseries des Gobelins au Palais des Papes (1913).

Exposition canine dans la cour inférieure du Palais des Papes (avril 1911).

Visite de M. Poincaré, Président de la République (11 octobre 1913) (coût 15.000 fr.).

Visite de M. Cels, sous-secrétaire d'Etat, accompagné de son chef de Cabinet M. Le Troquer, de M. Rondet-Saint, directeur de la Ligue Maritime, de l'amiral Baussant, etc., au cours d'un voyage d'études pour l'aménagement du Rhône (29 juillet 1919).

Inondations du Rhône en novembre et décembre 1910, 6 m. 69 le 7 décembre ; en mars 1913, 5 m. 10 le 27 ; en juillet 1914, 5 m. 10 le 23 ; en novembre 1914, 5 m. 37 le 3 ; en décembre 1918, 5 m. 16 le 27 ; en janvier 1919, 6 m. 68 le 5.

Le budget supplémentaire de l'exercice 1910 se soldait par un excédent de dépenses de 165.776 fr. 34, l'excédent de recettes du budget primitif du même exercice était de 78.000 francs. La situation financière à l'arrivée à l'Hôtel de ville de la municipalité Valayer comportait donc un déficit de 165.776 fr. 34 — 78.000 fr. = 97.976 fr. 34. Ce déficit était ramené malgré la guerre, à 303 fr. 08 pour les budgets de l'exercice 1918.

Malheureusement la situation économique amena en 1919 le relèvement obligatoire d'un certain nombre de crédits

M.L.GROS
M. VAILLANDET
M. MAISONDIEU

aux budgets de cet exercice, qui se soldèrent dès lors, par un déficit, du fait des intérêts moratoires dus au Crédit Foncier, pour les deux semestrialités d'intérêts non payés de l'année 1919.

Il faut savoir gré à la municipalité Valayer de l'effort considérable qu'elle dut fournir pendant la période de guerre. Une administration prudente et impartiale lui permit d'assurer à la population d'Avignon avec le calme et la sécurité pendant « les secousses de ces jours troublés » et de maintenir les finances communales dans une situation relativement prospère, comme se plaisait à le reconnaître le maire lors de la dernière séance du Conseil municipal, le 26 novembre 1919 (Note n° 2).

Emprunts :

Emprunt de 139.000 francs, autorisé par le décret du 12 juin 1912 : transformation de l'abattoir 72.500 fr., deuxième agrandissement du cimetière St-Véran 66.500 fr.

Emprunt de 125.000 francs, autorisé par le décret du 10 mai 1913 : installation de la stérilisation des eaux par l'ozone à l'usine de Monclar.

Emprunt de 150.500 francs, autorisé par le décret du 20 mai 1914 : acquisition de l'immeuble de la liquidation des Frères des Ecoles chrétiennes, rue Joseph-Vernet.

Emprunt de 116.600 francs, autorisé par décret du 20 mai 1914 : constructions d'écoles rue Pouzaraque, à Bonpas et à Cantarel. La guerre ne permit pas de réaliser ces projets. Un décret du 29 juillet 1920 autorisa la ville à affecter cet emprunt à l'acquisition d'un groupe moto-pompe pour l'usine des eaux de Monclar.

Enfin un emprunt de 80.000 francs avait été autorisé par le décret du 29 juillet 1913 pour l'acquisition de l'ancien grand séminaire St-Charles. Ce projet ayant été abandonné, l'emprunt ne fut jamais réalisé mais la ville ayant perçu chaque année les centimes correspondants à l'annuité de remboursement, reportés chaque année au budget supplémentaire et formant un total de 54.730 fr. 83, elle fut autorisée par décret du 27 février 1924 à faire emploi de cette somme pour la construction des écoles maternelles et de garçons de la rue Pouzaraque.

Budget primitif de l'exercice 1913 :

Recettes 2.041.393 61
Dépenses 1.986.393 61

Excédent de recettes...... 55.000 »

Budget primitif de l'exercice 1919 :

Recettes 2.277.372 49
Dépenses 2.257.372 49

Excédent de recettes...... 20.000 »

GUERRE DE 1914-1918

L'ordre de mobilisation est affiché et publié par les soins de la municipalité le samedi 1e août 1914, à 4 heures de l'après-midi. Le tocsin retentit et annonce la fatale nouvelle à la population.

Une grande partie du conseil municipal (13 conseillers sur 30 en exercice) est touchée par l'ordre de mobilisation comme aussi la plupart des employés des services municipaux (23 employés sur 42 dans les bureaux seulement).

Il faut songer à réorganiser tous les services pour assurer la vie municipale, comme aussi pour permettre à l'administration de faire face aux obligations nouvelles que va lui imposer la mobilisation et l'état de guerre : ravitaillement de la population civile, logement et cantonnement des troupes, réquisitions, secours aux indigents, logement et entretien des réfugiés, etc. C'est à résoudre ces trop nombreuses difficultés que doit s'employer la municipalité.

Création de la commission d'assistance intermunicipale en août 1914 chargée de la répartition des secours en nature.

Pour faciliter les approvisionnements, la liberté absolue du marché de gros et de détail, sur la place Pie, est accordée (août 1914).

Confection d'un pain unique de un kilogr. en forme de boule (arrêté du maire, août 1914).

Désarmement de la compagnie des sapeurs-pompiers et réquisition de ses équipements (août 1914).

La police dont la plupart des agents ont été mobilisés est renforcée par des auxiliaires et des militaires.

Les troupes sont cantonnées : à l'Hôtel de ville, au théâtre municipal, au Palais des Papes, au Tribunal, dans les écoles, dans les établissements de spectacles, dans de nombreux établissements industriels et garages.

Les réfugiés sont évacués nombreux sur Avignon. Ils sont logés : dans l'église du Lycée, à l'ancien Archevêché rue de Mons, dans le local municipal de la rue Ferruce, au Petit Séminaire rue Annanelle, à l'école Bossuet rue St-André, à l'ancienne école de la rue des Infirmières, à l'école de la rue Thiers, aux établissements Massé-Harris (St-Lazare), au cinéma Alhambra, au Palace-Théâtre, à l'école de la rue Bouquerie, à l'école de la rue des Ortolans, à l'école libre de la rue Collège de la Croix, à l'école de la rue Pétramale, à l'école libre de la rue de l'Hôpital. Les seuls réfugiés de l'ancien archevêché, du Petit Séminaire, de la rue Thiers, de l'école Bossuet, de la rue Ferruce, de la rue des Infirmières et Massé-Harris furent maintenus après octobre 1914. Plus de 1.500 Alsaciens-Lorrains avaient été hébergés à l'école de la rue Thiers et au Petit Séminaire.

Des hôpitaux temporaires sont installés au Collège de jeunes filles, au Lycée de garçons, à l'école primaire supérieure, à l'école libre de la rue Joseph-Vernet, au Collège St-Joseph, à l'ancien Grand Séminaire St-Charles, à l'école normale, au Grand Séminaire rue Cocagne, à l'ancienne école d'agriculture, dans les cliniques Bec et Pamard. 2.037 lits sont affectés dans Avignon à l'hospitalisation des militaires. La ville assure le service de désinfection des trains sanitaires.

Malgré l'occupation des locaux scolaires, il est possible d'assurer le fonctionnement des écoles dès le mois de novembre 1914 : l'école de filles de la rue Thiers est installée au 2e étage de l'immeuble de l'école de filles de la rue Bouquerie, l'école de garçons s'établit, 7 classes à l'école des Beaux-Arts, rue des Lices, 2 à la Maison de la Mutualité rue Dorée, 2 dans l'immeuble départemental de la rue Violette. L'école primaire supérieure est transférée dans les locaux de l'école professionnelle rue Dorée.

Avec les dépôts du 58e et du 258e d'infanterie, du 118e régiment territorial (caserne Chabran), du 7e génie (caserne d'Hautpoul), la ville d'Avignon donne successivement asile aux dépôts du 1er Régiment étranger et à celui de la légion garibaldienne (Palais des Papes) (1).

----

(1) Les Commandants d'armes d'Avignon, furent, tour à tour, M. le général Vimard, commandant la Division de réserve ; le lieutenant-colonel du génie Gubiand ; le lieutenant-colonel Bernard, commandant la légion étrangère ; le colonel de gendarmerie Schœffer ; le lieutenant-colonel Seguin ; le lieutenant-colonel Lapeyre.

En 1915, la municipalité obtient de l'autorité militaire la restitution des parties restaurées du Palais des Papes. Après la visite de M. Dalemier, sous-secrétaire d'Etat aux Beaux-Arts (août 1916) des mesures de précautions sont prescrites quant à l'occupation militaire du Palais, les voûtes d'un bâtiment s'étaient écroulées (9 septembre 1916), et de nouveaux locaux sont évacués par les troupes. Ce monument réquisitionné par le Préfet de Vaucluse Lambert-Rochet (par ordre du gouvernement) est occupé par les Banques de Paris de juin 1918 à avril 1919 et sert de dépôt à leurs titres (location annuelle à la ville 25.000 francs). La municipalité contribue à la propagande en faveur des versements d'or à la Banque de France ; fait un pressant appel en faveur des industries du vêtement d'Avignon jusqu'alors peu favorisées dans les marchés de fournitures de l'Etat et dont les établissements risquent de fermer leurs ateliers ; participe à la création d'un char funèbre spécial pour le transport des corps des militaires décédés dans les hôpitaux.

La légion garibaldienne, retour du front, est disloquée à Avignon en mars 1915, ce qui amène des incidents regrettables.

Le 19 novembre 1915, le maire Valayer répond à une question qui lui est posée par le Directeur du « Bulletin des Armées de la République » : Quels sont les sentiments de la population civile, après quinze mois de guerre ? Sa réponse qui exprime la confiance complète dans la victoire définitive est insérée dans le numéro du 2 décembre 1915 de cette publication (Note n° 3).

Dans la nuit du 9 au 10 juin 1916, un incendie se déclare dans l'un des bâtiments de l'ancien Pénitencier servant de magasin d'habillement au 7e génie.

1916. — Grâce aux démarches de la municipalité et à la puissante activité de M. Dupasquier, directeur de la Compagnie du Gaz, la ville d'Avignon, si elle doit subir les restrictions imposées par les décisions de l'autorité supérieure, du moins ne manque jamais de gaz. On réduit de un bec sur deux, l'éclairage public.

Le comité d'action communale agricole, aidé par la municipalité, s'emploie avec succès, à procurer de la main-d'œuvre aux agriculteurs, notamment des équipes de prisonniers de guerre.

1917. — Des zeppelins, que, par la suite, on sut désemparés et qui s'échouèrent dans la région, avaient été signalés comme pouvant survoler Avignon dans la journée du

30 octobre ! Les mesures prescrites par les règlements pour en atténuer les effets possibles furent ordonnées par la municipalité.

Les prisonniers de guerre sont utilisés par l'administration municipale pour l'élagage des arbres qui doit permettre de parer, dans une certaine mesure à la crise du combustible (Eté 1917) et à l'enlèvement des glaces pendant l'hiver 1917-1918.

La municipalité doit faire procéder (1917) à la répartition des farines entre les boulangeries. Le contingent limité lui est attribué par le service du Ravitaillement départemental. L'église du Lycée est transformée en entrepôt des farines.

L'administration municipale constitue des stocks de bois (provenant de l'élagage de ses arbres), de charbon, de sucre et de pommes de terre qu'elle livre à la consommation pour parer, autant que possible, aux difficultés créées par la pénurie de ces matières et denrées.

Les restrictions obligatoires pour le pain, le sucre, le charbon, le tabac nécessitent la création du service important des cartes d'alimentation (mars 1918).

Trois jours sans viande, les mercredis, jeudis et vendredis sont institués en mai 1918.

En février 1919, lors du retour du receveur municipal mobilisé, on constate qu'un employé du receveur intérimaire a détourné de la caisse municipale une somme de 120.896 francs.

Le 20 octobre 1918, dans la salle des fêtes de l'Hôtel de ville, à 11 heures et demie, une manifestation solennelle à laquelle assistent les autorités civiles et militaires ouvre la souscription à « l'Emprunt de la Libération ». Toutes les cloches de la ville annoncent cette cérémonie patriotique.

La signature de l'armistice est annoncée à Avignon par la sonnerie joyeuse du beffroi, le 11 novembre 1918, à midi.

Le 8 décembre 1918, la ville d'Avignon célèbre le retour de l'Alsace-Lorraine à la France. La ville est pavoisée. Embrasement du Palais des Papes.

Le 24 juin 1919, les cloches annoncent l'acceptation des conditions de paix. La municipalité et le conseil municipal se rendent, dans la soirée, à la Préfecture pour féliciter M. Monis, Préfet de Vaucluse, qui rend immédiatement sa visite à l'Hôtel de ville où il est harangué par le maire M. Valayer (Note n° 4).

Le 14 juillet 1919, fête de la Victoire : revue, bals, illuminations, feu d'artifice.

A partir du 1er novembre 1914, avec les autorités civiles et militaires, la municipalité se rend chaque année, ce jour-là, en cortège au cimetière militaire pour rendre un pieux hommage à la mémoire des soldats morts pour la Patrie.

La municipalité célébra l'entrée en guerre de l'Italie, puis de l'Amérique. Elle participa à l'organisation des grandes journées de charité et de nombreuses conférences patriotiques : de l'abbé Wetterlé, 9 octobre 1919 ; de M. Bourdarie, explorateur, sur « l'effort colonial français », mai 1916 ; de M. Millerand, 7 décembre 1917 ; de M. Paradi, professeur au Lycée Condorcet, sur l'Intervention américaine, août 1917 ; de M. Rougeot, sur l'effort britannique, juillet 1916 ; de M. Bapst, sur l'état intérieur de l'Allemagne, octobre 1917 ; de M. Blondel, sur la Guerre et la Paix, avril 1918 ; de M. Emile Bertin, de l'Institut, sur les canaux du Rhin et du Rhône, décembre 1918 ; de M. Paul Parsy, sous les auspices de la « Ligue Maritime » avec le concours de la musique des Equipages de la Flotte, 30 juin 1919.

Le 30 août 1916, le Maire et la municipalité adressaient à M. Briand, Président du Conseil, « organisateur de la victoire diplomatique des alliés », l'hommage de leur profonde admiration.

Le 3 octobre 1918, le conseil municipal fit tenir à M. Clemenceau « auquel la nation devra une si grande part de la victoire, l'expression de son admiration, de sa sympathie profonde et de sa vive reconnaissance ». Il avait décidé, en même temps, de « débaptiser » la place de l'Horloge qui devenait la place Clemenceau (Note n° 5).

Conseillers municipaux élus en vertu de la loi du 5 avril 1884

Elections du 5 mai 1912
Installation du 19 mai 1912

Viau Auguste, Emery Pierre, Goutarel Gustave, Besson Jean, Delorme Théophile, Neuvialle François, Requin Henri, Combes Jacques, Font François, Agier Calixte, Kasler Emile, Desfons Marcel, Turion Léon, Bachelard Edouard, Martin Pierre, Guilhon Félix, Dibon Louis, Hermitte François, Giron Ernest, Roussy Louis, Ayme Aimé, Renaudat, Horace, Jacquet Marius, Dr Garnier Emile, Bonnaud Gaston, Nouveau Louis, Caillod Joseph, Domère Robert, Tavan Emile, Valayer Louis, Miaille Marcel, Yol Paul.

Mobilisés : Goutarel Gustave, Delorme Théophile, Requin Henri, Font François, Kasler Emile, Martin Pierre, Dibon Louis, Jacquet Marius, Dr Garnier Emile, Nouveau Louis, Domère Robert, Miaille Marcel, Yol Paul.

Décédés en cours de mandat : Viau, Emery, Besson, Caillod et Tavan.

Elections du 7 décembre 1919
Installation du 10 décembre 1919

Bec Ferdinand, Neuvialle François, Charlet Jean-Baptiste, Coste Amédée, Bouvier Victor, Tort Léon, Caizergues Fernand, Laugier Aimé, Chabal Régis, Combe Marius, Benod Louis, Bondurand A., Dr Garnier Louis, Farget François, Dupré Clément, Firmin Sylvestre, Rouvière Henri, Truchement Léopold, Mouret Henri, Monnier François, Gay Etienne, Clastre Alexis, Rochette Marc, Gilles Gustave, Aubert Louis, Dr Terron Charles, Charavin Charles, Gabert Fernand, Delorme Théophile, Viens Ambroise, Dupuy Marcel, Requin Henri.

Décédés en cours de mandat : Bouvier Victor, Dupuy Marcel, Viens Ambroise et Bondurand A.

Dr Garnier et Charlet démissionnaires le 3 octobre 1922.

Notes - Pièces justificatives

NOTE N° 1

Séance du 28 août 1910

Allocution du Maire

Messieurs et chers Collègues,

L'honneur dont vous me comblez aujourd'hui m'a profondément ému ; je ferai tout pour m'en rendre digne, car j'en connais tout le prix.

Si j'en éprouve un sentiment de fierté reconnaissante, je sens aussi tout le poids de la tâche. Si j'accepte, c'est parce que je compte d'abord sur l'absolu concours des collaborateurs que vous allez nommer, sur le concours, la bienveillance et l'amitié de vous tous, mes chers Collègues, qui avez bien voulu m'honorer à ce point.

Pour un mandat si court, la tâche sera lourde ; nous l'entreprendrons avec le même courage, le même dévouement, la même idée du devoir.

Mériter toujours votre estime, votre sympathie, et je l'espère, votre reconnaissance, voilà le plus ardent de mes vœux.

Merci donc, mes chers Collègues.

Merci à vous tous aussi, chers Concitoyens, à vous, les soldats sans peur et sans faiblesse, à vous, toujours dévoués à la cause républicaine, à vous, les fidèles et les désintéressés. Une fois de plus, nous vous devons la victoire ; nous ne l'oublierons jamais. (*Applaudissements*).

Après l'élection de notre député, qui restera ce qu'il a toujours été, le défenseur passionné d'Avignon ; après l'élection des conseillers généraux et d'arrondissement, ces amis de la cause du peuple, vous avez voulu pour notre cité, un conseil municipal républicain indépendant. C'est le couronnement de votre œuvre.

Merci pour la République.

Merci pour Avignon. (*Applaudissements*).

Vous nous avez nommés pour faire œuvre républicaine ; nous ne faillirons pas à ce mandat ; notre devise sera toujours : « Liberté, Egalité, Fraternité » et, au-dessus de tout, justice et justice pour tous.

Je m'y engage volontiers, pour tous mes Collègues : nous avons le même programme, nous aurons les mêmes devoirs.

Dans ces vingt mois de travail, nous mettrons au service de la chose publique le même dévouement, la même application, la même probité.

Chers Concitoyens, Avignon doit être une cité saine, belle et prospère. On a dit souvent qu'au point de vue de l'art, c'était la reine du Midi ; elle doit l'être, elle le sera, et son peuple doit être le plus instruit.

Quant à ce peuple qui travaille et qui est bien le vrai vainqueur, nous savons ce que nous lui devons ; il peut compter sur nous.

Chers Collègues, chers Concitoyens, encore une fois, merci.

Soyons à la joie aujourd'hui, au travail demain.

Vive Avignon ! Vive la République ! (*Applaudissements prolongés*).

NOTE N° 2

Séance du 26 novembre 1919

Discours du Maire

Messieurs,

Voilà bientôt dix années que, du fait de la confiance de nos concitoyens ou du fait des nécessités que la guerre imposa à toutes les communes de France, nous avons été appelés à gérer les affaires de la bonne ville d'Avignon.

Arrivés aujourd'hui à la limite extrême d'un mandat, qui a largement dépassé la durée moyenne, nous avons le droit d'être satisfaits de notre œuvre ; et avant de nous séparer, avant de laisser volontairement à d'autres mains, ce qui n'est pas ordinaire, la direction que par deux fois on lui avait confiée, votre Administration croit de son devoir de remercier ceux qui ont été ses fidèles collaborateurs en rappelant les difficultés de son œuvre.

Dans la première moitié de ce long mandat, pendant la période calme et tranquille qui nous permit de ne songer qu'aux embellissements, aux fêtes de l'art et aux améliorations pratiques de la cité, en un mot à l'accomplissement de notre programme, Avignon fut assez satisfaite du labeur accompli et de notre sage administration, pour nous enjoindre par 4.900 voix de continuer cette œuvre. Et c'est alors que pendant deux années plus que pleines, sans repos, avec un acharnement méritoire et avec une passion de droiture qui fut bientôt évidente, même aux plus difficiles, que nous élaborâmes les trois grands projets dont on avait bien souvent parlé avant nous : projets d'assainissement du sous-sol de tout Avignon, adduction d'eau potable abondante pour tous et abaissement dans toute la ville du plan d'eau en temps d'inondation.

Pour l'exécution de ces travaux nous sollicitâmes de l'Etat la nomination de Commissions d'Ingénieurs spécialistes qui eurent pour mission de classer les lauréats des concours, lesquels lauréats furent seuls admis à devenir les concessionnaires de ces travaux qui pouvaient dépasser cinq millions.

Hélas, au moment même des adjudications de ces travaux qui n'avaient qu'un but : assainir Avignon, adjudications qui devaient couronner nos peines, la guerre fut déclarée, le Boche déloyal la rendait nécessaire. Et pendant cinq années, Messieurs, c'est au milieu des ruines et des tristessss de tous, au milieu des charges inattendues et toujours renouvelées dont on accablait les communes, de mortelles inquiétudes patriotiques, de cruelles épidémies et d'inondations, pour finir, presque avec la famine menaçante à certains jours et une cherté des vivres injustifiée, due, je n'ose dire à qui ni à quoi, que nous terminons la seconde moitié de ce mandat.

Fonction difficile, je ne crains pas de le dire, par des situations sans précédent pour une municipalité qui ne fut épargnée ni par les maladies, ni par les deuils et qui a tenu à remplir son devoir jusqu'au bout.

Ne nous plaignez pas trop cependant, Messieurs, après tous ces soucis et les craintes horribles de la défaite, nous avons eu la grande compensation et l'honneur de proclamer la Victoire de nos Armées, l'immense joie de voir proclamer françaises nos chères provinces l'Alsace et la Lorraine, un moment presque oubliées, et de voir les armées de la République rentrer triomphalement à Paris, au milieu de la joie de tous les peuples civilisés de la terre.

Aujourd'hui, après les secousses de ces jours troublés, il semblait que nous devions tous aspirer à l'apaisement général et à un besoin de sagesse et de travail nécessaire pour le rétablissement de la prospérité nationale. Il semblait que le spectacle, qu'on peut appeler ridicule, tellement il a dépassé les plus atroces folies, spectacle que nous fournit un peuple abandonné aux fantaisies de quelques monstres qui ont fait de la Russie un vrai charnier et un champ de pillage, aurait pu guérir certains esprits de théories, dont le monde peut apprécier les effroyables conséquences.

Je ne sais, hélas, si cette espérance ne sera pas vaine. Je souhaite que les ambitions particulières fassent un jour généreusement place aux seules préoccupations de salut général.

Ce n'est pas, croyez-le, Messieurs, cette inquiétude de l'avenir, cette crainte d'heures difficiles (nous en avons vu d'assez sévères) qui fait que votre municipalité se retire à la fin de son mandat. Par le dernier rapport de nos budgets vous avez appris que nous avons allégé le passif de la ville d'un million et que, malgré des charges communales toujours plus grandes, notre dernier budget se soldait si honorablement qu'on chercherait inutilement son équivalent depuis plus de 50 ans.

Au point de vue des principes républicains, nul reproche ne peut nous être adressé. Au point de vue de la justice que nous devions à tous, je crois pouvoir affirmer qu'elle a été distribuée plus également que jamais. J'ai toujours cru que celui qui paye l'impôt de son sang et celui du percepteur a un égal droit aux avantages qui reviennent à tous les citoyens français ; je ne crois pas avoir manqué un jour à cette règle.

C'est seulement dans l'application de cette justice égale qu'est la vérité municipale et cela démontre et finira par faire comprendre à tous que le plus sûr moyen de l'obtenir c'est l'application de la R. P., source d'apaisement, que la République nous doit, si elle veut être ce qu'il faut qu'elle soit.

En ajoutant aux travaux que nous avons exécutés les grands projets qui sont prêts à l'être, nous pourrions nous représenter une troisième fois aux suffrages de nos concitoyens. Mais à chacun son œuvre.

Je viens de remettre sous vos yeux, en deux mots, l'œuvre que nous avons accomplie et comment nous l'avons accomplie.

Au milieu de toutes ces difficultés imprévues, nous pouvons nous flatter d'avoir épargné à notre ville le grave souci de se trouver un jour sans pain, même un seul jour sans lumière. Aucune ville importante de la région ne peut en dire autant.

A qui donc devons-nous ces heureux résultats ? Nous les devons aux travaux de jour et de nuit de certains de nos chefs de service et, notamment de M. Lechalier. Nous le devons à ceux des membres du conseil qui pendant cinq ans sur la brèche, aux arrivages, aux distributions et aux ventes qu'il fallait organiser à toutes heures pour calmer des besoins toujours grandissants.

Les organisations hospitalières ont constamment été à la hauteur de la tâche parfois difficile.

Nous le devons à Messieurs les adjoints Guilhon et Renaudat, dont les aptitudes spéciales, soit dans les finances, soit dans les travaux publics, ont été les bras indispensables de la machine municipale. Vous les devez surtout dans cette entente faite d'estime et de confiance mutuelle, sincère et loyale de MM. les Adjoints et du Chef de la municipalité, entente qui seule a pu donner forte et bonne direction à toutes les affaires.

Là est la véritable force d'une municipalité obligée de vivre par des temps d'orage et, je puis dire, par des tempêtes comme celles que nous avons traversées.

Nous les devons aussi au concours toujours donné bienveillant et efficace par l'Administration préfectorale, et par M. Monis, en particulier.

Mais je n'aurai garde d'oublier, sans injustice, la patience et la sagesse de notre population avignonaise, qui, au milieu de ses tristesses et de ses souffrances, est restée toujours calme et de sang-froid aux heures les plus mauvaises.

Je la remercie et suis sûr que vous vous associez à ce remerciement, à cette reconnaissance que je lui adresse du fond du cœur.

A d'autres à bien diriger la barque.

C'est le souhait que nous leur adressons.

NOTE N° 3

Réponse du Maire au Directeur du « Bulletin des Armées de la République », 19 novembre 1915

Notre confiance est toujours complète dans la victoire définitive et les permissionnaires venus dans leurs familles ont contribué à la rendre plus vive.

Notre population est remarquablement dévouée à tout ce qui intéresse le bien-être de nos soldats dans les tranchées, de celui de nos blessés dans les hôpitaux et de nos convalescents dans les dépôts. L'organisation de l'œuvre des Petits Paquets a particulièrement obtenu des résultats merveilleux.

Nos concitoyens n'ont pas trop souffert de la guerre lointaine. Nous devons cette situation à notre Bureau de Bienfaisance, à notre Fourneau économique, aux secours aux vieillards et infirmes, à nos deux grands hôpitaux civils, aux secours aux femmes en couches, aux secours aux familles nombreuses et surtout aux allocations militaires. Je ne pense pas que l'hiver de 1915-1916 soit plur dur que le précédent.

L'Union sacrée se maintient, la municipalité s'y dévoue de toutes ses forces.

Veuillez agréer, Monsieur le Directeur, l'assurance de ma haute considération.

Le Maire,
Signé : L. VALAYER.

———

NOTE N° 4

Discours du Maire le 24 juin 1919

Monsieur le Préfet,

Messieurs,

Je suis heureux de souhaiter la bienvenue dans l'Hôtel de ville d'Avignon à Monsieur Monis, préfet de Vaucluse, représentant du Gouvernement de la République.

La signature du traité de paix qui vient clore l'ère de deuil de notre pays souillé et martyrisé, de nos familles dont beaucoup ont été cruellement éprouvées, m'est une occasion de vous témoigner, Monsieur le Préfet, la sympathie de la municipalité, du conseil municipal et de la population avignonaise.

Vous aussi, parmi tant des nôtres, vous avez eu vos heures d'épreuves. Blessé et prisonnier, pendant de longs et douloureux mois vous avez dû supporter la morgue insolente du Boche, subir les souffrances physiques et morales, résultat de mauvais traitements infligés par la barbarie atavique d'un ennemi déloyal et méprisable.

Mais, avec tous vos compagnons de captivité, avec **tous**

les poilus, avec nous tous, vous avez gardé la foi dans la victoire de la France, champion du Droit et de la Liberté.

Et le 11 novembre 1918, l'armistice sollicité par les féaux de Guillaume, triste progéniture des Huns barbares, lâche fuyard abandonnant son armée en déroute, consacrait la victoire des armées alliées, sonnait enfin le glas de l'horrible guerre déchaînée par un peuple de proie.

Aujourd'hui, c'est la Paix !!!

Le rideau tombe sur le drame émouvant des cinq années d'une lutte épique.

L'aurore de la Paix bienfaisante nous montre une France glorieuse et grandie qui aspire de toute son âme au relèvement national par le travail. Tous ses enfants doivent rester unis pour un labeur profitable comme ils le furent dans la lutte contre l'envahisseur. A cette condition seulement le sang précieux et sacré de nos morts n'aura pas coulé en vain.

A cette condition seulement nous pourrons moissonner les fruits de la victoire si chèrement achetée par nos poilus.

Que comportera-t-elle cette moisson de la Paix ?

Beaucoup parmi nous redoutent d'y cueillir plus de paille que de grain.

Chassons cette vision et n'envisageons plus rien que la consécration du triomphe de nos armes qui nous permet d'appliquer toutes nos forces au bénéfice de l'activité nationale.

C'est d'elle et d'elle seule qu'il nous faut attendre le retour définitif à la vie normale, le relèvement de notre Pays.

Par l'effort soutenu et combiné de tous nous donnerons à notre production le maximum de rendement afin de lutter efficacement contre la vie chère cet autre adversaire redoutable qu'il nous reste à vaincre afin de donner à la France le rang qui lui convient dans la vie économique du concert des nations.

Ensemble, travaillons dans la paix comme nous nous sommes battus dans la guerre. La vie est faite de concessions mutuelles.

Restons unis dans l'idéal commun : l'Amour de la Patrie.

Le salut de la France l'impose.

Soyons Français d'abord.

Français toujours.

Nos morts l'exigent.

NOTE N° 5

Adresse à M. Clemenceau du 3 octobre 1918

Le cœur débordant de l'immense joie de voir nos incomparables armées jointes à celles de nos alliés, précipiter leur course victorieuse vers le Rhin, cette naturelle et nécessaire frontière de la terre française, la municipalité de la ville d'Avignon croit de son devoir d'adresser au Président du Conseil, G. Clemenceau, ministre de la Guerre, auquel la nation devra une si grande part de la victoire, l'expression de son admiration, de sa sympathie profonde et de sa vive reconnaissance.

Oui, Monsieur le Ministre, avec une patriotique énergie vous avez fait et dit pour le bien du pays ce qu'avant vous on n'osa faire ni dire et vous avez su prendre les courageuses responsabilités qui sauvent.

Vous avez brisé sans crainte toutes les organisations de découragement et de défaite ; vous avez fait l'unité de commandement et placé à la tête des armées qui l'attendaient, le Grand Chef qu'il fallait pour la Grande Victoire. Dans votre verte vieillesse vous êtes allé réconforter nos enfants au milieu d'interminables batailles, et, par des paroles d'une éloquence enflammée, peut-être sans pareilles, vous avez jeté à la face de l'ennemi les cinglantes vérités que méritaient leurs cruautés inouies et leurs inutiles mensonges.

Pour tout ce que vous avez déjà fait et pour tout ce que nous attendons encore de vous, Monsieur le Ministre, pour le salut et l'honneur de la France éternelle, merci, merci.

Le Maire de la ville d'Avignon,

Signé : L. Valayer.

Municipalité Bec

Maire : Bec Ferdinand, avocat, élu le 10 décembre 1919.
Adjoints : Mouret Henri,
Benod Louis,
Charavin Charles.
Dupré Clément (Montfavet),
Delorme Théophile (Le Pontet), élus à la même date.
Secrétaire général : Lechalier Marius.

Recensement de la population d'Avignon en 1921 :

48.288 habitants.

La loi du 18 octobre 1919 fixait les élections municipales aux 30 novembre et 7 décembre 1919.

Trois listes sollicitèrent les suffrages au premier tour de scrutin : la liste d' « Union républicaine », la liste « radicale socialiste » et la liste « Socialiste unifiée ». La première obtint 3.000 voix, la deuxième 2.850 et la troisième 1.600. Les deux dernières fusionnèrent au second tour, elles eurent sept de leurs candidats élus tandis que la liste d' « Union républicaine » remaniée en avait vingt-cinq. Les suffrages obtenus par les élus varièrent entre 4.326 (Bec) et 4.083.

Le nouveau conseil procéda à l'élection de la municipalité le 10 décembre 1919. Le nouveau maire, en remerciant ses collègues affirma que le suffrage universel « avait marqué sa volonté très nette d'apaisement et de concorde en portant à la mairie des élus de chaque liste » (Note n° 1). MM. Bec, maire, et Charavin, adjoint, n'avaient pas été candidats au premier tour de scrutin le 30 novembre 1919.

En vertu de la loi du 18 octobre 1919, le mandat du conseil municipal ne devait prendre fin que le premier dimanche de mai 1925.

OEuvre de la municipalité Bec :

Le budget supplémentaire de l'exercice 1919 accusait un déficit de 390.778 fr. 12 comprenant deux annuités de retard dues au Crédit Foncier de France pour le service des

M. NOUVEAU
M. Le Dr DANIEL
M. MARSEILLE
M. RUYENHORST

emprunts imputable en partie sur l'excédent de recettes de 20.000 fr. du budget primitif du même exercice ce qui ramenait ce déficit à 370.778 fr. 12. Cette situation financière se rétablit dès 1921. En effet, le budget supplémentaire de cet exercice accusait un excédent de recettes de 22.549 fr. 95 qui joint à celui du budget primitif de ce même exercice 55.000 fr., formait un total de 77.549 fr. 95.

Installation d'un groupe moto-pompe à l'usine des eaux. Installation d'une moto-pompe aux escaliers du Rhône et d'un bassin sur le Rocher pour capter l'eau du Rhône destinée à l'arrosage du jardin des Doms, du square St-Martial et des rues du centre de la ville, avec canalisation spéciale. Installation de compteurs d'eau chez tous les abonnés. Réfection de nombreuses vannes du service des eaux.

Aménagement de la tuerie des porcs et remaniements divers à l'abattoir.

Mise en ferme du produit du droit d'attache du marché aux bestiaux.

Autorisation accordée à l'abattoir industriel de la Société d'Alimentation de Provence de livrer de la viande de boucherie pour les consommateurs de la ville, dans le but de concourir à la lutte contre la vie chère.

Agrandissement des locaux de la mutualité par le transfert de l'Ecole professionnelle et création dans cet immeuble de quatre logements.

Transfert de l'Ecole professionnelle au Petit Palais et aménagement des locaux à son usage ; sa transformation en cours professionnels d'apprentissage.

Cession temporaire (cinq ans) de la caserne des passagers à la Compagnie P. L. M. pour l'aménagement par celle-ci de logements à bon marché. Il lui est imposé par la ville, dans le contrat, de construire en supplément autant de logements dans la banlieue qu'elle en aura supprimé par l'exécution des travaux de la nouvelle gare de triage.

Acquisition de l'immeuble Méget à la porte du Rhône en vue du dégagement des remparts et création provisoire de logements dans cet immeuble.

Acquisition de l'immeuble du département, rue Ferruce, et aménagement de logements dans cet immeuble.

Aménagement d'un logement pour le gardien dans l'immeuble communal de la rue Ferruce devenu dépôt du matériel automobile de la ville.

Subvention de 100.000 francs accordée à la société de Crédit immobilier pour la construction de maisons à bon marché (transformée en actions de la société). La ville lui accorde sa garantie pour lui permettre l'attribution de l'Etat.

Avance de 100.000 francs accordée à l'Union départementale vauclusienne des sociétés de secours mutuels pour la construction de maisons à bon marché.

La ville accorde sa garantie à l'administration des Hospices pour lui faciliter l'attribution par l'Etat destinée à permettre à ces établissements la construction de maisons à bon marché.

Consolidation des chaussées de la Durance (devis 540.000 francs). Participation de la ville 170.666 francs. Elle accorde sa garantie au Syndicat de la Durance pour lui permettre de contracter en vue de l'exécution de ces travaux un emprunt de 120.000 francs.

Réfection d'une partie du mur de soutènement du canal de Vaucluse, rue des Teinturiers.

Assainissement du quartier de la Synagogue et de Bonaventure (construction de l'égout et des trottoirs).

Reprise de l'étude du projet d'assainissement de la ville et du projet d'adduction d'eau de la Signone.

Acquisition de voitures spéciales fermées pour le transport des viandes de l'abattoir (par les intéressés avec le concours de la ville).

Création d'un centre de recherches agronomiques à Avignon subventionné par le département et par la ville.

Création d'un service d'autobus subventionné entre Avignon et Montfavet.

Réorganisation des services et des bureaux de la mairie. Nouvel aménagement de tous les locaux. Aménagement d'une nouvelle salle des mariages avec vaste antichambre, d'une salle de conférence et d'une salle des commissions à l'Hôtel de ville.

Grosses réparations effectuées à nombre de bâtiments communaux.

Restauration des bâtiments du Bureau de Bienfaisance. Installation de la crèche dans les locaux aménagés au rez-de-chaussée de cet établissement. Installation dans cet édifice de l'asile de nuit.

Organisation du Bureau d'assistance pour l'application intégrale de la loi du 15 juillet 1893 relative à l'assistance médicale gratuite, la ville d'Avignon bénéficiant jusqu'alors d'un régime spécial.

Création par l'administration des Hospices d'un préventorium à l'île de Porquerolles. A l'Hôpital une nouvelle salle de consultation est organisée avec une subvention de la ville.

Vente du domaine de la Rochegude (legs de Mons).

Participation de la ville dans le fonctionnement de la caisse départementale de chômage et de l'office départemental et municipal de placement gratuit.

Sur les bénéfices du ravitaillement, le conseil municipal attribue des subventions aux communes dévastées de Prunay, Œsnes, Cournières, Chattoncourt et à la ville de Reims pour la construction de maisons ouvrières.

Réorganisation de l'Ecole des Beaux-Arts transformée en Ecole des Arts décoratifs et placée sous la direction de M. Montagné, artiste peintre.

Création de garderies scolaires de vacances et du Foyer laïque de la jeune fille. Organisation annuelle de l'arbre de Noël dans les écoles maternelles. Installation de la salle des fêtes de l'A.N.T. (société post-scolaire), réfection de la salle de l'A. E. O. (société post-scolaire) et création d'une salle de lecture pour les anciens élèves de l'école des Rotondes.

Réorganisation de l'atelier de l'Ecole primaire supérieure et aménagement dans l'ancienne chapelle d'une salle de réunion pour les anciens élèves de cette école.

Organisation du Laboratoire municipal à l'Ecole primaire supérieure.

Le Lycée d'Avignon prend le nom de « Lycée Frédéric Mistral » (1924).

Le collège de jeunes filles est transformé en Lycée (1920).

Remise en état du bâtiment annexe du Lycée de jeunes filles.

Création du cours de langue provençale dans les établissements d'enseignement secondaire.

Construction du groupe scolaire de la rue Pouzaraque pour la désaffectation des écoles de la rue Ledru-Rollin.

Agrandissement de la cour de l'école de garçons des Rotondes.

Cession à la Société Marseillaise d'une servitude de mitoyenneté en échange d'avantages appréciables pour l'école de la rue des Ortolans.

Continuation des travaux de restauration des remparts et du Palais des Papes. Musée des moulages dans la grande chapelle et ses annexes (dons du Roi d'Espagne, du Pape, du gouvernement Tchéco-Slovaque, de l'Etat, de M. Theumis, président du Conseil de Belgique, et dons particuliers). Musée du vieil Avignon dans la partie nord (don de la précieuse collection de M. Chambon). Règlement des Musées du Palais des Papes. Organisation de la cour au midi.

Création du cycle du Moyen-âge au théâtre du Palais des Papes (1923), direction Jacomet.

Exposition des Tapisseries des Gobelins au Palais des Papes (1923-1924).

Restauration de la chapelle de l'Oratoire et de la cour du Bureau de Bienfaisance.

Don d'un tableau du peintre Cabane à la ville d'Avignon (installé dans la salle des séances du conseil). Don d'un tableau du peintre Villario (portrait de M. Saint-Martin, Musée du vieil Avignon). Prêts de tableaux par le Musée Calvet à la ville pour décorer les salles de l'Hôtel de ville.

A la demande du conseil municipal, la ville d'Avignon est décrétée « station de tourisme » (décret du 7 août 1921).

Construction d'un kiosque à musique dans les allées de l'Oulle (charpente en fer don de la Chambre de Commerce, provenant de l'ancien Hôtel Ollivier).

Nouvelle installation pour l'éclairage électrique de la scène du théâtre municipal et les jeux de lumière. Réfection du plancher mobile. Remises en état des partitions de l'orchestre.

La subvention théâtrale passe de 50.000 francs pour la saison 1920-1921 à 90.000 francs pour la saison 1925-1926.

Taxe municipale sur les spectacles.

Création du grand marché permanent d'exportation du boulevard Limbert. Les négociants du quartier de la place Pie protestent contre cette création et deux conseillers municipaux le docteur Garnier et M. Charlet, conseiller général, démissionnent (Note n° 2), 3 octobre 1922.

Création de la grande Foire-Exposition de Printemps (1921 aux allées de l'Oulle et depuis 1922 sous les remparts). Foire aux chevaux et exposition de machines agricoles. Exposition canine 1923 et 1925. Exposition d'aviculture 1924 (au square St-Martial). A l'occasion de la Foire-Exposition de Printemps, foire aux vins du Vaucluse et des Côtes du Rhône à la Chambre de Commerce 1924 et 1925.

Réfection de nombreux pavages de rues, empierrement de la plupart des chemins fort négligés pendant la guerre, construction d'égouts. Goudronnage des routes. Asphaltage des trottoirs de St-Ruf (avec participation des riverains). Suppression de plusieurs caniveaux à l'intersection des rues. Pavage en asphalte de la rue des Marchands et d'une partie des trottoirs de la rue de la République.

La rue Petit-Paradis devient la rue Noël-Biret ; la rue des Fonderies rue Lescuyer, et la partie de la rue Joseph-Vernet comprise entre le cours de la République et la place des Corps-Saints, la rue J.-Henri-Fabre.

Remaniement de la place de l'Horloge au sud et à l'est pour faciliter la circulation.

Création d'une rue nouvelle entre la rue de la République et la rue Bouquerie (avec participation des riverains de la nouvelle voie).

Création d'un boulevard reliant la route de Marseille au rond-point du cimetière (avec participation des riverains MM. Rieu, Sicard et Soulier).

Prolongement du boulevard Jules-Ferry jusqu'au chemin St-Roch.

Construction de W. C. à la porte Limbert, à la place Pie, au square Agricol-Perdiguier (St-Martial), au Pontet et à Montfavet et d'urinoirs à St-Michel et à la place Crillon.

Installation de bascules automatiques sur la voie publique par les soins d'une société privée.

Déplacement de l'évitement des tramways électriques au Pontet.

Amélioration de l'entrée du chemin de Monclar.

Plan d'aménagement et d'embellissement de la ville. Concours de 1921.

L'entretien des jardins publics est confié à un entrepreneur.

Réfection des postes d'octroi à la porte Limbert et à la porte Magnanen.

Installation de puissantes bascules à l'abattoir, à la porte Limbert et à Montfavet.

Réorganisation de la Compagnie des sapeurs-pompiers (1920). Acquisition de deux moto-pompes et d'une camionnette pour le service des incendies.

Acquisition de deux arroseuses, d'une balayeuse, de deux bennes pour l'enlèvement des immondices et d'un rouleau compresseur automobiles.

Après avoir subi l'augmentation du prix du gaz, conformément à la nouvelle jurisprudence établie pendant la guerre, renouvellement de la convention avec la Compagnie du Gaz pour la concession de la fourniture du gaz (31 décembre 1922), durée de la nouvelle concession : 30 ans.

Convention pour la concession de la distribution de l'énergie électrique avec la Société Avignonaise d'Electricité (29 mai 1923), durée : 40 ans à compter du 5 juin 1923.

Transformation de l'éclairage public de la ville (1.200 lampes électriques sans compter celles de l'éclairage des promenades du Rocher des Doms et de l'Oulle qui ne servent que pour la période d'été, et 127 becs de gaz avec une

augmentation de 527 unités sur les becs existant en 1914).
Appareillage pour l'éclairage de la rue et du cours de la
République, de la place de l'Horloge, des boulevards extérieurs de la porte Limbert à la porte St-Roch, du Rocher
des Doms, du square Agricol-Perdiguier, de la promenade
des allées de l'Oulle et du pont suspendu.

Remaniement des horloges publiques du Pontet, de
Montfavet, de la place Pie. Electrification de l'horloge de
la place Carnot.

Transformation de l'éclairage des bâtiments communaux
(éclairage électrique) : Hôtel de ville et rampe extérieure,
Halles centrales, Maison de la Mutualité, Ecoles, etc.

Création du Comité de l'Hommage aux morts et création
du monument élevé à la mémoire des Enfants d'Avignon
morts pour la France, sur la promenade du Rocher des
Doms avec les souscriptions publiques et les subventions de
la ville, de l'Etat et du Conseil général. Le monument est
l'œuvre du sculpteur Botinelli (inauguré le 11 novembre
1924 par M. Daladier, ministre des Colonies et député de
Vaucluse).

Construction du Mausolée au cimetière destiné à recevoir
les corps des Enfants d'Avignon morts pour la France et
ramenés du front (payé en partie avec les bénéfices du ravitaillement).

Modifications au règlement du personnel des employés
municipaux, augmentations des traitements et des indemnités pour charges de famille. (Le personnel des bureaux
est réduit d'un tiers environ).

Augmentation du nombre des agents de police.

Le bénéfice de la caisse des retraites des employés communaux est étendu au personnel du Bureau de Bienfaisance
et du Bureau d'assistance.

Attribution du coefficient de l'Etat aux pensions de retraites liquidées sur les anciens traitements.

Le conseil donne un avis favorable à l'érection de la section du Pontet en commune.

Les employés de la compagnie concessionnaire des tramways électriques bénéficient de relèvements de salaires et
d'une caisse de retraite, avec l'appui moral et matériel de
la ville.

Le conseil municipal règle à l'amiable avec l'administration des Domaines, le conflit surgi en 1913 lors de l'acquisition de l'immeuble de la rue Joseph-Vernet (liquidation
des Frères des Ecoles chrétiennes) : la ville paie à l'administration le prix d'acquisition 150.500 francs augmenté

d'une somme de 25.000 francs représentant les intérêts courus depuis 1913, et réalise de ce fait un gros bénéfice (127.000 francs) représentant les intérêts de prêt différé accordé par le Crédit Foncier et près de 80.000 francs provenant des loyers de l'immeuble perçus par elle et diminués des 25.000 francs d'intérêts, soit au total 207.000 francs.

Le conseil municipal fait appel devant le Conseil d'Etat de la décision du ministre des Finances qui exonère le receveur municipal intérimaire de la guerre M. Cotte, victime du vol de l'un de ses employés, des sommes que de ce fait, il était redevable à la ville.

Le conseil municipal émet un vœu en faveur du maintien des Courses de Taureaux.

Le conseil municipal proteste contre le projet de dérivation des eaux de Fontaine-Lévêque (22 novembre 1920).

Fête du centenaire de la République, le 11 novembre 1920 (manifestation patriotique place de l'Horloge).

Création du Comité permanent des Fêtes. Organisation annuelle des fêtes de la mi-carême, de la fête de Printemps et autres réjouissances.

La société hippique crée la « Semaine des courses d'Avignon » (augmentation de la subvention qui lui est accordée par la ville).

Visite de M. Millerand, Président de la République, le 15 mars 1921 (coût 35.000 francs) (Note n° 3).

Fêtes du centenaire de J.-Henri Fabre.

Concours de gymnastique de la Fédération du Sud-Est (août 1924).

Réception par la ville de diverses délégations agricoles (Alsaciens-Lorrains et Anglais) et de la Mission commerciale Canadienne.

Inondations en avril 1922, Rhône 5 m. 01 le 15 ; en novembre et décembre 1923, Rhône 5 m. 65 le 2 décembre ; 5 m. 28 le 28 décembre ; en octobre 1924, Rhône 5 m. 97 le 4.

Les administrations des finances s'établissent à l'ancien archevêché, rue de Mons, et celle des Ponts et Chaussées ainsi qu'un certain nombre de services départementaux, dans les locaux de l'ancien grand séminaire St-Charles.

La Compagnie P. L. M. décide et met à exécution de grands travaux dans les gares d'Avignon : modifications des voies, remblais et ouvrages d'art. Création de la gare de triage au quartier St-Chamand.

De grandes usines, le Dominion-Hôtel, des maisons de commerce importantes, des Banques s'établissent à Avignon. La Caisse d'Epargne acquiert l'immeuble de Montillet, rue Joseph-Vernet, et s'y installe.

La réorganisation de l'armée amène un remaniement de la garnison d'Avignon : Le 58ᵉ régiment d'infanterie est supprimé avec la 30ᵉ Division. Le 7ᵉ régiment du génie est maintenu à Avignon avec un effectif renforcé (pontonniers). Le groupe du 5ᵉ d'artillerie de défense contre avion regagne Lyon. Un bataillon du 141ᵉ régiment d'infanterie remplace le 58ᵉ et Avignon conserve la subdivision et le général de brigade qui la commande.

Lors du départ du drapeau du 58ᵉ régiment d'infanterie (2 avril 1924) une émouvante cérémonie se déroule en présence du glorieux emblème devant le plaques commémoratives des Enfants d'Avignon morts pour la France dans le péristyle de l'Hôtel de ville et la municipalité va saluer une dernière fois le drapeau de notre vieux régiment dans la cour de la gare.

La municipalité de M. Bec présida aux obsèques de deux anciens maires de la ville d'Avignon : de M. Pourquery de Boisserin en août 1920 et de M. Valayer Louis en février 1921.

Emprunt :

Lorsque l'administration de M. Bec arriva à l'Hôtel de ville, deux semestres d'annuités restaient dus au Crédit Foncier. Elle contracta un emprunt de consolidation, amortissable en dix ans, pour le paiement de ces annuités. Cet emprunt de 319.450 fr. 45 fut autorisé par le décret du 17 juillet 1920.

Budget de l'exercice 1920 :

Recettes	3.392.556 66
Dépenses	3.332.556 65
Excédent de recettes.......	60.000 »

Budget de l'exercice 1925 :

Recettes	6.194.732 62
Dépenses	6.144.732 62
Excédent de recettes........	50.000 »

(Note nº 4).

Conseillers municipaux élus en vertu de la loi du 5 avril 1884

Elections du 10 mai 1925
Installation du 17 mai 1925

MM. Vaillandet Pierre, Clairgeon Joseph, Maisondieu Fernand, Guignard Louis, Masson Ernest, Rouvier Paul, Gros Louis, Guillaumont Marcel, Cordier Jules, Séraphin François, Chaine Marius, Besson François, Brun Auguste, Escoffier Auguste, Vire Louis, Nouveau Louis, Jacquet Marius, Vincent Henri, Busquet Léopold, Moulin Louis, Callamand Joanin, Gay Etienne, Garnier Louis, Gallas Claude, Daniel Paul, Boutin Marius, Martin Etienne, Marseille Eugène, Bourgoin Eugène, Serre Louis, Roques Jacques, Ruvenhorst Gérard.

Notes - Pièces justificatives

NOTE N° 1

Séance du 10 décembre 1919

Allocution du Maire

Mes chers Collègues,

A la minute où je prends la présidence de votre assemblée, des sentiments assez complexes partagent mon cœur, souffrez que je vous les livre.

C'est d'abord dans la conscience de la difficulté de la fonction et de ma propre insuffisance, un hommage rendu à tous ceux qui me précédèrent à ce siège et y donnèrent la mesure de leur valeur. Nul ne s'étonnera que parmi ceux-là je fasse une place d'élite à celui dont je fus ici, voici dix ans déjà, le plus modeste des collaborateurs.

C'est aussi une reconnaissance infinie envers le suffrage universel qui nous désigna comme conseils de la cité et envers vous-mêmes qui m'avez choisi parmi les élus ; ce sont aussi des regrets émus adressés à ceux de nos camarades de lutte que le scrutin, parfois injuste ou mal éclairé, a retirés de nos rangs. Il est des vides que nous déplorons dès aujourd'hui et que nous ressentirons plus fort demain à l'heure des réalisations.

Une seule considération tempère ces regrets.

En portant à la mairie les élus de chaque liste le suffrage universel a marqué sa volonté très nette d'apaisement et de concorde. Cette idée d'union, Messieurs, n'était-elle pas dans nos vœux ?

Les uns y voyaient l'exécution dans la constitution d'une municipalité affranchie de toute attaque politique, d'autres dans une collaboration de toutes les fractions du parti républicain.

C'est sous cette forme que le problème a été résolu par le suffrage universel.

Acceptons de bonne grâce cet enseignement.

En vous tous, sans distinction d'origine, je ne vois que des collègues ayant des droits égaux, devant bénéficier du même régime d'impartialité et de justice.

Soyez pour moi des collaborateurs animés du même désir de mener à bien, dans l'ordre de la légalité, la tâche commune.

Cette tâche est immense.

La confiance du suffrage universel nous livre les destinées de notre ville.

Cette ville nous la voulons grande demain comme elle le fut de tous temps dans l'histoire.

Nous la voulons généreuse aux malheureux, reconnaissante envers ceux qui donnèrent sans compter leur vie et leur santé à la Patrie menacée, riche de son commerce, de son industrie et de son agriculture renommée, belle non seulement de ses fastes passés, mais de la parure des cités modernes.

Nous sommes à pied d'œuvre, commençons sans retard.

Vive la République !

Vive Avignon !

NOTE N° 2

Allocution du Maire

Séance du 3 octobre 1922

Vous n'attendez pas de moi une déclaration concernant les incidents qui ont quelque peu ému la population, ces derniers temps. Je ne veux pas que la passion de la place publique pénètre dans notre salle des délibérations.

C'est pour cette raison que j'ai pris la responsabilité d'une affiche répondant à une autre affiche dans laquelle la municipalité et le conseil municipal étaient en cause.

Qu'il me soit permis de regretter le départ de deux conseillers qui n'eussent pas été de trop pour mener à bien la tâche ardue qui incombe à l'assemblée communale.

Je vous remercie d'être venus aussi nombreux et de donner ainsi une preuve de l'attachement commun à l'œuvre qui est la nôtre. Je vous demanderais de revenir aussi nombreux aux séances prochaines dans lesquelles seront discutées des questions importantes. Je veux parler des concessions du gaz et de l'électricité. Il y a plusieurs mois qu'elles font l'objet de nos préoccupations constantes et que nous les avons mises à l'étude dans les commissions. Il nous faut encore un débat public et complet pour les résoudre et je compte sur votre présence à tous.

NOTE N° 3

Séance du 7 mars 1921

Visite présidentielle

M. le Maire, **Président :**

Messieurs, nous nous réunissons essntiellement ce soir pour régler, au point de vue financier, la question du voyage de M. le Président de la République.

Vous savez dans quelles conditions M. le Président de la République a été invité à venir dans notre ville, Avignon était le terme naturel de son voyage puisque l'aménagement du Rhône doit se faire jusqu'ici. Ce voyage doit se faire en principe par le Rhône. Espérons que l'étiage le permettra.

Quoiqu'il en soit, M. le Président viendra et le programme s'exécutera dans son entier, à partir de son point de départ: débarcadère du Rhône, jusqu'à la gare, en traversant Avignon.

Le séjour du chef de l'Etat à Avignon est un peu court puisque nous le garderons que de 17 heures à 22 heures, nous tâcherons d'occuper ces 5 heures aussi bien que possible, de manière que M. le Président de la République voit à Avignon les choses intéressantes à y voir et qu'il soit vu.

J'ai demandé qu'il soit laissé libre le plus grand espace possible pour que les Avignonais et les personnes venant des localités voisines puissent bénéficier du spectacle attrayant qu'est toujours la réception du chef de l'Etat et la manifestation qu'elle occasionne.

Je dis les Avignonais et les habitants des localités voisines car pour ceci comme pour la manifestation d'hier nous considérons qu'il est bon qu'Avignon continue sa tradition. Avignon par sa situation géographique comme aussi par son histoire, se trouve le centre d'attractions de cette banlieue étendue qui comprend une partie des départements voisins, dont les habitants viennent chez nous pour leurs affaires et leurs plaisirs. Méconnaître son rôle traditionnel, ce serait réduire Avignon au rang de certaines petites villes qu'il est convenu d'appeler villes mortes. Nous devons faire des fêtes, ce qui ne signifie pas, comme on nous le reproche, faire la fête. Et je vous prie de croire et vous le savez, que mettre sur pied des manifestations comme celle du 15 mars, comme celle d'hier, comporte une somme de tracas, de soucis et de peines qui n'a pas souvent sa récompense.

Seulement la peine qu'on s'est donnée, les reproches que l'on a entendus et subis, tout est oublié quand on a le spectacle que nous avons eu hier dans Avignon, quand on voit ses compatriotes s'amuser, et que dès la veille, une foule accourue du dehors uniquement sur la foi de la réputation d'Avignon partage cette joie de nos concitoyens et concourt à la prospérité de notre commerce. C'est ce qui fait que j'accepte sans me défendre, les critiques qu'on veut nous faire et qu'on nous fait. Nous sommes une municipalité qui organise des fêtes et, si nous n'en faisions pas, on nous le reprocherait aussi. Je peux dire ceci : Nous saisissons et nous continuerons à saisir toutes les occasions de créer un mouvement vers Avignon. C'est pour cela que nous avons secondé le Comité des Fêtes, et c'est pour cela que je vous demanderai, tout à l'heure, de voter la contribution de la ville pour la fête d'hier.

C'est pour cela que nous avons consenti à organiser la manifestation du 15 mars, que nous avons voulu lui donner une plus grande ampleur encore en faisant venir parmi nous les représentants des régions tributaires d'Avignon.

C'est pour cela que des manifestations déjà annoncées par affiches appelleront à Avignon des gens qui viendront pour le concours agricole organisé à l'occasion de la nouvelle foire de printemps, d'accord avec la Société d'Agriculture à laquelle M. Neuvialle prêtait l'appui de sa parole pour obtenir une subvention lors de la dernière séance. Cette exposition durera une semaine. Elle comportera un concours avec distribution de prix et de diplômes pour récompenser les meilleurs exposants.

Nous attendons beaucoup de cette manifestation.

Evidemment, dans la réunion prochaine, nous vous dirons : pour construire des baraquements destinés aux produits agricoles, des box pour abriter les animaux, il nous faut de l'argent.

Mais d'un autre côté, nous percevrons un droit d'entrée qui nous fera récupérer une partie de ces débours. Et, en tous cas, les commerçants de notre ville récupèreront du fait des visiteurs accourus à cette manifestation agricole et industrielle les charges très lourdes qui leur sont imposées par suite de l'embarras financier de la ville.

En tout cas et comme je vous le disais, nous ferons des fêtes chaque fois que ce sera possible. Cependant, le jour où il nous sera démontré que nous nous trompons, nous saurons changer de voie et avouer notre erreur.

Municipalités Gros - Nouveau - Jacquet

Maire : Gros Louis, député de Vaucluse, élu le 17 mai 1925, démissionnaire le 20 juillet 1925.

Adjoints : Vaillandet Pierre, élu le 7 mai 1925, démissionnaire le 20 juillet 1925.

Daniel Paul, élu le 17 mai 1925.

Marseille Eugène, élu le 17 mai 1925, démissionnaire le 15 décembre 1928.

Besson François (Montfavet), élu le 17 mai 1925.

Ruvenhorst Gérard, élu le 17 mai 1925, démissionnaire le 15 décembre 1928.

Maisondieu Fernand, élu le 17 mai 1925, démissionnaire le 20 juillet 1925.

Maire : Nouveau Louis, élu le 4 août 1925, démissionnaire le 22 octobre 1928.

Adjoints : Escoffier Auguste,
Jacquet Marius, élus le 4 août 1925.
Maire : Jacquet Marius, élu le 2 décembre 1928.

Adjoints : Séraphin François,
Vincent Henri,
Brun Auguste, élus le 9 décembre 1928.

Secrétaire général : Lechalier Marius.

Recensement de la population d'Avignon en 1926 :
51.685 habitants.

La section du Pontet fut érigée en commune le 17 février 1925.

Aux élections du 3 mai 1925, cinq listes font appel aux suffrages des électeurs, la liste d'union républicaine (tête de liste M. Coste) qui recueille une moyenne de 3.100 voix, la liste républicaine radicale socialiste (tête de liste M. le Dr Garnier) 2200 voix, la liste du parti socialiste (tête de liste M. Gros Louis, député de Vaucluse) 1.900 voix, la liste de la Fédération républicaine radicale et radicale socialiste (tête de liste M. Serre, sénateur de Vaucluse) 1.850 voix, la liste du parti communiste 540 voix.

Deux listes seulement affrontent le second tour de scrutin, 10 mai 1925 : 1° la liste du Cartel des gauches constituée par douze candidats de la liste républicaine radicale socialiste, dix de la liste du parti socialiste et dix de la liste de la Fédération républicaine radicale et radicale socialiste, et 2° la liste républicaine de Défense des Intérêts avignonais avec, pour tête de liste, M. Bec, maire sortant, et M. Coste, conseiller sortant. La première est élue et obtient entre 5.560 et 4.839 suffrages, tandis que la deuxième en recueille entre 4.371 et 3.943.

Le compte administratif du maire de l'exercice 1924 accusait un excédent de recettes de 1.116.437 francs et 78.883 francs de restes à recouvrer. Les crédits de report pour le même exercice s'élevaient à 760.288 francs. Le bilan du dernier exercice de la précédente municipalité se soldait donc par 435.032 francs en excédent.

Il fallait, il est vrai, déduire de cette dernière somme, les dépenses votées depuis le 1er janvier 1925 à inscrire au budget additionnel de l'exercice en cours.

M. Gros, maire et MM. Vaillandet et Maisondieu, adjoints, démissionnent en août 1925 après l'échec du candidat socialiste aux élections cantonales (canton nord).

M. Nouveau est élu maire le 4 août 1925 et MM. Escoffier et Jacquet sont élus adjoints.

Après avoir échoué aux élections du Conseil général du canton sud, M. Nouveau démissionne en novembre 1928.

Après les élections municipales complémentaires du 25 novembre 1928 (1), pour remplacer MM. Vaillandet et Nouveau qui s'étaient démis de leur mandat de conseiller municipal, le premier à la date du 13 avril 1928, le second le 22 octobre 1928, M. Jacquet est élu maire le 2 décembre 1928.

MM. Ruvenhorst et Marseille avaient adressé leur démission de conseillers municipaux à M. le Préfet, après la démission de M. Nouveau, elle est acceptée le 15 décembre 1928.

· A leur tour, MM. le Dr Garnier et Moulin abandonnent leur mandat de conseillers municipaux.

MM. Séraphin, Vincent et Brun sont élus adjoints le 9 décembre 1928.

---

(1) Au premier tour de scrutin MM. Fousson et Geoffret, candidats radicaux, obtiennent respectivement 1452 et 1447 voix, les candidats communistes 629 sur 12.444 inscrits et 2.314 votants.

Au second tour MM. Fousson et Geoffret sont élus par 1.104 et 1.122 voix, les communistes obtiennent 491 suffrages et deux autres candidats MM. Chabert et Quenoble recueillent respectivement 458 et 254 voix.

Nous laisserons à d'autres le soin d'exposer l'œuvre de cette municipalité qui est encore trop récente et du reste inachevée.

Toutefois nous publions des documents (Notes n°⁸ 1, 2, 3 et 4) qui peuvent donner un aperçu, certainement incomplet, et des travaux entrepris par les municipaux élus en 1925 et des sentiments de ceux qui successivement ont été appelés à présider les destinées de ce conseil municipal.

Parmi les grandes manifestations il convient de signaler la grande Semaine maritime en juin 1925, le premier Salon automobile organisé par le Comité de la Foire de Printemps en avril-mai 1928 et les Fêtes Rhodaniennes dues à l'initiative du Comité permanent des Fêtes, en juin 1928.

Le Rhône côte 4 m. 26 en décembre 1925, 4 m. 87 en mai 1926 ; successivement 4 m. 82, 5 m. 26 et 5 m. 79 en novembre 1926 ; 4 m. 64 en mars 1927 ; 5 m. 68 en février 1928 et successivement 4 m. 70 et 5 m. 51 en octobre 1928 avec une crue de la Durance.

———

Budget de l'exercice 1928 :

Recettes 11.742.587 02

Dépenses 11.692.587 02

Excédent de recettes.........   50.000 »

M. ESCOFFIER
Mᵉ M. JACQUET
M. SÉRAPHIN
M. BRUN
M. VINCENT

Notes - Pièces justificatives

NOTE N° 1

Séance du Conseil municipal du 17 mai 1925.

M. L. GROS, *Maire-Député.* — Messieurs,

Ce n'est pas sans une profonde émotion et une certaine appréhension que je prends possession de ce fauteuil où **m'a** appelé votre confiance.

Je pense à ce moment à ceux qui, avant moi, ont occupé avec autorité et compétence ce poste d'honneur et ma seule crainte est de ne pouvoir les égaler.

Je vous promets, toutefois, de faire tout ce qui sera en mon pouvoir pour diriger vos débats avec impartialité et justice.

Pour le témoignage de confiance que vous me donnez pour la troisième fois, je vous dis du fond de mon cœur, merci !

Messieurs, une charge très lourde nous incombe. Des projets de grande envergure nous attendent et pour ne parler que de l'un des plus importants, il conviendra de parer au plus tôt à la disette d'eau.

Les questions d'assainissement et d'embellissement de notre chère ville feront aussi l'objet de nos préoccupations et nous ne les limiterons pas seulement sur les grandes artères mais nous nous occuperons avant tout des quartiers pauvres et déshérités d'Avignon.

Tous nos efforts tendront à réaliser une hygiène moderne. Nous porterons une attention toute particulière sur nos écoles, l'enseignement laïque fera l'objet de toute notre sollicitude.

Nous nous pencherons sur les humbles et les malheureux et nous tâcherons de leur apporter un peu d'aide et de soulagement. Enfin à tous nous donnerons la justice.

Mes chers collègues, pour mener à bien cette lourde tâche nous aurons besoin du concours de tous.

Il nous faut mettre au-dessus des questions de personne et de parti, l'intérêt seul de la ville d'Avignon.

A partir de ce jour il n'y a plus ici d'adversaires politiques mais seulement des élus n'ayant qu'un seul souci, celui de bien servir leur pays.

Sur l'application des grands principes républicains et démocratiques, l'accord le plus parfait se fera toujours au sein du conseil municipal.

Nous sommes tous ici de fervents républicains.

Tous nos efforts tendront à faire notre chère ville d'Avignon toujours plus jolie et plus belle.

NOTE N° 2

Exposé de M. Nouveau, maire, à la séance du Conseil municipal du 30 décembre 1927.

Messieurs,

Nous voici arrivés à la fin de la troisième année de notre mandat. Le budget de 1928 dernier, dont nous ayions à assurer entièrement l'exécution, a été voté à l'unanimité moins une voix ; c'est un budget solidement équilibré qui fera honneur à notre administration.

Au point où nous en sommes, je ne crois pas prématuré de jeter un coup d'œil sur l'œuvre que nous avons accomplie ou préparée, d'en dresser l'état avec la certitude que ce témoin irréfutable attestera votre attachement au devoir rigoureux de faire notre ville plus belle et plus prospère. La démocratie, la majorité de gauche, c'est-à-dire le Cartel, qui vous a élus, pourra être fier de ses représentants.

Tableau des travaux

Voirie. — Substitution aux tombereaux de l'enlèvement des immondices, d'un service de bennes automobiles et organisation du balayage de la ville et de la banlieue. — Contribution au pavage des boulevard extérieurs. — Mise en état de viabilité des rues Anatole France, Emile Zola, Talabot, Noblemaire, de l'avenue des Lierres, de l'avenue et du boulevard des Chalets. — Pavage de la rue Pourquery de Boisserin et de la rue Vieux-Sextier. — Elargissement du chemin vicinal de Morières à Bonpas. — Participation de la ville à l'entretien des voies privées.

Hygiène. Assainissement. — Curage de la roubine de Champfleury ; son point extrême de colmatage atteint, elle n'aurait plus évacué les eaux de pluie ou d'inondation dans quelques années. — Evacuation des eaux usées dans les caveaux des halles, **motopompe**. — **Acquisition d'une ambulance automobile.**

Urbanisme. — Réalisation de la plus grande partie de l'avenue devant relier la route de Marseille au rond-point du cimetière St-Véran. — Agrandissement du cimetière. — Groupe d'habitations à bon marché route de Montfavet. — Etablissement du plan de la ville par avion qui doit permettre l'élaboration du plan général d'embellissement et d'extension. — Le boulevard Raspail inachevé débouchant enfin dans toute sa largeur sur le cours Jean-Jaurès et prolongé du côté nord jusqu'aux boulevards extérieurs par une brèche à travers les remparts. — Remplacement des horloges de Montfavet et de la Tour des Augustins. — Création de la ligne électrique du champ de foire. — Installation de nombreuses lampes électriques en ville et en banlieue. — Importantes améliorations à l'abattoir. — Participation aux travaux de défense contre la Durance. — Aménagement de la Bourse du Travail dans l'ancienne école de la rue Ledru-Rollin. — Aiguille sur la ligne des tramways des Rotondes pour permettre aux voitures de la Compagnie de prendre la direction de la gare des voyageurs et de la place de l'Horloge. — Acquisition de la maison Fontagnères pour le dégagement de l'église St-Pierre et démolition des vieux immeubles du cloître St-Pierre. — Amorce d'un service municipal de secours en cas d'inondation, par l'acquisition de bateaux dont l'entretien et la manœuvre ont été confiés à la Société des Enfants du Rhône, digne émule de notre Compagnie des Sapeurs-Pompiers, dont nous aurons à nous occuper à brève échéance. — Démolition du quartier de la rue Balance et prolongement de la rue de la République jusqu'au Pont St-Bénézet ; le projet d'exécution a été établi et joint à l'emprunt qui nous permettra d'en réaliser une grande partie. Nous le compléterons par la préparation d'un projet de construction de 1200 logements à bon marché sur le terrain de Champfleury ; vos commissions en seront saisies sous peu de jours, à l'intention des expropriations à venir pour l'assainissement complet de la ville. Ce dernier projet peut amener la création de logements urbains avec le confort moderne, à proximité de la ville et des points de travail. — Amélioration du passage vers la place du Change, en prévision du sens unique à établir par la rue Vieux-Sextier et la rue des Marchands.

Eaux. — Remplacement des canalisations principales établies depuis plus de 60 ans pour une consommation bien inférieure à la consommation actuelle et dont les dépôts calcaires ont réduit le diamètre de 50 à 80 %, cause unique du manque d'eau. — Moteur électrique de secours à l'usine des eaux.

Octroi. — La réorganisation de l'octroi, toute au bénéfice des finances municipales, a cependant permis de supprimer la moitié de son personnel et de faire cesser le régime vexatoire et les entraves à la circulation institués jadis à chaque porte de la ville.

Tourisme. — Création de la Chambre d'Industrie Touristique qui, dotée d'un budget indépendant alimenté par la taxe de séjour, participe à l'embellissement de la ville et, en collaboration avec le Syndicat d'Initiative, assume les services de propagande et de publicité de notre station de tourisme.

Enseignement. — Création d'une école primaire supérieure de filles qui, par son développement prévu, deviendra un élément de plus du caractère de métropole d'Avignon. — Création des garderies du soir dans les écoles maternelles et des études surveillées à l'école primaire supérieure de garçons.

Beaux-Arts. — Agrandissement du Musée Calvet par l'acquisition de l'immeuble Gardiol. — Continuation des travaux de restauration du Palais des Papes, des remparts, etc. — Aménagement de la salle du Théâtre municipal dont l'entretien avait été trop négligé depuis sa construction. — Réfection du chauffage central, des plus défectueux (ce qui fut la cause, en 1917, de l'abandon de notre première scène par les tournées Baret) jumelé avec l'installation du chauffage central à l'Hôtel de ville. Economie sérieuse de combustible et de personnel.

Electrification des campagnes. — **Projet dressé par le** Génie rural, prêt à être exécuté avec la participation des intéressés.

Personnel. — Réajustement des traitements des fonctionnaires municipaux assimilés désormais aux fonctionnaires de l'Etat. En traitant nos fonctionnaires avec toute la dignité possible, nous pouvons exiger d'eux un meilleur service, dans l'intérêt même de nos concitoyens. Ce n'est pas de nous que doit venir une sous-estimation du travailleur.

Comme suite à cet exposé, dans lequel chacun d'entre vous peut reconnaître son œuvre personnelle, ne suis-je pas autorisé à dire que les municipalités de l'avenir auront bien longtemps à travailler sur le programme arrêté, mis au point et en partie réalisé par la municipalité de 1925 ? Aucune, jusqu'à ce jour, n'a produit un effort collectif, dans la courte durée d'un mandat, qui soit comparable au vôtre.

Vous avez eu le courage de faire sortir la vie municipale de la période précaire pendant laquelle on se bornait à exécuter l'indispensable au détriment du patrimoine public qui se délabrait d'une part et ne se développait pas suivant les lois de l'urbanisme établies par la vie des cités, d'autre **part.**

Vous ne pouviez éviter de demander les ressources nécessaires, mais en gérants scrupuleux des intérêts qui vous sont confiés, vous l'avez fait en tenant notre budget à un coefficient d'augmentation bien au-dessous des budgets des villes voisines de l'importance d'Avignon. Néanmoins, vous n'avez pas échappé aux injustes critiques constituant la monnaie courante rendue par ceux qui ne font rien à ceux qui acceptent de remplir un devoir et font quelque chose.

Les gens de bonne foi, capables de comprendre, vous rendent justice et l'avenir vous marquera sa reconnaissance. Pour ma part, je puis dire que je vous ai vus à l'œuvre dans les commissions, tous confondus, sans distinction de groupements, uniquement préoccupés de l'intérêt public, discutant âprement, avec le même souci que s'il s'agissait de vos intérêts propres, les moyens de produire le maximum de résultats avec le minimum de charges à imposer à nos concitoyens.

Depuis que j'ai l'honneur d'appartenir à cette maison commune, j'ai appris à connaître les conseils municipaux et je puis vous affirmer avoir rarement vu, la première année passée, le travail des commissions et du conseil suivi avec tant d'intérêt et d'assiduité par un si grand nombre de conseillers. Lors de la dernière réunion des deux commissions : Travaux et Finances, malgré la neige qui tombait, plus de la moitié de l'Assemblée était présente. Permettez que je rappelle le souvenir d'un fait que vous n'avez jamais vu et qui n'était pas rare : aller à la recherche du membre nécessaire au quorum pour ouvrir la séance. Du reste, sur les détails qui précèdent, les chefs de service qui suivent de près nos travaux, sont là pour en témoigner.

Nos adversaires, c'est-à-dire tous ceux qui, ayant **voté**

contre nous, sont mécontents de nous voir à la mairie, n'ont certainement pas changé d'avis en un jour, et il est tout naturel qu'ils se réjouissent de quelques différends, tout de surface, survenus entre nous. Que voulez-vous, chez les démocrates, les petites difficultés personnelles ne sont pas étouffées comme chez d'autres. L'Administration, à l'exemple de la diplomatie, n'est pas secrète. On ne jette pas le manteau de l'hypocrisie sur des antagonismes insignifiants ; tout se fait au grand jour.

Dire que cette loyauté n'ait pas ses inconvénients, qu'elle ne soit souvent gênante et que nos ennemis n'aient pas matière à se réjouir, je l'avoue ; mais qu'ils ne s'abusent pas. Tout cela, je le répète, est en surface. Au fond de nos cœurs, ils trouveront toujours vivace le sentiment du devoir républicain qui nous opposera en un seul bloc, quand ils croiront le moment venu de profiter de ce qu'ils prennent pour des divisions.

En vous remerciant, lors de ma nomination de Maire, j'affirmais que les trois fractions en présence n'en feraient qu'une devant l'intérêt de la cité. Vous avez réalisé mon désir. Je vous en remercie, quoi qu'il advienne ce sera une fierté de ma vie politique d'avoir été à votre tête.

En terminant, si vous me le permettez, ce sera un conseil que je vous donnerai. Pour l'heure et pour encore quelques temps, serrez-vous autour du Maire que vous connaissez, qui ne vous trompera jamais, en constituant autour de lui une masse étroitement soudée par la sympathie, la confiance mutuelle, une même foi en la justice et la vérité. Vous imposerez le respect de notre politique à la population entière et vous pourrez envisager l'avenir avec confiance et sérénité, pour le plus grand bien de la République démocratique et sociale.

NOTE N° 3

Extrait d'une lettre de M. le Docteur Daniel, premier adjoint, en date du 23 octobre 1928.

Aux premiers jours de notre arrivée, frappés de l'augmentation démesurée du prix de la viande, nous n'avons pas hésité à taxer chaque semaine le prix de la viande au détail en fonction du barème édicté par la Préfecture, en accord avec les bouchers et le prix de la viande sur pied, tel que les services municipaux en dressent le barême chaque mardi jour de marché.

Frappés également de ce que les revendeurs dans les halles et les épiciers au détail, majoraient le prix de vente des légumes d'un coefficient égal à 2 et parfois à 3, j'ai fait prendre par le Maire du moment, Monsieur Gros, un arrêté aux termes duquel, les producteurs de légumes étaient autorisés à vendre sous la marquise des halles, sans payer aucune redevance ni pour l'emplacement, ni pour la pesée, les légumes qu'ils récoltaient, sous la condition expresse que ce prix de vente au détail n'excèderait pas de 15 % le prix de la mercuriale du marché de gros.

Cette double mesure a eu immédiatement comme résultat de faire baisser d'une façon très importante le prix de la viande et d'une façon encore plus importante celui des légumes vendus dans les halles et dans les épiceries.

L'Assemblée municipale a été sollicitée par l'Assemblée départementale d'apporter son concours financier dans le pavage du tour de ville d'Avignon (route départementale) qui était d'un passage tel, que les rechargements ne duraient pas plus d'un mois, et que cette portion de route était, au bout de ce temps-là, transformée en fondrière. Le budget municipal a prévu et payé pour cela, la somme de trois cent mille francs, mais à ce prix, les fondrières ont disparu pour toujours.

Dans le domaine de l'Assistance, aussitôt après notre arrivée, le taux de l'allocation aux familles nombreuses a été porté de 5 fr. à 7 fr. 50, et celui des femmes en couches de 0,75 à 1 fr. 50 par jour.

Depuis de nombreuses années, les Avignonais se demandaient pourquoi ceux qui venaient profiter de toutes les beautés, et elles sont nombreuses, qu'offre la ville d'Avignon, au regard du touriste, ne payaient pas une redevance et étaient seuls exemptés d'impôts. La taxe de séjour votée à l'unanimité est venue relever cette injustice ; elle rapporte à l'heure actuelle de 180 à 200.000 francs par an. Le produit de cette taxe rendra Avignon de plus en plus confortable aux touristes ; déjà le curage de la roubine de Champfleury constitue tant au point de vue de l'hygiène, qu'au point de vue des dangers d'inondation, un progrès extrêmement important.

Avignon est une ville en voie d'extension continue ; les lotissements étaient nombreux. Sur ma proposition, les lotissements se font désormais dans le cadre de la loi du 19 juillet 1924 et je ne saurais trop insister sur l'utilité de cette mesure qui désormais empêchera la création d'îlots plus ou moins lacustres bâtis à la diable, sans qu'aucune mesure d'évacuation d'eaux vannes ou d'égouts ait été prévue, sans rue et sans trottoirs.

Si nous n'avons pu jusqu'à ce jour mettre la pioche dans l'immonde quartier de la Balance, du moins ai-je fait introduire dans le budget municipal de chaque année, une somme destinée à l'achat de vieux immeubles et c'est ainsi que nous avons pu déjà commencer le dégagement de ce bijou artistique qui s'appelle l'église St-Pierre, par l'achat de deux immeubles, l'un place des Châtaignes et l'autre rue Corderie.

Depuis fort longtemps, les usagers de l'abattoir réclamaient des améliorations. Ces améliorations étaient d'ailleurs prévues dans un plan d'ensemble. L'Assemblée municipale y a consacré une très forte somme, plus de 60.000 francs ; désormais cet immeuble municipal est pourvu de tout le confort que les usagers sont en droit d'attendre pour la commodité de leur pénible travail.

La question des loyers nous a également préoccupés ; nous avons même pensé à réaliser un jour l'Office municipal des Habitations à bon marché. Les services de la Préfecture nous ont dissuadé d'entrer dans cette voie, mettant entièrement à notre service l'Office départemental des maisons à bon marché, qui a déjà construit dans Avignon pour un million d'immeubles, et qui est disposé, une fois ceux-là terminés, à en créer pour plusieurs millions de nouveaux. Pour la réalisation de cette œuvre, le Conseil municipal a toujours voté à l'unanimité les crédits nécessaires. Il est regrettable simplement qu'à la suite de ces votes, il ne soit pas possible d'intensifier encore plus les constructions d'habitations à bon marché.

Les halles centrales n'avaient pas été touchées depuis l'époque où elles avaient été construites. Non seulement, nous avons procédé à la réfection totale de leurs peintures pour le prix de 40.000 francs, mais encore nous venons de décider, et la réparation est en chantier, la couverture totale de la toiture des halles en évérite. La toiture actuellement existante était dans un tel état de délabrement que l'eau tombait sur les denrées exposées sur les tables à la moindre pluie.

Il nous aurait été agréable d'abolir complètement les octrois. Malheureusement cette mesure aurait créé dans la caisse municipale un trou tel, douze cent mille francs en-

viron, et les taxes de remplacement prévues par le **Parle-**
ment étant d'une si difficile perception, que nous avons
préféré conserver l'octroi, tout en abolissant ce qui était
vexatoire et désagréable pour le public, c'est-à-dire les portes ; à l'heure actuelle, on ignore qu'Avignon possède un
octroi et j'ai eu la bonne fortune de constater que de nombreuses villes sont en train d'imiter notre exemple.

A notre arrivée, les employés municipaux avaient un traitement qui était véritablement par trop dérisoire ; ils débu-
taient aux environs de 400 francs, et de nombreuses défec-
tions se produisaient tous les jours devant l'impossibilité
où ils se trouvaient avec ce traitement de misère, de faire
vivre leur famille. Par trois fois nous nous sommes préoccupés de la question et nous avons tout d'abord porté le
salaire de base à 5.900 francs, puis nous avons accordé une
augmentation de 1.200 francs au minimum et de 12 % du
traitement ; enfin une troisième délibération nous avons
intégré cette augmentation dans le traitement de telle sorte
qu'à l'heure actuelle, le plus modeste des employés municipaux touche 8.400 francs par an pour 8 heures de présence effective, non compris les indemnités pour charges
de famille et de résidence qui sont accordées dans les mêmes conditions que celles allouées par le Gouvernement.
Il est exact de reconnaître qu'en échange, les employés municipaux reconnaissants ont tous accepté au fur et à mesure
qu'une vacance dans le personnel se produisait, de ne pas
le voir remplacer et bien que quelques services aient été
augmentés, ils ont accepté ce supplément de travail en
échange de l'augmentation de salaire qui leur a été concédée. Les derniers concours nous ont révélé d'autre part
un recrutement d'une qualité infiniment supérieure aux
employés qui sollicitaient autrefois leur entrée à la mairie.

Dans le domaine de l'Instruction publique, indépendamment des nombreux avantages accordés au personnel de
l'enseignement municipal, indépendamment de toutes subventions qui ont été accordées chaque fois qu'elles nous
ont été demandées, une grande création est l'œuvre de
l'assemblée municipale, c'est l'Ecole Primaire supérieure
de jeunes filles qui a rapidement pris une extension considérable, témoignage de son indispensable utilité et dont
promptement on devra envisager la séparation d'avec le
Lycée de jeunes filles et son existence autonome propre.

Dans le domaine de l'Hygiène, si nous n'avons pas réussi
à détruire le quartier de la Balance, du moins nous avons
réussi à faire disparaître ces tombereaux qui charriaient à

travers la ville les résidus des poubelles ; à l'heure actuelle,
d'élégants, rapides et discrets véhicules automobiles sillon-
nent la totalité des artères, même les plus petites. Le service
lui-même du balayage a été réorganisé d'une façon complète ; au lieu de vieillards, ce sont des cantonniers qui pro-
cèdent à ce nettoiement, et Avignon, ville de tourisme, peut
dire enfin que grâce à ces mesures, dont le coût est très
élevé, chaque année plus d'un million, elle peut prétendre
à cette propreté indispensable aux villes de tourisme.

En même temps, le vieux fiacre fermé qui servait au
transport des malades a disparu ; une élégante et confortable voiture automobile transporte à l'hôpital les déshérités
de la vie qui ont recours à ses services, elle est également
prête à se porter rapidement sur les lieux d'un sinistre lorsque la nécessité s'en fait sentir.

Le matériel automobile s'est enfin enrichi de deux puissantes arroseuses, de telle sorte qu'un véritable garage municipal a été créé sous l'intelligente initiative du Directeur
des Services techniques, où l'on procède à de minutieuses
et nombreuses réparations qui seraient payées très cher dans
les garages de la ville.

Notre sollicitude ne s'est pas bornée seulement à nous
pencher sur l'existence des employés communaux ; nous
avons également consenti des sacrifices très importants pour
que les employés de la Compagnie des Tramways puissent
aussi avoir un traitement en rapport avec la cherté de la
vie. Si nous avons consenti à la Compagnie toutes les augmentations de tarifs qu'elle a sollicitées pour arriver à ce
résultat, nous avons également consenti à inscrire à notre
budget toutes les sommes nécessaires pour payer à la place
de la Compagnie, dont les affaires ne sont pas brillantes,
les charges patronales pour les retraites ouvrières qui incombaient à elle seule.

La ville d'Avignon, comme toutes les villes qui depuis
quelques années sont en état d'extension permanente, présente un grand nombre de rues créées jusqu'à ce jour un
peu à la volonté des différents propriétaires ayant constitué
les lotissements ; l'assemblée municipale a dû prendre une
mesure générale pour le classement des diverses voies et
avenues ainsi créées. Désormais, toute voie ayant au moins
10 mètres de largeur et non inscrite dans le patrimoine
communal, pourra y être admise après les formalités d'usage. Plusieurs kilomètres de rues et d'avenues ont été ainsi
classées et mises en état de viabilité par notre administration. Je citerai : l'avenue des Lierres, l'avenue des Chalets,

le boulevard Beauséjour, la rue Noblemaire, boulevard des Chalets, etc.

Le cimetière communal, par suite de l'enrichissement d'un grand nombre de familles nouvelles, est l'objet de demandes constantes d'achat de terrain en vue d'y établir un mausolée. Son agrandissement devenait urgent. Cette mesure a été réalisée par le comblement d'un trou voisin du cimetière, la démolition et la reconstruction plus loin du mur d'enceinte. Trois cent soixante-dix mille francs environ ont été appliqués à cette création.

Le 7 mai 1926 un vote de principe intervenait au sujet de l'électrification des campagnes. Par des votes successifs, l'Assemblée municipale a montré constamment son désir de voir aboutir cette importante réforme qui est bien dans le programme radical. A l'heure actuelle, le génie rural a réalisé la presque totalité des plans destinés à électrifier nos campagnes. La réalisation n'est plus qu'une question d'autorisation gouvernementale et un versement de fonds ; lorsque le temps en sera venu, l'Assemblée municipale inscrira à son budget toutes les sommes nécessaires pour réaliser cette promesse.

Le 14 juin 1926, l'Assemblée municipale votait par sa délibération un projet d'emprunt de quinze cent mille francs destiné à refaire la totalité des canalisations d'eau de la ville. Peu de temps après l'adjudication des travaux était donnée et à l'heure actuelle, Avignon est sillonné de tranchées méthodiquement ouvertes, puis refermées, où des tuyaux entartrés et de petit calibre sont remplacés par des cylindres neufs d'un calibre 2, 3 ou 4 fois supérieur. Le résultat ne s'est pas fait attendre ; dans tous les quartiers de la ville qui ont été l'objet du remplacement, l'eau arrive en abondance, quelque soit l'étage.

Il n'est pas exagéré de dire que si notre Assemblée pouvait porter à son actif, cette seule mesure, elle aurait déjà bien mérité des Avignonais qui depuis 30 ans, ainsi que je l'ai dit plus haut, passent la totalité de leur été et une partie de la mauvaise saison dans l'attente d'une eau qui ne vient jamais à leur robinet.

J'ai déjà signalé que l'Assemblée municipale est entrée courageusement dans la voie de l'examen sérieux des nouveaux projets de lotissement. Afin de donner à cette œuvre toute l'importance qu'elle mérite, une somme considérable, 50.000 francs, a été affectée à la levée du plan d'Avignon, prélude du plan d'embellissement qui sera dressé par un architecte urbaniste, plan qui permettra à coup sûr, pour tout lotissement futur, de donner les directions et l'emplacement exact des rues qui devront le traverser.

Le Musée d'Avignon étouffait dans les salles devenues trop petites pour contenir tous les chefs-d'œuvre dont s'enrichit cette administration. Un immeuble se trouvait en contiguïté avec lui ; nous avons accepté l'offre de M. Gardiol qui le cédait à la ville pour le prix de 225.000 francs.

Nous sommes en pourparlers pour l'achat d'un immeuble situé à la place du Change et qui permettra le dégagement de cette place vers la rue de la République, d'une façon plus abordable qu'à travers le boyau resserré par lequel les voitures et automobiles sont obligées de passer à l'heure actuelle.

Enfin, le Conseil municipal, sur le rapport du distingué ingénieur chargé du service de protection contre les eaux de la Durance, n'a pas hésité à voter une somme de cent mille francs pour participer à la réfection de ses digues, car il est de notoriété publique que la ville d'Avignon à la suite d'une irruption des eaux de la Durance dans la plaine, courrait des risques de submersion aux côtés desquels, ceux du Rhône, ne sont que des plaisanteries.

Telles sont les parties les plus importantes de l'œuvre municipale de l'Assemblée de 1925. Je passe sous silence de nombreuses petites améliorations que chaque conseiller, dans son quartier, a réclamées, et qui peu ou prou rendent la ville plus agréable à nos concitoyens, plus accueillante aux touristes qui y accourent de tous les coins du monde et ce que je viens d'exposer et tout ce qui serait torp long d'énumérer, justifient largement l'augmentation des budgets de ces trois dernières années, puisqu'en définitive l'argent que l'on prend aux contribuables avignonais, est ristourné chez eux en plus de bien-être, plus de confort et plus de sécurité.

J'ai omis de signaler dans la nomenclature des travaux importants qui ont été réalisés par l'Assemblée municipale, trois dépenses qui sont les suivantes :

1° Il a été consacré à l'entretien des Monuments historiques, trois cent mille francs qui s'appliquent de la façon suivante :

Remparts : 31.000.

Palais des Papes : 200.000.

Clocher des Carmes : 32.000.

Tour St-Jean : 4.500.

Pont St-Bénézet : 25.000.

D'après les renseignements qui m'ont été fournis, un effort aussi considérable n'avait jamais été réalisé, et à beaucoup près, en l'espace de trois ans par les municipalités précédentes.

2° Le hameau de Montfavet réclamait depuis fort longtemps l'assainissement des fossés qui bordent les routes, par leur curage et leur couverture. Notre excellent ami M. Besson, adjoint spécial, a obtenu du Conseil municipal le vote d'une somme de 62.000 francs pour la réalisation de cette réclamation si justifiée des habitants de Montfavet.

3° Enfin pour donner à une des plus grandes artères de la ville l'importance qu'elle mérite, l'assemblée municipale, désireuse de donner au boulevard Raspail, la totalité de sa largeur à sa confluence dans la rue de la République, et une sortie sur les remparts vers la route du Gard, a dépensé plus de six cent mille francs, tant pour la viabilité de la rue ainsi modifiée, que par suite des sacrifices qu'il a fallu consentir pour que l'établissement « Le Palace », cède à la ville le morceau de terrain nécessaire à l'élargissement de ce boulevard.

NOTE N° 4

Séance du Conseil municipal du 2 décembre 1928

M. Jacquet, Maire. — Citoyens et chers Collègues,
Vous me voyez tout ému du très grand honneur qui vient de m'être fait.

Cet honneur dépasse certainement ma personne pour atteindre la fraction la plus importante du Conseil municipal. Je ne me dissimule pas que la manifestation que vous venez de faire sur mon nom revient entièrement à M. le docteur Garnier,, notre chef de parti. M. Garnier s'est effacé devant ma personne pour permettre à l'union du parti radical de se faire ; je suis très heureux de la voir se réaliser ce soir.

Je remercie notre sympathique ex-maire des paroles qu'il a bien voulu prononcer en nous assurant de son concours et de celui de ses collègues. Je ne m'attendais pas à moins de son civisme et de sa bonne volonté.

Je remercie bien sincèrement les collègues de mon groupe qui ont bien voulu me proposer pour cette fonction. Je les assure de toute ma reconnaissance et les prie de croire à la fidélité des convictions que je défends depuis plus de vingt ans.

Je veux aussi adresser mon expression de gratitude à l'autre fraction radicale du Conseil municipal qui vient de sceller l'union de notre parti. Je les remercie de ce geste qui, j'en suis persuadé, portera ses fruits.

Sans vouloir rappeler nos débuts dans cette salle des délibérations, je me permets toutefois de remémorer l'intervention de notre collègue M. Bourgoin. Notre collègue, s'adressant à notre groupe, demandait qu'un nom susceptible de rallier l'unanimité des voix radicales soit prononcé. Ce nom qu'on attendait, c'était le mien. L'attitude digne de notre ami M. Garnier et la bonne volonté de tous ont permis de grouper sur mon nom les deux fractions de notre parti commun.

Mes remerciements vont aussi à nos amis socialistes dont la loyale conduite dans cette circonstance contribue grandement à réaliser ce que nous appelons la justice électorale. Par leur nombre ils sont dans leur conseil les arbitres de nos délibérations.

Après les luttes de personnes que nous venons de vivre, je fais appel à votre civisme à tous, non pas dans le but de servir les intérêts d'une fraction de cette Assemblée, mais pour qu'elles collaborent toutes ensemble à une sage administration de notre ville.

Nous avons tous ici le même devoir à remplir : celui de montrer aux partis de droite que nous savons faire taire nos préférences de doctrine pour ne voir que l'intérêt de notre cité.

Je termine en renouvelant mes remerciements à tous. Ce sera pour moi le couronnement de ma vie politique s'il m'est donné d'établir l'union durable de toutes les fractions du grand parti républicain d'Avignon.

Table des Matières du 2ᵐᵉ Volume

VII

La Troisième République 1888-1929 (période contemporaine)   197

Municipalités de la loi du 5 avril 1884

Table Alphabétique du 2ᵐᵉ Volume

A

C

D

E

F

G

H

I

J

K

L

M

R

T

U

V

Y

ERRATA

1ᵉʳ Volume

Page 15 : Titre lire 1790 au lieu de 1890.
Page 38 : 28ᵉ ligne lire recouvra au lieu de recouvrit.

2ᵉ Volume

Page 54 : 15ᵉ ligne lire législatives au lieu de municipales.
Page 85 : 6ᵉ ligne lire (1) au lieu de (11).
Page 91 : 26ᵉ ligne supprimer pourtant.

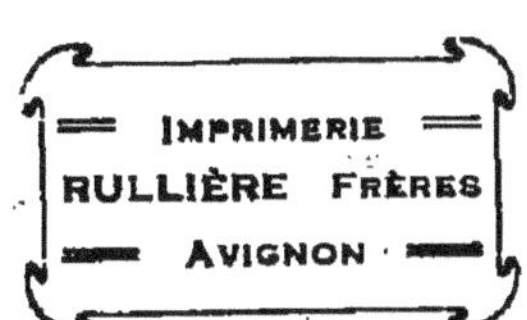

IMPRIMERIE
RULLIÈRE FRÈRES
AVIGNON

842528LV00002B/321